荊楚文庫

湖北方言調查報告（五）

趙元任等　著
汪國勝　整理

荊楚文庫編纂出版委員會
華中科技大學出版社

五二. 大冶(城内)

A. 發音人履歷

發音人	52a	52b
年齡	25 歲	20 歲
原籍	大冶城内	大冶城内
職業	學生	學生
教育程度	大學四年	高中一年
幼時語言環境	在本地讀書	同左
教師方言	本地話	同左
住過的地方	漢口三年,武昌十年	武昌八年
曾否學國語	曾學,但不很會説	未
能否説別處話	能説武昌話	同左

二十五年五月十四日楊時逢、丁聲樹記音

據發音人云,大冶城内的話跟鄉間的不一樣。就我們後來通信詢問的結果看,歧異似乎很不小。下述只以城内音爲準。

又兩位發音人用心讀單字或讀成段的東西時,全用鄉音的把握很大,讀得也很一致;不過會話時都不免無意中夾雜許多武漢成分。本報告中的會話僅録出一些比較純粹的。

B. 聲韻調表

1. 聲母

p 包	pʻ 怕白盤	m 米	f 飛	
t 答	tʻ 通杜頭	l 南羅李		
ts 左争沾句	tsʻ 餐炒趙倦		s 三生熟玄	z 饒而
tɕ 接京	tɕʻ 秋求静巧	ȵ 年宜	ɕ 謝希些	
k 桂	kʻ 開共	ŋ 哀我	x 好紅	
○ 窩衣彎閱				

2. 韻母

ï 次石二	i 撇爹期吸	u 步忽	ʮ 女屈	a 拜得涉改	ɑ 跑老造奥
		iu 流囚			iɑ 孝
				ua 外或	
				ʮa 帥月	

ɔ 巴達乍甲	o 木妥作何窩	e 某頭趙蛇偶	ai 必對李	au 杜丑
iɔ 佳恰也	io 略學	ie 表了傑冶		iau 九欲
uɔ 瓜話滑			uai 桂	
		ʮe 惹	ʮai 垂	

ã 板南産含	eĩ 朋短陝寒		an 本論政審	
iã 減限	ieĩ 見厭	ĩ 貶典千	ian 今印形	in 稟鄰星
uã 關萬	ueĩ 官横		uan 昏問	
	ʮeĩ 專		ʮan 頃閏	

aŋ 朋桶宋空翁	ɔŋ 旁黨常巷

iaŋ 兄茸	iɔŋ 兩講
	uɔŋ 光王

3. 聲調

陰平	陽平	上	去	入
˧	˨˩	˧˩	˥˧	˩˧
方柱蕩合	何龍	比五	到	刻納挾

C. 聲韵調描寫

1. 聲母

大冶聲母，今定爲二十個音位；更依發音部位，分p，t，ts，tɕ，k，〇六組。

p組p，pʻ，m，f。p是硬性的。pʻ送氣强。

t組t，tʻ，l。tʻ送氣强。l是個變值音位，讀l與n不定，大致是讀l的時候多些。

ts組ts，tsʻ，s，z。ts，tsʻ，s因韵母的不同而有兩種讀法。在開口韵前都是讀普通的舌尖前音。在合口韵前則讀舌尖前音或舌尖面混合音（tʃ，tʃʻ，ʃ）不定，大致是ɥ當主要元音時容易讀成tʃ等，ɥ當介音時容易讀成ts等。

tɕ組tɕ，tɕʻ，ȵ，ɕ。tɕ，tɕʻ，ɕ是部位極偏前的。發音人 52a 在好些地方把它們讀得像tsi，tsʻi，si。這僅是偶爾的現象，其實大冶不分尖團，發音人認爲‘將’字與‘姜’字同音的。

k組k，kʻ，ŋ，x。kʻ送氣强。

〇包含元音〇，i，u，ɥ起首的音。

2. 韵母

ï只有舌尖前元音ɿ一值，並且在z後也出現。

i近於標準元音i。

u讀得很關，有時差不多有摩擦聲音發出。嘴唇同時也併得很攏，但是不很圓。iu的u略開，i並不受u的影響變得圓唇些。

ɥ總在舌尖作用外加入舌面成分，所以在好些地方很像y。

a，ua，ɥa。a在平上去聲中近標準前a。在入聲中則變得很關，差不多跟英語的æ一樣。

ɑ，iɑ。ɑ如標準後ɑ。

ɔ，iɔ，uɔ。ɔ與ɑ的區别是很小的。以舌的部位或高度論，兩者似乎都差不多，明顯的區分别點就在嘴唇的狀態，ɔ唇較圓，ɑ唇較展。

o，io。o近於標準元音o。無輔音聲母時，前面總加上個短的u。

e，ie，ɥe。e在平上入聲中讀得關些，在去聲中讀得開些。

ai，uai，ɥai。ai的起頭很關，只到æ的部位。

au，iau。au的“動程”極短，只是ɑ至ɔ。

ã，iã，uã。a部位偏央，同時也很開。鼻音並不與純元音同始同終，衹在元音快完時才聽得出，收尾也比元音遲。

eĩ，ieĩ，ueĩ，ɥeĩ。eĩ的鼻音出現於這個複元音的後半。南京方音中也有跟這個類似的韵母(如‘錢’ts‘eĩ)，不過起頭比大冶的eĩ關得多。大冶的eĩ用嚴式音標當寫作ᴇĩ。eĩ的前面加個u或是ɥ，對於它没有什麽影響；如果加上個i，那麽韵尾的i就往往因異化作用(dissimilation)的關係而消失，鼻音就移到e身上。

ĩ。i極開，可以寫作ɪ。如與顎化聲母相拼，前面自然有個很關的流音i産生。

an，ian，uan，ɥan。a偏央而關，并且音程很長。n極穩定，元音的長不使它受什麽影響。

in。i比ĩ韵關得多。n也很穩定。

aŋ，iaŋ。a是後ɑ。有時更讀得關一點，給人的印像就像ʌ。

ɔŋ，iɔŋ，uɔŋ。ɔ同ɔ，iɔ，uɔ中的ɔ。

3.聲調

陰平大多數讀成半低平調(22)，有時由“半低”微升至“中”(23)，寬式一律用半低平調號(˨ 22)。兩個陰平字碰到一塊，前面的一個就變成中升調如“二哥”zï˧˨˦ ko˧。

陽平由“半低”降至“低”再升至“半低”(212),寬式用低降升調號(313˨˩˧)。連讀及普通説話中很容易變成低平調。

上聲由“半高”降至“中”(43),寬式用中降調號(˦˨ 42)。

去聲由“半高”升至“高”(45),寬式用高升調號(˧˥ 35)。

入聲是低升調(˩˧ 13)。

D. 與古音比較

1. 聲母

古聲組及影響條件		全清塞	次清塞	全濁塞 平	全濁塞 仄	次濁	清擦	濁擦 平	濁擦 仄
幫組		幫：p	滂：pʻ	並：pʻ	並：pʻ	明：m			
非組						微：u	非、敷：f	奉：f	
端組、泥	一二等	端：t	透：tʻ	定：tʻ	定：tʻ	泥：l；來：l			
	三四等					泥：ȵ			
精組	洪	精：ts	清：tsʻ	從：tsʻ	從：tsʻ		心：s	邪：s	邪：s
	細	精：tɕ	清：tɕʻ	從：tɕʻ	從：tɕʻ		心：ɕ	邪：tɕʻ，ɕ	邪：ɕ
莊組	内轉、外轉	莊（照二）：ts	初（穿二）：tsʻ	崇（牀二）：tsʻ	崇（牀二）：tsʻ；s		生（審二）：s		
知組	今開梗二等韵、今開其他、今合	知：ts	徹：tsʻ	澄：tsʻ	澄：tsʻ				
章組	今開	章（照三）：ts	昌（穿三）：tsʻ	船（牀三）：s	船（牀三）：s		書（審三）：s	禪：tsʻ，s	禪：s
	今合			船（牀三）：tsʻ，s					

古母今讀 古聲組及影響條件 \ 發音方法及影響條件				全清塞	次清塞	全濁塞 平	全濁塞 仄	次濁	清擦	濁擦 平	濁擦 仄
日母	今開	止						日：z			
		其他						z;i(1)			
	今合							ɥ			
見組曉	開	一等		見：k	溪：k‘			疑：ŋ	曉：x	匣：x	
		二等		k,tɕ	k‘,tɕ‘			ŋ,i	x,ɕ	x,ɕ	
		三四等		tɕ	tɕ‘	羣：tɕ‘	羣：tɕ‘	ȵ	ɕ	ɕ	
	合	一二等		k	k‘	*	*	u;○	x	x	
		三四等	蟹止宕	k	k‘	k‘	k‘	u	x	x	
			通舒	k	k‘	tɕ‘	k‘	?	ɕ	*	
			其他	ts;tɕ(2)	ts‘	ts‘	ts‘	ɥ	s;ɕ(3)	s	
影組	開	一等		影：ŋ							
		二等		ŋ,i							
		三四等		i				喻：i			
	合	一二等		u;○				*			
		三四等	蟹止宕	u				喻：u			
			通	i				i			
			其他	ɥ				ɥ			

2. 韵母

第 一 表

攝別＼聲母＼等＼呼	開												
	一			二				三 四					
	幫系	端系	見系	幫系	泥組	知莊組	見系	幫系	端系	莊組	知章組	日母	見系
果	*	o	o	ɔ	ɔ	ɔ	ɔ,iɔ	*	i,iɔ	*	e,ɔ	ɥe	ie,iɔ,i
（遇）	*			*				*					
蟹	*	a	a	a	a	a	a,iɔ	ai	ai	*	ï	*	i
止	*			*				ai	ai;ï	ï	ï	ï	i
效	ɑ	ɑ	ɑ	ɑ	ɑ	ɑ	ɑ,iɑ	ie	ie	*	e	e	ie
流	e	e	e	*				e,u	iu	e	au	au	iau
咸	*	ã	eĩ	*		ã	ã,iã	ĩ	ĩ;ieĩ(1)	*	eĩ	eĩ	ieĩ
山	*	ã	eĩ	ã	*	ã	ã,iã	ĩ	ĩ;ieĩ(1)	*	eĩ	eĩ	ieĩ
宕	ɔŋ	ɔŋ	ɔŋ	ɔŋ	*	ɔŋ	ɔŋ,iɔŋ	*	iɔŋ	ɔŋ	ɔŋ	ɔŋ	iɔŋ

呼/等/聲母/攝別	開													
	一			二				三四						
	幫系	端系	見系	幫系	泥組	知莊組	見系	幫系	端系	莊組	知章組	日母	見系
深	*			*				in	in	eĩ	an	an	ian
臻	*	eĩ	eĩ	*				in	in	eĩ	an	an	ian
曾	eĩ,aŋ	eĩ	eĩ	*				in	in	*	an	an	ian
梗	*			eĩ,aŋ	eĩ	eĩ	eĩ,ian	in	in	*	an	*	ian
（通）	*			*				*					
咸入	*	ɔ	ɔ	*		ɔ	ɔ,iɔ	*	i	*	a	*	ie
山入	*	ɔ	o	ɔ	*	ɔ	ɔ,iɔ	i	i	*	a	ʮa	ie
宕入	o	o	o	o	*	o	o,io	*	io	*	o	io	io
深入	*			*				*	ai	a	ï	ʮ	i
臻入	*			*				ai	ai	a	ï	ï	i
曾入	a	a	a	*				ai	ai	a	ï	*	i
梗入	*			a	*	a	a	ai	ai	*	ï	*	i
（通入）	*			*				*					

第二表

攝別＼聲母＼等＼呼	合												
	一			二			三四						
	幫系	端系	見系	幫系	莊組	見系	幫系	泥組	精組	莊組	知章組	日母	見系
果	o	o	o	*		uɔ	*						ɥe
遇	u	au	u	*			u	ɥ,ai	ai	au	ɥ	ɥ	ɥ
蟹	ai	ai	uai,ua	*		ua,uɔ	ai	*	ai	*	ɥai	*	uai
止	*			*			ai;uai	ai	ai	ɥa	ɥai	*	uai
（效）	*			*			*						
（流）	*			*			*						
咸	*			*			ã	*					
山	eĩ	eĩ	ueĩ	*	eĩ	uã	ã;uã	ĩ	ĩ	*	ɥeĩ	ɥeĩ	ɥeĩ
宕	*		uɔŋ	*			ɔŋ;uɔŋ	*					uɔŋ

攝別＼聲母＼等＼呼	合												
	一			二			三四						
	幫系	端系	見系	幫系	莊組	見系	幫系	泥組	精組	莊組	知章組	日母	見系
(深)	*			*			*						
臻	an	an	uan，ueĩ	*			an；uan	an	in	*	ɥan	ɥan	ɥan
曾	*		aŋ	*			*						
梗	*			*		ueĩ；aŋ	*						ɥan，iaŋ
通	aŋ	aŋ	aŋ	*			aŋ	aŋ	aŋ	aŋ	aŋ	iaŋ	aŋ，iaŋ
咸入	*			*			ɔ	*					
山入	o	o	o	*	uɔ	uɔ	ɔ，uɔ	i	i	*	ɥa	*	ɥa
宕入	*		o	*			o	*					
(深入)	*			*			*						
臻入	u	au	u	*			u	ai	ai	*	ɥ	*	ɥ
曾入	*		ua	*			*						ɥ
梗入	*			*		ua	*						ɥ
通入	u；o[2]	au	u	*			u；o[3]	au	au	au	au	au	iau，ɥ

3. 聲調

古類	影響條件 今值 今類	陰平	陽平	上	去	入
平	清	˧				
	濁		˨˩			
上	清			˥˧		
	次濁			˥˧		
	全濁	˧				
去	清				˦˥	
	濁	˧				
入	清					˩˨
	次濁					˩˨
	全濁	˧				˩˨

附注：

聲母：—

(1)宕入通舒讀i，其他讀z。

(2)通入‘菊’字讀tç，其他ts。

(3)通入讀ç，其他s。

韵母：—

(1)泥母讀ieĩ，其他ĩ。

(2)明母讀o，其他u。

E. 同音字表

今調	陰平˧	陽平˩˧	上˦˧	去˥	入˨˦
今韵	ï				
廣韵	祭‖脂;之;支‖緝‖質‖職‖昔(均開口)				
p p‘ m f					
t t‘ l					
ts	之;知,支‖隻入照		子	致,至;志;翅審	執‖質
ts‘	自;字,痔‖姪‖直值植,殖禪‖擲	遲	恥;此	滯澄‖次;伺心;刺,賜心	秩‖赤
s	師;思,似,士、事,市;斯,施,是‖十‖食蝕‖石		使,始	世‖示;試;四‖飾式入	實
z	貳二	而	爾		日
tɕ tɕ‘ ȵ ɕ					
k k‘ ŋ x			[ŋ̍](=你)		
○					

今調	陰平˧	陽平˩˧	上˦˨	去˥˦	入˨˧
今韵	i				
廣韵	麻三‖祭;齊‖脂;之;支;微‖葉;帖‖薛;屑‖緝‖質;迄‖職‖昔;陌三;錫				
p					
p‘					撇
m					滅
f					
t	[爹]				
t‘					帖‖鐵
l					列;劣
tɕ			己;幾	計繼‖寄;季合	接楫‖節‖急,及羣‖吉‖極羣‖激
tɕ‘	溪‖期羣平、忌;企技妓‖絶	茄‖其;奇	起	去魚‖器;氣	切‖乞,迄曉
ȵ	藝‖義	疑;宜			逆
ɕ	些,謝‖奚兮匣平、系	邪‖携匣合		戲	泣溪,吸‖薛
○	衣依‖[異](母稱)	夷;移;遺合	以,矣	憶入	邑‖一,逸‖亦‖[□](=他)

今調	陰平˧	陽平˨˩˧	上˦˨	去˥	入˧˥
今韵	u				
廣韵	模;虞‖尤‖没;物‖屋;沃				
p					不
pʻ	步		譜幫,普		勃‖卜幫,僕瀑曝
m					
f	婦		府,腐奉	附奉‖負奉	服
k	孤			故	骨
kʻ					哭;酷
ŋ					
x	户	狐乎胡	虎		忽
○	烏;務‖戊明侯	吾;無	五		物‖握覺‖屋;沃

今韵	iu				
廣韵	尤;幽				
t	[丢]				
tʻ					
l		流			
tɕ					
tɕʻ	秋,就	囚			
ȵ					
ɕ					

今調	陰平˨	陽平˧˩	上˥˧	去˥	入˨˧
今韵	ʮ				
廣韵	魚;虞‖緝‖術;物‖職‖昔‖屋三;燭				
t t' l		 魚1疑	 女		
ts ts' s	猪,諸,車;拘 巨;柱,樞,區 書,虛;樹	 除 殊	 鼠暑	著;句 處,去	橘‖局羣 出;屈
○		如,魚2,於影,餘余;儒,愚	吕來,與;羽雨	玉入	入‖鬱‖域‖役疫

今調	陰平˧	陽平˨˩	上˦˨	去˥˧	入˨˦
今韵	a				
廣韵	咍;泰;皆;佳;夬‖葉‖薛‖緝‖質‖德;職‖陌二;麥(均開口)				
p				拜	北‖百
p‘	敗			派	泊鐸‖迫幫,拍
m		埋	買		麥
f					
t				帶	得德
t‘	待、代;大			泰太	忒,特
l	賴‖[□](祖母稱)	來	乃;奶		勒
ts	齋			再	則‖責
ts‘	在	柴		菜;蔡	徹,澈‖側照,測‖宅擇澤
s				寨牀	涉‖設‖澀‖瑟‖色
k	該;皆		改;解	蓋;介界戒,械匣	格;革
k‘	開			概見,慨	刻‖客‖[□](=他)
ŋ	哀;艾		矮	愛	厄
x	亥;害	偕見,諧;鞋‖還刪合			黑‖赫

今韵	ua				
廣韵	泰;皆;佳;夬‖德‖麥(均合口)				
k				怪	國
k‘			塊去	會(丨計)見	
ŋ					
x		懷			或‖獲
○	外;歪曉				

今調	陰平˧	陽平˨˩	上˧˨˧	去˥˧	入˨˦
今韵	ɥa				
廣韵	脂;支‖薛;月;屑(均合口)				
ts ts' s			 揣 	 帥	拙;掘羣;決 缺 説
○					熱;閲;月,越曰

今調	陰平˧	陽平˨˩	上˧˨˧	去˥˧
今韵	ɑ			
廣韵	豪;肴			
p p' m f	包 貓明平、貌‖[冒](没有) 	 袍;跑 貓 	保 	
t t' l	 道 鬧	 桃 牢	 討 老	到
ts ts' s	糟 		早 草;炒 掃嫂	 造糙
k k' ŋ x	高 	 毫	攪 襖 好	告 奥

今調	陰平˧	陽平˩˧	上˧˩˧	去˥˧
今韵	iɑ			
廣韵	肴			
tɕ				
tɕʻ			巧	
ȵ				
ɕ	効校	肴淆		孝

今調	陰平˧	陽平˩˧	上˧˩˧	去˥˧	入˨˩˧
今韵	ɔ				
廣韵	麻‖合;盍;洽;狎;乏‖曷;鎋;黠;月				
p	巴		把		八
pʻ		爬		怕	拔
m	[媽]		馬		
f					法‖髮
t	大泰定		打庚		答搭‖達定
tʻ					踏;塔
l	拉入	拿	[哪]	[那]	納;臘‖辣
ts				[這]	雜從;閘牀‖札,軋影
tsʻ				乍牀	插‖剎;察
s	沙	蛇	撒入		殺;刷
k					甲
kʻ					
ŋ		[伢]			
x				下	瞎

今調	陰平˧	陽平˩˧	上˥˧	去˥˦	入˧˥
今韻	iɔ				
廣韻	麻‖佳‖洽；狎‖鎋（均開口）				
tɕ	家；嗟‖佳		假	架	甲
tɕʻ					恰喫（廣韻作鹹）
ȵ					
ɕ		霞	寫		狹；匣；挾帖‖瞎
○	鴉	牙；爺	也		鴨

今韻	uɔ				
廣韻	麻二‖佳；夬‖鎋；黠（均合口）				
k	瓜			掛	刮
kʻ					
ŋ					
x	畫；話			化	滑
○	蛙		瓦		挖

今調	陰平˧	陽平˧˩	上˥˧	去˥	入˧˥
今韵	o				
廣韵	歌;戈一‖合;盍‖曷;末‖鐸;覺;藥‖屋				
p	波,坡玻滂				剥;縛奉
pʻ		婆			
m			母侯‖[麽]		末‖莫‖木;目
f					
t	多				
tʻ	舵	駝	妥		脱
l		羅;騾			洛
ts			左		作;桌,捉;酌
tsʻ	坐				
s			所		
k	歌哥;鍋		果	個;過	鴿‖割‖各;角;郭
kʻ			可		闊‖確‖[□](=他)
ŋ		鵝	我		遏‖惡
x	禍‖合‖活	何			盍‖喝‖鶴;霍
○	鍋見,窩				

今調	陰平˧	陽平˨˩˧	上˦˨	去˥	入˨˦
今韵	io				
廣韵	覺;藥				
t t‘ l					 略
tɕ tɕ‘ ȵ ɕ	 學				覺;爵,嚼從 雀精 虐 削
○					若,約,藥

今調	陰平˧	陽平˧˩	上˥˧	去˥	入˩˧
今韵	e				
廣韵	麻三‖宵‖侯;尤‖薛‖陌二(均開口)				
p					
p‘	白		剖		
m		謀	某畝		
f			否		
t			斗	鬥	
t‘		頭			
l	漏				
ts	朝,招昭		走	照‖奏	
ts‘	趙	愁			
s	紹‖舌	蛇			
z		饒	繞		
k					
k‘					
ŋ	歐		偶		
x	後	侯			

今調	陰平˧	陽平˨˩	上˨˩˧	去˥	入˨˦
今韵	ie				
廣韵	麻三‖宵;蕭‖葉;業;帖‖薛;月;屑(均開口)				
p			表		
pʻ					
m		貓			
f					
t				釣,調定	
tʻ		條		跳	
l		燎;聊	了		
tɕ	驕			叫	刦‖竭羣;結
tɕʻ		喬			傑
ȵ					聶;業‖孽;臬
ɕ	消;蕭		小;曉		脅;協‖血,穴合
○	妖	爺‖堯疑	野也冶‖舀	要	葉‖謁;噎

今韵	ɥe				
廣韵	麻三;戈三				
ts					
tsʻ					
s	靴				
○			惹		

今調	陰平˨	陽平˧˩	上˥˧˥	去˥˧	入˧˥
今韵	ai				
廣韵	魚;虞‖灰;泰;祭;廢;齊‖脂;之;支;微‖緝‖質;術‖職‖昔;陌三;錫				
p	卑;悲;碑		比;彼	貝‖臂	必‖逼‖碧;壁
p‘	倍;敝;佩‖披,被		鄙幫,丕平		弼‖愎‖僻,闢
m	妹	梅	米‖靡		秘泌幫去‖密
f	非	肥		廢,肺	
t			底	帝;對;兑定	的,笛定
t‘	第,隸來‖地	堤提		替	
l	類;累	梨;離	屢‖禮‖履;你,李裡理裏		立‖栗;律‖力‖歷
ts				祭;最‖醉	積
ts‘	聚‖罪	齊		娶趣‖脆‖悴從,粹心	緝,集‖七‖戚
s	須,序‖西‖遂‖席	徐‖隨	洗‖璽徙支心	細;歲	戌恤‖息

今韵	uai				
廣韵	灰;泰;祭;齊‖脂;支;微(均合口)				
k	龜;歸			桂‖跪羣;貴	
k‘		葵			
ŋ					
x	灰;會	回	毀	諱	
○	衛‖位;未,威	維惟;危,爲;微,圍	委	畏	

今調	陰平˧	陽平˨˩	上˥˧	去˥	入˧˥
今韻	ɥai				
廣韻	祭‖脂;支(均合口)				
ts	追,錐			綴	
tsʻ		垂$_1$			
s		垂$_2$		税‖睡瑞禪	
○	鋭喻				

今韻	au				
廣韻	模;魚;虞‖尤‖没‖屋;沃;燭				
t	都		肚賭		篤
tʻ	杜‖讀	圖			突‖禿
l	路	奴	努	怒	鹿;陸六;緑
ts	周			做	卒‖竹;足,燭囑
tsʻ	粗,初,助	鋤	楚‖丑	醋	族;促,觸
s	蘇‖熟			素;數‖獸	肅,縮;續,屬
z		柔			肉;辱

今韻	iau				
廣韻	尤;幽‖屋三;燭				
tɕ	糾上		九		菊
tɕʻ	丘,舅	求			
ȵ	謬明	牛	紐		
ɕ	休				畜
○		由猶,尤	有友	幼	欲

今調	陰平˧	陽平˩˧	上˥˧	去˥
今韵	ã			
廣韵	覃；談；咸；銜；凡‖寒；山；删；元			
p			板	扮
p‘	辦			盼
m	慢	蠻		
f	范‖飯	凡	反	
t			膽	旦
t‘	貪	談		歎
l		南；藍‖難；闌		
ts			斬	
ts‘	暫‖餐		慘‖剷，產審	粲；綻澄
s	三；衫‖山；删			散
k	間			
k‘				
ŋ			眼	
x		含；銜‖閑		

今韵	iã			
廣韵	咸；銜‖山；删(均開口)			
tɕ	監		减	諫
tɕ‘				
ȵ				
ɕ	陷‖限			
○			眼	晏

今調	陰平˧	陽平˩˧	上˦˨	去˥˧
今韵	uã			
廣韵	山;删;元(均合口)			
k	關;鰥			慣
kʻ				
ŋ				
x				
○	彎;萬			

今韵	ĩ			
廣韵	鹽;添‖仙;先			
p	邊		貶	偏;變
pʻ	辨			片
m				
f				
t			典	店
tʻ	天			
l	戀	廉‖連聯		
tɕ			剪	
tɕʻ	漸‖千	錢;前;全		
ȵ				
ɕ	仙鮮;先;宣	旋	癬	

今調	陰平˧	陽平˨˩	上˥˧	去˧˥
今韻	eĩ			
廣韻	覃;談;鹽‖寒;桓;刪;仙‖侵;痕;臻‖登;蒸‖庚二;耕			
p	崩			半
p‘	伴	盤‖彭		判,叛並
m		萌		
f				
t			短‖等	
t‘	吞			
l	亂	能	暖‖冷	
ts	沾‖臻‖增‖争		展	
ts‘	撑		纂	
s	森‖善;酸;閂‖僧‖生	蟬	陝	扇;算
z		然1	染	
k	干‖跟根‖庚;耕		感;敢	亘‖更
k‘			肯	
ŋ	安‖恩‖硬			岸疑
x	恨	鹹‖寒‖恒	很	漢

今韻	ieĩ			
廣韻	鹽;嚴;添‖仙;元;先(均開口)			
tɕ			繭	建;見
tɕ‘	謙‖件	鉗		
ȵ	驗;念‖硯研	嚴‖言;年		
ɕ	軒掀1;現;縣合	嫌‖賢弦	險	憲
○	煙	然2,延;言疑;沿合	演	厭

今調	陰平˧	陽平˩˧	上˥˧	去˥
今韵	ueĩ			
廣韵	桓‖魂‖庚二(均合口)			
k	官觀		館	貫
k'			款,皖匣	
ŋ				
x	換‖婚	完‖魂‖橫	緩匣	喚
○		丸匣	碗	

今韵	ɥeĩ			
廣韵	仙;元;先(均合口)			
ts	專		轉,捲	
ts'	倦	船,權		篆澄
s	掀$_2$	玄		
○	院	緣鉛;元,園	軟;阮,遠	

今調	陰平˨	陽平˧˩˧	上˦˨	去˦˥
今韵	an			
廣韵	侵‖真;魂;諄;文‖蒸‖清;庚三			
p			本	
pʻ				
m		門		
f	分			奮
t				頓
tʻ				
l	論	倫		
ts	今見‖徵‖貞,偵徹征			政
tsʻ	鄭	沉‖陳,臣;存‖成誠		
s	深‖身申‖聲	晨‖繩	審	盛禪
ʐ	認	壬‖人	忍	
k				
kʻ				
ŋ				
x	[□](=北平的"咱")			

今韵	ian			
廣韵	侵‖真;欣‖蒸‖庚三;耕;清;青(均開口)			
tɕ	今‖巾;斤‖京荆;經			勁
tɕʻ	欽‖近‖輕			
ȵ		銀‖凝		
ɕ	幸	行;形		杏匣
○	音‖因‖營;英	盈‖營合;榮合螢匣	隱	印‖應

今調	陰平˧	陽平˩˧	上˧˩	去˥˧
今韵	uan			
廣韵	魂;文			
k				
k'				
ŋ				
x	昏			
○	温;問	聞	穩	

今韵	ɥan			
廣韵	諄;文‖清;庚三;青(均合口)			
ts	均			
ts'	椿,春‖傾	羣‖瓊	頃	
s	勳	唇,純	迥匣	
○	閏;運‖孕蒸開	云‖仍	允尹‖永	

今調	陰平˧	陽平˩	上˨	去˥
今韵	in			
廣韵	侵‖真‖蒸‖清;青;庚三			
p	兵		稟	並並
pʻ		貧‖瓶;平	品	
m	命	民‖名	敏	
f				
t	丁			
tʻ				聽
l	令	林‖鄰‖陵‖靈		
tɕ	津			晉進
tɕʻ	侵‖静	秦	請	
ȵ				
ɕ	心‖新‖星腥	尋‖旬		信;迅‖性姓

今調	陰平˧	陽平˧˩	上˥˧	去˥
今韵	aŋ			
廣韵	登‖庚二‖東;冬;鍾			
p				
p‘		朋		
m	盂‖夢			
f	風;封、奉	馮		
t				
t‘	通,動、洞	同	桶;統去	
l		農;隆;龍	攏	
ts	中;鍾		總	衆
ts‘	充;重	蟲,崇;從	寵	
s	鬆;嵩;松,誦			送;宋
k	公功;弓;恭			
k‘	空1;共		恐	空2
ŋ				
x		弘‖宏‖紅		
○	翁			

今調	陰平˧	陽平˩˧	上˧˩	去˥
今韵	iaŋ			
廣韵	庚三‖東三;鍾(均合口)			
tɕ				
tɕ‘		窮		
ȵ				
ɕ	兄‖胸	雄熊喻		
○	用	絨,融;茸		

今韵	ɔŋ			
廣韵	唐;江;陽			
p	邦			[磅]
p‘		旁		
m		忙		
f	方	房防		
t			黨	
t‘	蕩	堂		
l		郎	朗	
ts	樁;張,莊		長	
ts‘	倉;撞,窗;昌	牀		
s	桑;商,上尚	常		
z	讓			
k	剛綱			
k‘				
ŋ				暗覃
x	巷			

今調	陰平˧	陽平˩	上˨	去˥
今韻	iɔŋ			
廣韻	江;陽(均開口)			
t				
tʻ				
n		良	兩	
tɕ	江;將,姜		講	
tɕʻ	腔;像邪	詳祥		
ȵ		娘	仰	
ɕ	香,象			

今韻	uɔŋ			
廣韻	唐;陽(均合口)			
k	光			
kʻ		狂		曠;況曉
ŋ				
x		黄		
○	汪、旺	王	往	

F. 音韻特點

1. 聲母

(1)無tʂ,ts之分,精組洪音與知系字全讀ts等,如'送'saŋ,'初'tsʻau,'齋'tsa,'趙'tsʻe。

(2)不分尖團,精組細音與見系細音開口都讀tɕ等,如'將'='姜'tɕiɔŋ,'秋'tɕʻiu,'丘'tɕʻiau。

(3)見系合口細音讀ts等,如'傾'ts'ɥan,'玄'sɥeĩ。

(4)通三入見組字讀tɕ或ts不定,如'菊'tɕiau,'局'tsɥ。

(5)見系二等開口在蟹攝與梗攝入聲中不顎化,如'解'ka,'矮'ŋa,'革'ka,'厄'ŋa;其他不定,如'銜'xã,'陷'ɕiã,'更'keĩ,'杏'ɕian。

(6)全濁塞及塞擦聲母在仄聲中送氣,如'伴'p'eĩ,'直'ts'ï。

(7)泥來兩母洪音混而細音不混,如'怒'='路'lau,'娘'ȵiɔŋ≠'良'liɔŋ。

(8)止攝日母字讀z,不失聲母,如'二'zï。

(9)疑母三四等開口讀ȵ,與泥混,如'業'='聶'ȵie。

(10)疑影兩母開口洪音全讀ŋ,如'岸'ŋeĩ,'安'ŋeĩ,'矮'ŋa,'偶'ŋe。

2. 開合

(1)端系一等古合口字全讀開,如'素'sau,'內'lai,'短'teĩ,'論'lan,'宋'saŋ。

(2)精組三四等古合口字全讀開,如'聚'ts'ai,'歲'sai,'隨'sai,'全'tɕ'ĩ,'戌'sai。

(3)來母三四等古合口字除在遇攝有一部保持合口外,其他全讀開,如'累'lai,'戀'lĩ,'倫'lan。

(4)宕攝知照兩組二等字保持開口,如'撞'ts'ɔŋ,'莊'tsɔŋ。

(5)通入知系字讀開,如'竹'tsau,'肉'zau。

3. 韵尾

(1)咸山兩攝舒聲韵尾失落,元音鼻化,如'范'fã,'沾'tseĩ,'旦'tã,'玄'sɥeĩ,'廉'lĩ。

(2)深臻曾梗舒聲開口一二等(除讀如通攝的唇音字與顎化的見系字)與三等莊組字韵尾失落,元音鼻化,如'吞't'eĩ,'恒'xeĩ,'彭'p'eĩ,'森'seĩ,'臻'tseĩ。

(3)深臻曾梗舒聲除上述字及讀同通攝的幫見系字都收n尾,如'杏'ɕian,'心'ɕin,'身'san,'凝'ȵian,'形'ɕian,'坤'k'uan,'頓'tan。但臻梗一二等合口見系字又有讀eĩ的,如'婚'xueĩ,'橫'xueĩ。

4. 韵母元音

(1)麻韵二等讀ɔ，如‘家’tɕiɔ，‘沙’sɔ，‘巴’pɔ。（咸山兩攝入聲一等開口端系與二等同）。

(2)麻韵三等精組讀i，如‘謝’ɕi；知見兩系讀e，如‘蛇’se，‘野’ie。各系字又有ɔ一讀，如‘寫’ɕiɔ，‘蛇’sɔ，‘也’iɔ。

(3)模韵端系與魚虞兩韵的莊組字讀au，如‘奴’nau，‘初’tsʻau。（入聲没屋沃燭諸韵同）。

(4)魚虞兩韵的知見系元音同，如‘鼠’sɥ，‘許’sɥ，‘如’＝‘余’ɥ。（入聲術韵同）。

(5)蟹攝一等開口與二等字讀a，如‘代’tʻa，‘介’ka，‘怪’kua。

(6)蟹攝三四等開口與止攝開口（除精組）的幫端兩系字讀ai，如‘敝’pʻai，‘祭’tsai，‘比’pai，‘地’tʻai；見系字讀i，如‘藝’ȵi，‘計’tɕi，‘氣’tɕʻi，‘喜’ɕi。（深臻曾梗入聲三四等開合同）。

(7)蟹攝一三四等合口與止攝合口（除莊組）都讀ai，如‘對’tai，‘會’xuai，‘肺’fai，‘惠’xuai，‘類’lai，‘危’uai。

(8)效攝一二等讀ɑ，如‘保’pɑ，‘孝’ɕiɑ；三四等讀e，如‘趙’tsʻe，‘釣’tie。

(9)流攝一等讀e，與效攝三四等同韵，如‘奏’tse，‘侯’xe，‘某’me。

(10)流攝三等非組讀e或u，如‘否’fe，‘負’fu；端系讀iu，如‘秋’tɕʻiu；莊組讀e，如‘愁’tsʻe；知章日組及見系都讀au，如‘丑’tsʻau，‘柔’zau，‘幼’iau。

(11)咸山兩攝一等開口見系字讀eĩ，與三四等一部混，如‘感’keĩ，‘漢’xeĩ。

(12)咸山兩攝三四等幫組讀ĩ，如‘貶’pĩ，‘片’pʻĩ；端系除泥母讀ieĩ外（如‘念’ȵieĩ，‘年’ȵieĩ）也讀ĩ，如‘店’tĩ，‘連’lĩ，‘全’tɕʻĩ；知見兩系全讀eĩ，如‘沾’tseĩ，‘專’tsɥeĩ，‘謙’tɕʻieĩ，‘元’ɥeĩ。

(13)桓韵字全讀eĩ，如‘半’peĩ，‘暖’leĩ，‘貫’kueĩ。

(14)宕攝舒聲讀-ɔ-，如‘剛’kɔŋ，‘窗’tsʻɔŋ，‘良’liɔŋ。

(15)深臻曾梗舒聲開口一二等與三等莊組字讀eĩ，與咸山兩攝一部同韵，如‘跟’keĩ，‘等’teĩ，‘生’seĩ，‘森’seĩ。（除混入通攝的幫組字及二等顎化的見系字)。

(16)深臻曾梗舒聲三四等開口幫端兩系讀in,如'稟'pin,'新'ɕin,'陵'lin,'名'min;知見兩系讀an,如'深'san,'巾'tɕian,'徵'tsan,'英'ian。

(17)通攝舒聲讀-a-,如'公'kaŋ,'窮'tɕ'iaŋ。

(18)山咸兩攝入聲三四等韻幫組端系讀i,如'撇'p'i,'帖't'i,'接'tɕi,'劣'li;知系讀a,如'涉'sa,'拙'tsɥa;見系開口讀e,合口讀a,如'刦'tɕie,'結'tɕie,'決'tsɥa。

(19)通入明母字讀o,如'木'mo。

5. 聲調

(1)古上聲全濁及去聲全次濁都歸陰平,如'柱'꜀ts'ʮ='區'꜀ts'ʮ,'助'꜀ts'au='初'꜀ts'au,'亂'꜀lan。

(2)只有一類去聲,但古去聲清音與濁音不混。(看上條)。

(3)入聲獨立,但古全濁的一部也跟上去全濁一同歸陰平,如'石'꜀sï='市'꜀sï='施'꜀sï。

G. 會話

52 a:ŋo˨˩——xe˧ t'ĩ˧ tɕ'in˨˩ k'a˩˧ ŋ̍˨˩ ts'ʮ˥ pu˧· ts'ʮ˥ a˧·?
　　我——後 天 請 客 ŋ̍˨˩(你) 去 不 去 阿?

52 b:ts'ʮ˥ la˧·。
　　去 啦。

a:a˥?
　　阿?

b:ts'ʮ˥ a˧·。
　　去 阿。

a:tɕ'in˨˩ ko˧· sï˧,ŋo˨˩ sɥa˩˧ kei˨˩ ŋ̍˨˩,ŋo˨˩ sɥa˩˧ kei˨˩ ŋ̍˨˩ tɕ'in˨˩ k'a˩˧
　　請 個 是,我 説 給 ŋ̍˨˩,我 説 給 ŋ̍˨˩ 請 客

ko꜔· lɔ˨ tɕʻi˨ ko˥ (z)an˨˩, ŋo˨ sʮa˧ ŋ̍˨ tʻin˥ a˧·。
個 哪 幾 個 人, 我 說 ŋ̍˨ 聽 阿。

b: xɑ˨ lə˧·。
好 了。

a: lau˧ ie˨˩ i˧· ko˥, lau˧ i˧ i˧· ko˥, zï˧ ko˧ i˧ ko˥, zï˧ sɑ˨
六 爺 一 個, 六 異[①] 一 個, 二 哥 一 個, 二 嫂

i˧· ko˥, tsa˥ tɔ˧ nai˨ tɕiɔ˨ a˧·。
一 個, 再 搭 你 家 阿。

b: xɑ˨ lə˧·。
好 了。

a: a˥, tsʻʮ˥ pu˧· tsʻʮ˥ la˧·?
阿, 去 不 去 啦?

b: tsʻʮ˥ la˧·。
去 啦。

a: ŋ̍˨ ko˧ le˧·?
ŋ̍˨ 哥 嘞?

b: ŋo˨ ko˧——kʻo˨ i˨˧· lə˧·。
我 哥—— 可 以 了。

a: ŋ̍˨ ko˧ tsɑ˥ mə˧· tsɑ˨ tsʻa˧ pu˧· tsʻa˧ u˧ lai˧· a˧·?
ŋ̍˨ 哥 這 麼 早 在 不 在 屋 裏 阿?

b: tsʻa˧ u˧ lai˧·。
在 屋 裏。

a: zï˧ ko˧ lɔ˧ pĩ˧ ŋo˨ ie˨ tau˧ ɕiɔ˨ ɕin˥ tsʻʮ˥ lə˧·——zï˧ ko˧
二 哥 那 邊 我 也 都 寫 信 去 了—— 二 哥

zï˧ sɑ˨, zï˧ sɑ˨ pu˧· ɕie˨ xa˨˩ leĩ˨˩ pu˧· leĩ˨˩ la˨ o˧·?
二 嫂, 二 嫂 不 曉 還 能 不 能 來 哦?

---

① 大冶稱母曰 ˧i,調爲陰平,用羅田、廣濟等處語比較,大冶這個陰平字實是由陽去來的,故寫作'異'不寫作'伊'。看卷二常用詞。

b：ŋ̍˧˩，tsʻɿ˥ tɕi˨˦ lau˧·。
ŋ̍˧˩，去 接 嘍。

a：ŋo˧˩ tsʻɿ˥ tɕi˨˦，—— ŋo˧˩ ɕiɔ˧˩ ɕin˥ tsʻɿ˥ tɕi˨˦，zï˧ ko˧ pu˨˦
我 去 接，—— 我 寫 信 去 接，二 哥 不

(ɕ)ie˧˩ ta˨˦ leĩ˨˩˨ xuai˨˩˨ pu˧· xuai˨˩˨？
曉 得 能 回 不 回？

b：lai˧˩ pa˥ kʻo˧˩ i˧˩· xuai˨˩˨。ŋ̍˧˩，tsa˥ ɕiɔ˧˩ faŋ˧ ɕin˥ tsʻɿ˥ tɕʻiu˧
禮 拜 可 以 回。ŋ̍˧˩，再 寫 封 信 去 就

sï˧ lə˧·。
是 了。

a：ŋo˧˩ ɕiɔ˧˩ faŋ˧ ɕin˥ tsʻɿ˧·，ŋo˧˩ tɕʻĩ˨˩˨ tʻĩ˧· ɕiɔ˧˩ faŋ˧ ɕin˥ xa˨˩˨
我 寫 封 信 去，我 前 天 寫 封 信 還

pʻɑ˨˩ tɑ˥ tau˨˩˨ ʂɿ˧ kuei˧˩ tsʻɿ˧· le˧·。pɑ˨˩˨ tsʻɿ˥ pʻɑ˨˩˨ ko˧· kʻaŋ˥
跑 到 圖 書 館 去 嘞。跑 去 跑 個 空

tsï˧·，lɔ˧ ko˧· man˨˩˨ fɔŋ˨˩ sï˧˩ tʻɑ˧˩ ieĩ˥。
子，那 個 門 房 死 討 厭。

b：……
……

a：ŋ̍˧˩，tɕian˧ tʻĩ˧˩· ko˥ tɕiɔŋ˧ pu˧· ko˥ tɕiɔŋ˧ lə˧·？
ŋ̍˧˩，今 天 過 江 不 過 江 嘞？

b：tɕian˧ tʻĩ˧ pu˧· ko˥ tɕiɔŋ˧。
今 天 不 過 江。

a：ɕin˧ ko˧ ma˨˦ ta˨˦ ɕin˥ a˧·？
<u>星</u> 哥 没 得 信 阿？

b：a˥。
阿。

a：ɕin˧ ko˧ sɿ˧˩ tɕiɔ˧˩ xuai˨˩˨ pu˧· xuai˨˩？
<u>星</u> 哥 暑 假 回 不 回？

b：tɔ˧ kʻa˥ sʮ˨ tɕiɔ˨ tsaŋ˨ ie˥ la˩ xa˧·。
　　大 概 暑 假 總 要 來 哈。

a：sʮ˨ tɕiɔ˨ tsʻï˧ ie(ĩ)˩ la˩ tai˧· o˪。
　　暑 假 自 然 來 的 哦。

五三. 嘉魚(簰州)

A. 發音人履歷

發音人	53a	53b
年齡	20 歲	17 歲
原籍	嘉魚簰州	嘉魚簰州
職業	學生	學生
教育程度	高中	初中
幼時語言環境	在本地私塾讀書	同左
教師方言	本地話	本地話
住過的地方	武昌四年	武昌半年
曾否學國語	未	未
能否説别處話	不會	不會

二十五年五月十一日楊時逢、丁聲樹記音

本報告所據的材料,除與其他各處共同的,又有一次通信詢問。那次問的是内轉韵在莊組聲母後的讀音問題,用十五對例字來比較。這些字已一併採用了。

B. 聲韵調表

1. 聲母

p	半白	pʻ	怕盤伴白	m	門	f	飛		
t	到達	tʻ	太同道達	n	南藍紐連				
ts	糟朝	tsʻ	倉昌從坐族			s	散熟	ʐ	認日
tɕ	節結	tɕʻ	秋其就極			ɕ	小曉		
k	哥瓜戒	kʻ	開坑狂共	ŋ	岸哀	x	好害		
○	而年幼未軟								

2. 韵母

ï	茲日	i	梨第對聚七	u	步木	ʮ	雨主
				iu	菊育		

a	爬拔	o	婆各郭	ɔ	而	e	蛇白麥得脱
ia	爹架	io	略學			ie	謝別滅接
ua	瓜					ue	活國
						ʮe	靴穴拙決

ai	拜解代	ei	肥廢	au	桃貌	eu	某愁趙	ou	否奴楚熟
				iau	膠釣	ieu	表叫聊	iou	流舅
uai	怪	uei	桂危						
ʮai	帥	ʮei	稅追						

an	南反	en	半陝扇	ən	分等沉存生		
ian	減眼	ien	邊廉謙全			in	林丁金斤杏
uan	慣彎	uen	官	uən	昏横		
ʮan	閂	ʮen	船染			ʮin	春永

aŋ	邦牀桑巷	oŋ	風中公恐
iaŋ	兩講	ion	兄胸
uaŋ	光往		
ɥaŋ	莊椿		

3. 聲調

陰平	陽平	上	陰去	陽去	入
˧	˩˨	˨˩	˦˨	˧	˥
之	時石	古五	至	柱住	必辣秩

C. 聲韵調描寫

1. 聲母

上表十九聲母可依發音部位分爲p,t,ts,tɕ,k,○六組。

p組p,p‘,m,f。讀法近北平音。

t組t,t‘,n。n是個變值音位,共有n,l,l̃三值。大致的傾向是:齊齒韵前容易讀成n;其他韵前則三種讀法都有。更有一字而讀n又讀l或l̃的。

ts組ts,ts‘,s,ʐ。ts,ts‘,s在開口韵前讀純粹的舌尖前音;在合口韵前則讀成舌尖面混合音,ts與ts‘的舌面成分要比s多些。後一種讀法更因韵母元音的性質而不同,大致在前高元音之前容易讀得像tʃ等,在較低而部位較後的元音前容易於讀得像純粹的ts等加ɥ。ʐ是舌尖後音,讀得比較鬆。

tɕ組tɕ,tɕ‘,ɕ。部位平均。

k組k,k‘,ŋ,x。x的部位比k,k‘,ŋ略偏後。

○包括元音ɔ,i,u,ɥ起首的音。

2. 韵母

ï在ts,ts‘,s後讀ɿ,ʐ後讀ʅ。

i近於標準元音i。

u很關。嘴唇併得也很攏，但不十分圓。iu的i很短；因受u的影響，還略帶圓唇性。

ɥ有時讀純粹的舌尖前圓唇元音，有時讀舌尖面混合的圓唇元音。

a，ia，ua。a通常讀得近標準元音a，在入聲中則讀平均ᴀ。

o，io。o在入聲中比舒聲開。

ɔ的音程要比其他的元音長。部位與入聲中的o差不多，只是嘴唇没有那麽圓。

e，ie，ue，ɥe。e在舒聲中跟蘇州的ᴇ很近；在入聲中部位更偏後些，差不多變成ɛ。

ai，uai，ɥai。ai的“動程”長，約自a至ɪ。

ei，uei，ɥei。e關，在uei與ɥei中更變得很短。

au，iau。a的部位平均，只是在i後略偏前。u都鬆。

eu，ieu。e部位偏央，在唇音後簡直近ə。不過它的音程相當的長，所以跟本省許多地方的əu仍是迥然不同。

ou，iou。o開，與o韵入聲同。

an，ian，uan，ɥan。a通常讀前a；在i後略關；直接與舌根音相拼時，又受影響而部位偏後。

en，ien，uen，ɥen。e部位偏後而開，與e，ie，ue，ɥe韵的入聲同。

ən，uən。ə非常短。也許因爲抵補音長(compensatory lengthening)的關係，n就顯得格外長。uən很可以寫作un。

in，ɥin。i是開的ɪ。無輔音聲母時in就讀成ɪɪn或jɪn。在ɥin中，i只是由ɥ到n中間的過渡音。

aŋ，iaŋ，uaŋ，ɥaŋ。a部位平均，只是在i後略偏前。

oŋ，ioŋ。o比o，io韵的o關，嘴唇也比較圓。

3. 聲調

陰平由“中”升至“半高”(34)，寬式用半高平調號(˦ 44)。

陽平是低降升調(˨˩˧ 313)。

上聲是低降調(˨˩ 31)。

陰去是中升調(˨˦ 24)。

陽去是中平調(˧ 33)。

入聲由“半高”升至“高”(45),而且音程比較短促,寬式用高平調號(˥ 55)。

D. 與古音比較

1. 聲母

古聲組及影響條件		全清塞	次清塞	全濁塞 平	全濁塞 仄	次濁	清擦	濁擦 平	濁擦 仄
幫組		幫：p	滂：pʻ	並：pʻ	並：p,pʻ[1]	明：m			
非組						微：u	非、敷：f	奉：f	
端組泥	一二等	端：t	透：tʻ	定：tʻ	定：t,tʻ[1]	泥：n；來：n			
	三四等					泥：n,i			
精組	洪	精：ts	清：tsʻ	從：tsʻ	從：ts,tsʻ[1]		心：s	邪：?	邪：s
	細	精：tɕ	清：tɕʻ	從：tɕʻ	從：tɕ,tɕʻ[1]		心：ɕ	邪：tɕʻ,ɕ	邪：ɕ
莊組	內轉、外轉	莊：（照二）ts	初：（穿二）tsʻ	崇：（牀二）tsʻ	崇：（牀二）tsʻ;s		生：（審二）s		
知組	今開（梗二等韵、其他）、今合	知：ts	徹：tsʻ	澄：tsʻ	澄：ts,tsʻ[1]				
章組	今開、今合	章：（照三）ts	昌：（穿三）tsʻ	船：（牀三）tsʻ,s	船：（牀三）s		書：（審三）s	禪：tsʻ,s	禪：s

古聲組及影響條件 \ 古母今讀 \ 發音方法及影響條件			全清塞	次清塞	全濁塞 平	全濁塞 仄	次濁	清擦	濁擦 平	濁擦 仄
日母							日			
	今開	止(附質)					○			
	今開	其他					ʐ;i[2]			
	今合						ɥ			
見組曉			見	溪	羣	羣	疑	曉	匣	
	開	一等	k	kʻ			ŋ	x	x	
	開	二等	k,tɕ	kʻ,tɕʻ			ŋ,i	x,ɕ	x,ɕ	
	開	三四等	tɕ	tɕʻ	tɕʻ	tɕ,tɕʻ[1]	i	ɕ	ɕ	
	合	一二等	k	kʻ	*	*	u;ŋ	x	x	
	合 三四等	蟹止宕	k	kʻ	kʻ	kʻ	u	x	x	
	合 三四等	通舒	k	kʻ	tɕʻ	kʻ	?	ɕ	*	
	合 三四等	其他	ts;tɕ[3]	tsʻ	tsʻ	ts,tsʻ[1]	ɥ	s;ɕ[4]	s	
影組			影							
	開	一等	ŋ							
	開	二等	ŋ,i							
	開	三四等	i				喻：i			
	合	一二等	u;ŋ				*			
	合 三四等	蟹止宕	u				喻 u			
	合 三四等	通	i				喻 i			
	合 三四等	其他	ɥ				喻 ɥ			

2.韵母

第 一 表

呼 / 等 / 聲母 / 攝別	開												
	一			二				三 四					
	幫系	端系	見系	幫系	泥組	知組 莊	見系	幫系	端系	莊組	知組 章	日母	見系
果	*	o	o	a	a	a	a,ia	*	ie,ia	*	e,a	e	ie,ia
(遇)	*			*				*					
蟹	*	ai	ai	ai	ai	ai	ai,ia	i	i	*	ï	*	i
止	*			*				i,ei	i;ï	ï	ï	ɔ	i
効	au	au	au	au	au	au	au,iau	ieu	ieu	*	eu	eu	ieu
流	eu	eu	eu	*				ou,u	iou	eu	ou	ou	iou
咸	*	an	an	*		an	an,ian	ien	ien	*	en	ɥen	ien
山	*	an	an	an	*	an	an,ian	ien	ien	*	en	ɥen	ien
宕	aŋ	aŋ	aŋ	aŋ	*	ɥaŋ	aŋ,iaŋ	*	iaŋ	aŋ,ɥaŋ	aŋ	aŋ	iaŋ

攝別＼呼等聲母	開												
	一			二				三四					
	幫系	端系	見系	幫系	泥組	知莊組	見系	幫系	端系	莊組	知章組	日母	見系
深	*			*				in	in	ən	ən	ən	in
臻	*	ən	ən	*				in	in	ən	ən	ən	in
曾	ən,oŋ	ən	ən	*				in	in	*	ən	ən	in
梗	*			ən,oŋ	ən	ən	ən,in	in	in	*	ən	*	in
（通）	*			*				*					
咸入	*	a	o	*		a	a,ia	*	ie	*	e	*	ie
山入	*	a	o	a	*	a	a,ia	ie	ie	*	e	e	ie
宕入	o	o	o	o	*	o	o,io	*	io	*	o	o	io
深入	*			*				*	i	e	ï	ʮ	i
臻入	*			*				i	i	e	ï	ï	i
曾入	e	e	e	*				i	i	e	ï	*	i
梗入	*			e	*	e	e	i	i	*	ï	*	i
（通入）	*			*				*					

第二表

攝別 \ 聲母 \ 等 \ 呼	合												
	一			二			三四						
	幫系	端系	見系	幫系	莊組	見系	幫系	泥組	精組	莊組	知章組	日母	見系
果	o	o	o	*		ua	*						ɥe
遇	u	ou	u	*			u	i,ɥ	i	ou	ɥ	ɥ	ɥ
蟹	i	i	uei,uai	*		uai,ua	ei	*	i	*	ɥei	*	uei
止	*			*			i,ei;uei	i	i	ɥai	ɥei	*	uei
(効)	*			*			*						
(流)	*			*			*						
咸	*			*			an	*					
山	en	en	uen	*	ɥan	uan	an;uan	ien	ien	*	ɥen	ɥen	ɥen
宕	*		uaŋ	*			aŋ;uaŋ	*					uaŋ

攝別 \ 聲母 \ 等 \ 呼	合												
	一			二			三四						
	幫系	端系	見系	幫系	莊組	見系	幫系	泥組	精組	莊組	知章組	日母	見系
（深）	*			*			*						
臻	ən	ən	uən	*			ən;uən	ən	in	*	ʮin	ʮin	ʮin
曾	*		oŋ	*			*						
梗	*			*		uən,oŋ	*						ʮin,ioŋ
通	oŋ	oŋ	oŋ	*			oŋ	oŋ	oŋ	oŋ	oŋ	ioŋ	oŋ,ioŋ
咸入	*			*			a	*					
山入	e	e	ue	*	a	ua	a;ua	ie	ie	*	ʮe	*	ʮe
宕入	*		o	*			o	*					
（深入）	*			*			*						
臻入	u	u	u	*			u	i	i	*	ʮ	*	ʮ
曾入	*		ue	*			*						ʮ
梗入	*			*		ue	*						ʮ
通入	u	u	u	*			u	u	u	u	u	u	ʮ,iu

3.聲調

古類 \ 影響條件 \ 今值 今類		陰平	陽平	上	陰去	陽去	入
平	清	˦					
	濁		˧˩˨				
上	清			˧˩			
	次濁			˧˩			
	全濁					˧	
去	清				˨˦		
	濁					˧	
入	清						˥
	次濁						˥
	全濁		˧˩˨				˥

附注：

聲母：—

(1)全濁塞及塞擦聲母在仄聲中，上去送氣，入聲今讀陽平者不送氣，今讀入聲者送氣。

(2)通舒讀i，其他ʐ。

(3)通入‘菊’字讀tɕ，其他ts。

(4)通入讀ɕ，其他s。

E. 同音字表

今調	陰平˦	陽平˧˩˨	上˨˩	陰去˩˧	陽去˧	入˥
今韵	ï					
廣韵	祭‖脂;之;支‖緝‖質‖職‖昔(均開口)					
p						
pʻ						
m						
f						
t						
tʻ						
n						
ts	兹,之;知,支‖隻入	姪‖直值	子	致,至;志;翅審		執‖質‖隻炙
tsʻ		遲;痔澄上	耻;此	次;刺,賜心	滯‖自;字,伺心,似邪	秩‖植,殖禪‖赤
s	師,示去;思;斯,施	時‖十‖實‖石	矢;使,始	世‖四;試‖式入	士、事,市;是	食蝕,識飾
ʐ						日
tɕ						
tɕʻ						
ɕ						
k						
kʻ						
ŋ						
x						
○						

今調	陰平˥	陽平˩˥	上˨˩	陰去˧˥	陽去˧	入˥˧
今韵	i					
廣韵	魚;虞‖祭;齊;灰;泰‖脂;之;支;微‖緝‖質;迄;術‖職‖昔;陌三;錫					
p			比;彼	貝‖臂		必‖逼‖碧;壁
p‘	披;丕		鄙痞幫	配,佩並	敝;倍‖備;被婢	弼‖僻,闢
m		梅‖靡上	米		妹	
f						
t		笛	底	帝;對;兑定		的
t‘		提堤			第隸來‖地	
n		梨;離	屢去‖禮‖履;你,里理裹;累		例;内‖類‖[□](那様)	立‖栗;律‖力‖歷
tɕ	機		己;幾	祭;計繼;最‖寄;醉,季合見		急,及1羣,吸曉‖吉‖激
tɕ‘	妻,棲心,溪‖期羣	齊‖其;奇	起	去溪魚;娶趣‖脆‖器;氣;悴從,粹心	聚‖罪‖忌;技妓‖集入	緝,及2‖七;乞,迄曉‖極‖戚
ɕ	須‖西,兮匣;攜匣合‖希	隨‖席	洗;徙璽支心	歲‖戲	序‖系‖遂	泣溪‖戌恤‖息媳
○	醫;衣依	夷;疑;宜,移;遺合	以已,矣	憶入	藝‖義議	噎屑‖邑‖一,逸‖逆;亦譯

今調	陰平˦	陽平˨˩˦	上˨˩	陰去˩˧	陽去˧	入˥
今韵	u					
廣韵	模;虞‖尤‖没;物‖屋;沃					
p						不
p'			譜幫,普		步	勃‖卜幫,撲,僕瀑曝
m			母			木;目
f		扶‖服	府,腐奉		附‖婦負	
t						篤
t'						突‖禿
n						鹿;陸;緑
ts						卒‖竹;足,燭囑
ts'						族;觸
s						肅,縮;屬
ʐ						肉;辱
k	孤姑					骨‖轂
k'						哭;酷
ŋ						
x		胡乎狐	虎		户	忽
○	烏‖沃入	吾	五;武		務‖戊侯明	物‖握覺‖屋;沃1

今韵	iu					
廣韵	屋三;燭					
tɕ						菊
tɕ'						
ɕ						畜
○						育;欲

今調	陰平˦	陽平˨˩˧	上˨˩	陰去˧˥	陽去˧	入˥
今韵	ɥ					
廣韵	魚;虞‖緝‖術;物‖職‖昔‖燭					
ts	猪,諸		主	著;駐,句		橘‖局羣
ts‘	樞,區	除		處,去	巨,柱、住	出;屈‖曲
s	書,虛	徐;殊	暑鼠,許		樹	
○		如,魚,於影,余餘;儒,愚,于	女,吕旅,與;羽			入‖鬱‖域‖疫役

今韵	a					
廣韵	麻‖合;盍;洽;狎;乏‖曷;鎋;黠;月					
p	巴					八
p‘		爬		怕		拔
m	[媽]		馬			
f						法‖髮
t		達	打庚		大定	答搭
t‘						踏;塔‖<u>達</u>
n	拉入	拿	[哪]			納;臘‖辣
ts		雜;閘		乍‖‖[這]	[□](|ma=現在)	紮札
ts‘				詫		插‖察
s	沙	<u>蛇</u>				撒;殺;刷
k	家(老人|)					
k‘						
ŋ						
x					<u>下</u>(一|見)	<u>狹</u>‖瞎

今調	陰平˦	陽平˨˩˧	上˧˩	陰去˧˥	陽去˧	入˥
今韵	ia					
廣韵	麻‖佳‖洽;狎‖鎋;黠(均開口)					
t	[爹](祖父稱)					
t‘						
n						
tɕ	家‖佳		假	架		甲;挾帖匣
tɕ‘						恰
ɕ	些	霞	寫			狹;匣
○	鴉	牙	野也			鴨壓

今韵	ua					
廣韵	麻二‖佳;夬‖鎋;黠(均合口)					
k	瓜			掛		刮
k‘			[垮](坍塌)			
ŋ						
x	[花](丨錢)	華‖滑		化	畫;話	
○	蛙‖挖入		瓦			

今調	陰平˥	陽平˨˦	上˨˩	陰去˦˨	陽去˧	入˥
今韻	o					
廣韻	歌;戈一‖合;盍‖曷‖鐸;覺;藥					
p	波,玻滂					剥;縛$_1$奉
p‘	坡	婆	剖侯			縛$_2$奉
m			麽			莫
f						
t	多					
t‘			妥		舵	託
n		羅;騾		[那](遠指詞)		洛
ts			左			作;桌;酌‖促清燭
ts‘					坐座	戳,濯
s			所魚			
ʐ						若
k	歌;鍋		果	個;過		鴿‖割‖各;角;郭
k‘	科		可			
ŋ	窩	鵝	我			惡
x		何;和‖合			禍	盍‖喝‖鶴;霍

今調	陰平˦	陽平˨˩˧	上˧˩	陰去˧˥	陽去˧	入˥
今韵	io					
廣韵	覺;藥					
t						
t‘						
n						略
tɕ						覺;爵,嚼從,脚
tɕ‘						確;雀精
ɕ		學				削
○						虐,約,藥

今韵	ɔ					
廣韵	脂;之;支(均開口)					
○		而;兒	爾		貳二	

今調	陰平˦	陽平˧˩˧	上˨˩	陰去˨˦	陽去˧	入˥
今韵	e					
廣韵	麻三‖葉‖薛;末‖緝‖櫛‖德;職‖陌二;麥					
p		<u>白</u>				北‖百
pʻ						泊鐸‖迫幫,拍,白
m						末‖麥
f						
t						得德
tʻ						脱‖忒,特
n						勒
ts		擇				則‖責
tsʻ						徹撤‖側照,測‖澤宅
s		蛇‖舌				攝,涉‖設‖澀‖瑟‖色
ʐ			惹			熱
k						格;革
kʻ						刻;客
ŋ						厄
x						黑‖赫

今調	陰平˦	陽平˨˦	上˨˩	陰去˧˥	陽去˧	入˥
今韵	ie					
廣韵	麻三‖葉;業;帖‖薛;月;屑					
p		別				
pʻ						撇
m						滅
f						
t						
tʻ						帖‖鐵
n						列;臬疑;劣
tɕ	嗟	傑;絶				接楫;刦‖節,結
tɕʻ		茄				竭;切‖喫錫
ɕ	些	邪‖脅曉入;協	寫		謝	薛;血曉合
○		爺	也			聶,葉;業‖孽

今調	陰平˦	陽平˩˧	上˨˩	陰去˨˧	陽去˧	入˥
今韵	ue					
廣韵	末‖德‖麥(均合口)					
k						國
k‘						闊
ŋ						
x		活				或‖獲

今韵	ɥe					
廣韵	戈三‖薛;月;屑(均合口)					
ts						拙;掘羣;決
ts‘						缺
s	靴	穴				説
○						閲;月,越曰

今調	陰平˥	陽平˨˩˧	上˧˩	陰去˧˥	陽去˧
今韵	ai				
廣韵	咍;泰;皆;佳;夬(均開口)				
p				拜	
p‘				派	敗
m		埋	買		
f					
t				帶	
t‘		擡		泰太	待、代;大
n		來	乃;奶		賴
ts	齋				
ts‘		柴		菜;蔡	在
s					
k	該;皆		改;解	蓋;介界戒,械匣	
k‘	開		楷	概見,慨	
ŋ	哀;挨		矮	愛	艾
x		孩;偕見,諧;鞋‖還(丨有)删合			亥;害

今調	陰平˦	陽平˧˩	上˨˩	陰去˧˦	陽去˧
今韵	uai				
廣韵	泰;皆;佳;夬(均合口)				
k				怪	
k‘			塊去	會(丨計)見;快	
ŋ					
x					壞
○	歪曉				外

今韵	ɥai				
廣韵	脂;支(均合口)				
ts					
ts‘			揣		
s				帥	

今韵	ei				
廣韵	廢‖脂;支;微				
p	卑;悲;碑				
p‘					
m					
f	非飛	肥	匪	廢,肺‖費	

今調	陰平˥	陽平˩˧	上˨˩	陰去˧˥	陽去˧
今韵	uei				
廣韵	灰;泰;祭;齊‖脂;支;微(均合口)				
k	龜;歸			桂‖貴	
k‘		葵			跪
ŋ					
x	灰	回	毀	諱	會;彗喻;惠
○	威	維惟;危,爲;微,圍	委,尾	畏	衛‖位;未

今韵	ɥei				
廣韵	祭‖脂;支(均合口)				
ts	追,錐				
ts‘		垂			
s				税	睡瑞
○					鋭喻

今調	陰平˥	陽平˨˩	上˩	陰去˦	陽去˧
今韵	au				
廣韵	豪;肴				
p	包		保	報	
p‘			跑並平		
m	貓明平				貌‖[冒](没有)
f					
t			到(聽‖)去	到	
t‘		桃			道
n		牢	老		鬧
ts	糟				
ts‘			草;炒		
s			掃		
k			稿;攪	告	
k‘					
ŋ			襖;咬	奥	
x		毫	好1	好2	

今韵	iau				
廣韵	肴				
tɕ	膠			教	
tɕ‘			巧		
ɕ				孝	校効
○		肴淆			

今調	陰平˥	陽平˨˦	上˨˩˦	陰去˧˥	陽去˧
今韵	eu				
廣韵	宵‖侯;尤				
p					
pʻ					
m		謀	某畝		
f					
t			斗	鬥	
tʻ		頭			
n					漏
ts	朝,昭‖鄒		走	照‖奏;縐	
tsʻ		愁			趙‖驟
s	燒‖搜餿颼				紹‖瘦漱
ʐ		饒	擾		
k	鈎			够	
kʻ			口		
ŋ	歐		偶		
x					後候

今調	陰平˥	陽平˨˦	上˨˩	陰去˦	陽去˧
今韵	ieu				
廣韵	宵;蕭				
p			表		
p‘					
m		貓			
f					
t	雕			釣	
t‘		條		跳	
n		燎;聊	了		
tɕ	驕			叫	
tɕ‘		喬			
ɕ	消,囂;蕭		小;曉		
○	妖	摇;堯	舀	要	

今調	陰平˦	陽平˨˩˧	上˨˩	陰去˧˥	陽去˧	入˥
今韵	ou					
廣韵	模;魚;虞‖尤‖屋;沃					
p						
pʻ						
m						
f			否			
t	都	讀屋;毒	賭肚			
tʻ			土		杜	讀屋
n		奴	努		怒路	
ts	周			做		
tsʻ	粗;初	鋤	楚‖丑	醋	助‖就尤從	
s	蘇‖收	熟		素;數‖獸		
ʐ		柔				

今調	陰平˦	陽平˨˩˧	上˨˩	陰去˧˥	陽去˧
今韵	iou				
廣韵	尤;幽				
t	[丢]				
tʻ					
n		流	紐		
tɕ	糾上		九		
tɕʻ	秋,丘	囚,求			就,舅
ɕ	休	續邪燭			
○		牛,由猶	有	幼	又

今調	陰平˥	陽平˨˩˧	上˨˩	陰去˧˥	陽去˧
今韵	an				
廣韵	覃;談;咸;銜;凡‖寒;山;删;元				
p			板	扮	
p‘				盼	辦
m					慢
f		凡	反		范
t			膽	旦	
t‘	貪	談		歎	但
n		南;藍‖難			
ts			斬‖展仙		暫‖棧
ts‘	餐		慘‖剷,産審		
s	三;衫‖山;閂$_{1}$合			散	
k	干;間		感;敢		
k‘					
ŋ	安		眼	暗$_{1}$	岸
x		含;鹹;銜‖寒;閑		漢	

今韵	ian				
廣韵	咸;銜‖山;删(均開口)				
tɕ	間		減	監‖諫	
tɕ‘					
ɕ					陷‖限
○			眼		

今調	陰平˦	陽平˨˩˧	上˩˨	陰去˨˧	陽去˧
今韵	uan				
廣韵	山;刪;元(均合口)				
k	鰥;關			慣	
k‘					
ŋ					
x					
○	彎		晚		萬

今韵	ɥan				
廣韵	刪(合)				
ts					
ts‘					
s	刪開;閂$_2$				

今調	陰平˥	陽平˨˩˧	上˨˩	陰去˧˥	陽去˧
今韵	en				
廣韵	鹽‖仙;桓				
p p‘ m f		 盤 		半 	 伴、叛
t t‘ n			短 暖		 亂
ts ts‘ s	 酸	 蟬	 陝	沾平 扇;算	 善

今調	陰平˦	陽平˨˩˧	上˧˩	陰去˧˥	陽去˧
今韵	ien				
廣韵	鹽;嚴;添‖仙;元;先				
p	邊		貶	變;徧	
p‘				片	辨;辯
m					
f					
t			典	店	
t‘	天	田			
n		廉‖連聯			戀
tɕ			剪;繭	建;見	
tɕ‘	謙‖千	鉗‖錢;全		欠(|記)	件;健
ɕ	仙鮮;軒掀; 先;宣	嫌‖賢弦;旋	險‖癬;顯	憲	漸從‖現; 縣匣合
○	煙	嚴‖延;言;年;沿合	掩‖演;研疑平	厭‖晏删	驗;念‖硯

今韵	uen				
廣韵	桓				
k	官觀			貫	
k‘			款,皖匣		
ŋ					
x		完	緩匣	喚	换
○		玩去,完丸匣	碗		

今調	陰平˦	陽平˨˩˨	上˨˩	陰去˧˦	陽去˧
今韻	ʮen				
廣韻	鹽‖仙;元;先(均合口)				
ts	專		轉,捲		
ts‘		船,權			篆,倦
s		玄			
○		然;緣鉛,圓;元,園	染‖軟;阮,遠		院

今韻	ən				
廣韻	侵‖痕;臻;真;魂;諄;文‖登;蒸‖庚;耕;清				
p	崩		本		
p‘		彭			
m		門‖萌			
f	分			奮	
t			等	頓	
t‘	吞				
n		倫‖能	冷		論
ts	增,僧心,徵‖争;貞,偵徹,征		診	正政	
ts‘	撑	沉‖陳,臣;存‖承‖成誠城			鄭
s	森,深‖身申‖僧‖生;聲	晨‖繩	審		盛
ʐ		壬‖人‖仍	忍		認
k	跟根‖庚;耕		亘去	更	
k‘	坑		懇‖肯		
ŋ	恩				硬
x		恒	很匣		恨

今調	陰平˥	陽平˧˩˧	上˨˩˧	陰去˨˦	陽去˧
今韵	uən				
廣韵	魂;文‖庚二(均合口)				
k					
kʻ	坤				
ŋ					
x	昏婚	魂‖横			
○	温	聞文			問

今韵	in				
廣韵	侵‖真;欣;諄‖蒸‖庚三;耕;清;青				
p	兵		稟	並並	
pʻ		貧‖平;瓶	品		
m		民‖名	敏		命
f					
t	丁				
tʻ				聽	定
n		林‖鄰‖陵‖零靈			令
tɕ	今金‖津,巾;斤‖京荆驚;經		頸	晉進‖勁	
tɕʻ	侵‖親‖清,輕	秦			近‖静
ɕ	心,欽溪‖新;欣‖星腥	尋‖旬‖行;形		信;迅‖性姓	杏;幸
○	音陰‖因‖鶯;英	銀,寅‖凝‖盈;罃合	飲‖隱‖影	印‖應	孕

今調	陰平˥	陽平˨˩˧	上˧˩	陰去˧˥	陽去˧
今韵	ʮin				
廣韵	諄;文‖庚;清;青				
ts	均;軍				
ts‘	椿春‖傾	羣‖瓊	頃		
s	勳	唇,純			迥
○		云‖榮;螢匣	允尹‖永		閏

今韵	aŋ				
廣韵	唐;江;陽				
p	邦				
p‘		旁			
m		忙			
f	方	房防		放	
t			黨		
t‘					蕩
n		郎	朗		
ts	張		長		
ts‘	倉;昌	牀			
s	桑;商	常			上尚
ʐ					讓
k	剛綱				
k‘					
ŋ				暗$_2$覃	
x					項、巷

今調	陰平˥	陽平˨˩˦	上˧˩	陰去˧˥	陽去˧
今韻	iaŋ				
廣韻	江;陽(均開口)				
t					
t‘					
n		良	兩		
tɕ	江;將,姜		講		
tɕ‘	腔	詳祥			像邪
ɕ	香鄉		想,响		象像
○		娘,陽	仰		樣

今韻	uaŋ				
廣韻	唐;陽(均合口)				
k	光				
k‘		狂		曠;況曉	
ŋ					
x	荒	黄			
○	汪	王	往		望,旺

今韻	ɥaŋ				
廣韻	江;陽				
ts	樁;莊				
ts‘	窗		撞澄去		
s					

今調	陰平˥	陽平˧˩	上˨˩	陰去˨˦	陽去˧
今韻	oŋ				
廣韻	登‖庚二;耕‖東;冬;鍾				
p					
p‘		朋			
m					孟‖夢
f	風;封	馮			
t	東				
t‘	通	同	桶;統去		洞
n		農;隆;龍	攏		
ts	中;鍾		總;種$_1$	衆;種$_2$	
ts‘	充	蟲,崇;從	寵		
s	鬆;嵩;松			送;宋	誦
k	公工功;弓;恭				共
k‘	空		恐		
ŋ	翁				
x		弘‖宏‖紅			

今韻	ioŋ				
廣韻	庚三‖東;鍾				
tɕ					
tɕ‘		窮			
ɕ	兄	雄熊喻			
○		生尤‖絨,融;茸,容			用

F. 音韵特點

1. 聲母

(1)無tʂ,ts之分,古精組洪音與知系字混,全讀ts等,如'茲'='知'='支'tsï。

(2)不分尖團,古精組細音與見系細音開口混,全讀tɕ等,如'祭'='計'tɕi。

(3)見系合口細音讀ts等,如'玄'sɥen,'巨'tsʻɥ。

(4)通三入見組字讀tɕ或ts不定,如'菊'tɕiu,'曲'tsʻɥ;曉組讀ɕ,如'畜'ɕiu。

(5)見系二等開口在蟹攝與梗攝入聲中不顎化,如'介'kai,'諧'xai,'赫'xe,'厄'ŋe;在其他各攝中不定,如'家'ka,tɕia,'角'ko,'覺'tɕio,'眼'ŋan,ian。

(6)全濁塞及塞擦聲母在今仄聲中全送氣,如'道'tʻau⊇,'在'tsʻai⊇,'白'pʻe⊃。古入聲今變陽平者則不送氣,如'白'⊆pe,'笛'⊆ti。(古平聲濁音仍送氣,如'遲'tsʻï。)

(7)泥母洪音與來混,如'南'='藍'nan,細音一部分與來混,一部分不混,如'你'='里'ni,'紐'niou,'流'niou,但'年'ien≠'連'nien,'聶'ie≠'列'nie。

(8)通攝舒聲日母變i-;如'絨'ioŋ。

(9)疑母三四等開口全讀i-,如'硯'ien,'牛'iou,'疑'i。

(10)疑影兩母開口洪音全讀ŋ,如'鵝'ŋo,'惡'ŋo;'艾'ŋai,'矮'ŋai。

2. 開合

(1)遇蟹山及臻攝舒聲的端系一等字讀開,如'杜'tʻou,'内'ni,'算'sen,'脱'tʻe,'論'nən。

(2)精組合口細音都讀開,如'徐'ɕi,'歲'ɕi,'遂'ɕi,'全'tɕʻien,'旬'ɕin,'絶'tɕʻie。

(3)來母合口細音除在遇攝有一部分保持合口外,其他全讀開,如‘累’ni,‘戀’nien,‘倫’nən,‘劣’nie,‘律’ni。

(4)宕攝莊組字讀開或合不定,如‘莊’tsɥaŋ,‘牀’ts‘aŋ。

3.韵母

(1)麻韵三等字有e,a兩讀,如‘謝’ɕie,‘寫’ɕia,‘蛇’se,sa,‘也’ie,ia。

(2)模韵端系與魚虞兩韵的莊組字讀ou,如‘奴’nou,‘楚’ts‘ou。

(3)魚虞兩韵的知見系字元音同,如‘柱’=‘巨’ts‘ɥ,‘儒’=‘余’ɥ。(入聲術韵同。)

(4)蟹一三等合口的幫組端系與止合的端系字全讀i,如‘梅’mi,‘最’tɕi,‘歲’ɕi,‘累’ni。

(5)止攝日母字讀ɔ,如‘二’ɔ。

(6)効攝一二等韵讀au,如‘保’pau,‘教’tɕiau;三四等韵則讀eu,如‘紹’seu,‘曉’ɕieu。

(7)流攝一等字讀eu,與効三四等字同韵,如‘奏’=‘照’tseu,三等莊組也讀eu,如‘愁’ts‘eu;其他讀ou(除‘負’等讀u的),如‘否’fou,‘柔’ʐou,‘幼’iou。

(8)山咸舒聲開口,一二等韵的元音是a,如‘貪’t‘an,‘間’tɕian;三四等是e,‘貶’pien,‘典’tien,‘陝’sen。

(9)山攝合口一三四等(除非組)元音同是e,二等是a,如‘暖’nen,‘活’xue,‘篆’ts‘ɥen,‘説’sɥe,‘玄’sɥen;‘閂’sɥan,‘關’kuan。

(10)深臻曾梗舒聲混,全收n尾,如‘林’nin,‘鄰’nin,‘能’nən,‘冷’nən。

(11)没屋沃燭的端知兩系字讀u,不與流攝字同韵;端系與莊組字且不與遇攝字合,如‘突’t‘u,‘鹿’nu,‘足’tsu,‘屬’su,‘肉’ʐu。

4.聲調

(1)分陰陽去,如‘四’sï꜄ ≠‘士’sï꜅ =‘事’sï꜅。

(2)入聲獨立,但全濁一部分歸陽平,如‘熟’꜁su。

G. 會話

53 a：ni˨˩ çin˧˥ mo˨˩ ti˥ a|·?
你 姓 麽 的 阿?

53 b：ŋo˨˩ çin˧˥——ni˨˩。
我 姓—— 李。

a：ni˨˩ çien˧ tsʻai˧ zən˨˩˧ xa(i)˨˩˧ xau˨˩ a|·?
你 現 在 人 還 好 阿?

b：ŋo˨˩ çien˧ tsʻai˧ zən˨˩˧ xa(i)˨˩˧ kan˨˩ tɕi˥ ni˧，xa(i)˨˩˧ fei˦ tsʻaŋ˨˩˧
我 現 在 人 還 感 吉 利，還 非 常

tsï|· xau˨˩。
之 好。

a：ni˧ ko˧˥ çiaŋ˦ ni˨˩ tʻi˧ faŋ˦，ni˧ ko˧˥ sou˦ tsʻən˨˩˧ mo˨˩ iaŋ˦
呢 個 鄉 裏 地 方，呢 個 收 成 麽 樣

nɛ|·?
吶?

b：çiaŋ˦ ni˨˩ sou˦ tsʻən˨˩˧ çien˧ tsʻai˧ tsï˥ sou˧ te˥ sï˨˩˧ fən˧ tsï˦
鄉 裏 收 成 現 在 只 收 得 十 分 之

tɕʻi˥ pa˥。
七 八。

a：ni˨˩ çien˧ tsʻai˧ tau˧˥ u˨˩ xan˧˥ nai˨˩˧ iou˨˩ tɕi˨˩ to˦ sï˨˩˧ xeu˧ a|·?
你 現 在 到 武 漢 來 有 幾 多 時 候 阿?

b：ŋo˨˩ iou˨˩ niaŋ˨˩ san˦ ko|· ɥe˥ n(i)eu|·，i˨˩ tɕin˦ çien˧ tsʻai˧。
我 有 兩 三 個 月 了，已 經 現 在。

a：e˩——ni˨˩ ti˥ sɥ˦，ni˨˩ sï˧ çien˧ tsʻai˧ tsou˧˥ mo˨˩ sï˧ a|·?
誒——你 的 書，你 是 現 在 做 麽 事 阿?

b：ŋo˨˩ çien˧ tsʻai˧——tsən˧˥ tsʻai˧ tsoŋ˦ xua˨˩˧ tsʻai˧——tsʻɥ˧ tsʻou˦
我 現 在—— 正 在 中 華 在—— 住 初

tsoŋ˧。
中。

a：çien˧ tsʻai˧ sɥ˧ tʻou˥ te˥ xa(i)˨˩ xau˧˩ pa|·?
現 在 書 讀 得 還 好 吧?

b：sɥ˧ tʻou˥ te˥——xai˨˩ kʻo˧˩ i˧˩，tçi˥ ke˥，kue˥ uən˨˩，tʻa˧ kʻai˨˦。
書 讀 得——還 可 以，及 格，國 文，大 概。

a：ni˧˩ u˥ ni˧˩，sou˧ tsʻən˨˩ mo˧˩ iaŋ˧ ɛ|·?
你 屋 裏，收 成 麽 樣 誒?

b：sou˧ tsʻən˨˩——ŋo˧˩ u˥ ni˧˩ çien˧ tsʻai˧ pau˧ ku˥ i˧˩ tçin˧ sou˧
收 成—— 我 屋 裏 現 在 包 穀 已 經 收

n(i)eu˧˩——iou˧˩——niaŋ˧˩ tsʻa˧ u˥ ni˧˩ nieu˧˩。
了—— 有—— 兩 叉(?) 屋 裏 了。

a：ŋ̍|·——ni˧˩ iou˧˩ z̧ən˧ pu˥ z̧ən˧ te|· na˨˦ ko|· tsʻən˨˩ xuei˧ iou˧˩
唔——你 有 認 不 認 得 那 個 陳 惠 友

a|·?
(?) 阿?

b：z̧ən˧ te|·。
認 得。

a：tʻa˧ çien˧ tsʻai˧ tsʻai˧ na˧˩ ni|·——，tsou˨˦ mo˧˩ sï˧ a|·?
他 現 在 在 哪 裏——，做 麽 事 阿?

b：tʻa˧ çien˧ tsʻai˧ tsʻai˧ tçiau˨˦ iu˥ çio˧˩ ɥen˧。
他 現 在 在 教 育 學 院。

a：ni˧˩——ni˧˩ iou˧˩ sï˨˩ tçi˧˩ çi˨˦ a|·?
你——你 有 十 幾 歲 阿?

b：ŋo˧˩ iou˧˩ sï˨˩ tçʻi˥ çi˨˦。
我 有 十 七 歲。

a：ni˧˩，ni˧˩ çieu˧˩ pu|· çieu˧˩ te˥ çiaŋ˥ ni˧˩ çien˧ tsʻai˧ tçʻi˧˩ tʻai˧
你，你 曉 不 曉 得 鄉 裏 現 在 起 大

foŋ˧ a˦·?
風 阿?

b：ŋo˩ ɕieu˩ te˥ a˦·，ŋo˩ tɕi(a)˦· u˥ ni˦· i˩ tɕin˦· faŋ˩ tsï˩ tou˧
我 曉 得 阿，我 家 屋 裏 已 經 房 子 都

i˩ tɕin˧ k'ua˩ ko˦· nie(u)˩ i˥ ts'ï˧。
已 經 垮 過 了 一 次。

a：ni˩ ɕieu˩ pu˥ ɕieu˩ te˥ ɕiaŋ˧ ni˦· saŋ˩ ts'ʮ˥ ɕie˦· tou˩ sa˩
你 曉 不 曉 得 鄉 裏 常 出 些 毒 蛇

a˦·?
阿?

b：tou˩ sa˩ a˦·?
毒 蛇 阿?

a：ŋ̍˪。
唔。

b：ŋo˩ sï˧ t'in˧ tau˩ sʮe˥ ko˦·，t'an˧ sï˧ ŋo˩ mau˧ tɕ'in˧ ian˩
我 是 聽 到 説 過，但 是 我 冒(没有) 親 眼

k'an˧ tɕien˧。
看 見。

a：ə˫——ni˩ ɕieu˩ pu˥ ɕieu˩ te˥ a˦·，na˧ ko˦· tɕieu˧ ni˩ pe˥
呃——你 曉 不 曉 得 阿，那 個 叫 李 伯

ɕien˩，ɕien˧ ts'ai˧ sï˧ ts'ai˧ (n)a˩ ni˦· tɕ'i˧ na˦·，na˧ ko˦· t'oŋ˩
賢，現 在 是 在 哪 裏 去 啦，那 個 同

ɕiaŋ˧?
鄉?

b：na˧ ko˦· t'oŋ˩ ɕiaŋ˧，t'a˧ xai˩ sï˧ ts'ai˧ tsoŋ˧ xua˩ ts'ai˧ tou˩。
那 個 同 鄉，他 還 是 在 中 華 在 讀。

a：xai˩ iou˩ i˥ ko˦· tɕieu˧——ɕin˧ tsaŋ˧ ko˦·，t'a˧ sï˧ tau˧ pe˥
還 有 一 個 叫—— 姓 張 個，他 是 到 北

p'in˨ tɕ'i˧，tau˧ ɕio˨ ɕiau˧ tɕ'i˧ nə˦· pa˦·?
平 去，到 學 校 去 了 吧?

b：ɛ˪，t'a˧ tɕ'i˧ nə˦·，i˨ tɕin˧ tɕ'i˧ niaŋ˨ ko˦· ɕin˧ tɕ'i˧ tɕ'i˧
誒，他 去 了，已 經 去 兩 個 星 期 去

ko˦·。
過。

a：t'a˧ nai˨ mau˧ nai˨ ɕin˧ a˦·?
他 來 冒 來 信 阿?

b：t'a˧——t'a˧ sʮe˥ t'a˧ nai˨ ɕin˧ ko˦·，t'a˧ sʮe˥ ɕia˧ ko˦· ɕin˧
他——他 説 他 來 信 個，他 説 下 個 星

tɕ'i˧ k'o˨ i˨ nai˨ ɕin˧ pa˦·。
期 可 以 來 信 吧。

a：ni˨ ɕien˧ ts'ai˧ tɕi˨ sï˨ xuei˨，xuei˨ tɕia˧ ni˦· tɕ'i˧ sa˦·?
你 現 在 幾 時 回，回 家 裏 去 煞?

b：ŋo˨ ɕien˧ ts'ai˧ faŋ˧ sʮ˨ tɕia˨ i˨ xeu˧ ne˦· xuei˨ tɕia˧。
我 現 在 放 暑 假 以 後 呐 回 家。

a：ni˨ tɕ'ien˧ pu˥ tɕ'ien˧ u˥ ni˦· a˦·?
你 捧 不 捧 屋 裏 阿?

b：xai˨——ɕin˧ ni˨ iou˨ tie(n)˨ tɕ'ien˧。
還—— 心 裏 有 點 捧。

a：ŋ̍˦。
唔。

b：ni˨——ɕien˧ ts'ai˧ u˥ ni˦·——ni˨——nau˨ zə̣n˨ ka˧ xa(i)˨
你—— 現 在 屋 裏—— 你—— 老 人 家 還

xau˨ sa˦·?
好 煞?

a：xai˨ xau˨，ə˦·——nau˨ xo˨ ni˨！ɕien˧ ts'ai˧ ɕien˧ ts'ən˨ ni˦·
還 好，呃—— 勞 火(?) 你！現 在 縣 城 裏

aǀ·，t'in˧˥ sɥe˥ iou˨˩ na˧˥ tsoŋ˨˩ noŋ˧˩ k'o˧，əǀ·——tɕi˧ tɕ'iǀ· kən˧
阿，聽說有那種農科，呃——機器耕

t'ien˧˩ paǀ·，pu˥ ɕieu˨˩ uei˧ tse˧˥ koǀ· sï˧?
田吧，不曉爲這個事?

b：ŋo˨˩ t'in˧˥ tau˨˩ sɥe˥ t'a˧ na˧˥ (n)iǀ· tɕin˧ k'eu˨˩ iou˨˩，tɕin˧ k'eu˨˩
我聽到說他那裏金口有，金口

iou˨˩ tɕi˧ tɕ'i˧˥ kən˧ dien˧˩(t'ien˧˩)。t'an˧ sï˧ ŋo˨˩ i˨˩ ts'ai˧ tsoŋ˧
有機器耕田。但是我已在中

xua˧˩ iaǀ·，əǀ·——ni˨˩ pai˧˥ ɔ˧ aǀ·，ni˨˩ pai˧˥ ɔ˧ k'o˨˩ i˨˩ tau˧˥
華呀，呃——禮拜二阿，禮拜二可以到

tɕin˧ k'eu˨˩ tɕi˧˥ ɥ˨˩ ɕin˧˩，k'o˨˩ i˨˩ k'an˧˥ tɕi˧ tɕ'i˧˥ kən˧ t'ien˧˩，
金口去旅行，可以看機器耕田，

xo˧˩ k'an˧˥ tɕin˧ si˧˩ tsa˧˩，t'a˧ k'ai˧˥ k'o˨˩ i˨˩ te˥ tsoǀ· i˥ ɕiaǀ·
和看金石閘，大概可以得着一些

koǀ· tɕien˧˥ sï˥。
個見識。

五四. 咸寧(賀勝橋)

A. 發音人履歷

發音人	54a	54b
年齡	19 歲	16 歲
原籍	咸寧賀勝橋	咸寧官埠橋
職業	學生	學生
教育程度	高中一年	初中一年
幼時語言環境	本地私塾	同左
教師方言	本地話	同左
住過的地方	武昌六年	監利二年,武昌二年
曾否學國語	未	未
能否説別處話	能武漢話	同左

二十五年五月十五日吴宗濟記音

發音人 54b 因幼時在監利住過,頗受當地影響。如 54a 能分尖團,如‘節,結’,‘秋,丘’等字,54b 不分。據監利音系亦不分,似可證明 54b 已受監利影響。今以 54a 爲據。

B. 聲韵調表

1. 聲母

p	半必	pʻ	怕旁辦白	m	門謀勉	f	飛灰馮紅活滑
t	到節酒	tʻ	太同電達秋絶詳	n	南路連緑		
ts	左斬積	tsʻ	倉齊鄭七集			s	森算洗熟 z 認而日
tɕ	結專減	tɕʻ	巧輕舅傑椿船垂	ȵ	年娘宜虐	ɕ	心瑞曉薜
k	剛龜格戒	kʻ	開葵共	ŋ	艾暗硬	x	好亥方黃禍霍
○	衣無餘有牙元入軟約						

2. 韵母

ɿ	世次而日	a	巴話塔辣蛇	æ	該鞋懷帥	o	多過合目	ɔ	包草
i	計滅業邑鐵	ia	加匣寫爺	iæ	諧	io	瘸略學	iɔ	巧孝
u	孤負屋物	ua	瓜掛刮	uæ	外快	uo	窩握		
y	書須餘出局役	ya	靴刷	yæ	揣				

e	惹北徹格活或	ei	聚梅李積戌回的最	au	圖楚柔熟卒禿	eø	昭某愁偶
ie	野接列劣絶葉			iau	酒休幼育	ieø	表喬
ue	國闊	uei	桂未位				
ye	靴拙説月	yei	税垂				

ã	三旦鹹山反	œ̃	半喚短	ẽ	展沾恩吞更	ən	森門等鄭昏横
iã	銜監限			iẽ	謙年貶戀	iən	侵貧陵静旬行
uã	關慣彎萬	uœ̃	官鰥碗			uən	坤文
				yẽ	專員軟宣	yən	云尹瓊純

oŋ	剛牀椿黄巷	ʌŋ	孟中龍宋紅弘

ioŋ 香江兩　　　　iʌŋ 兄用窮

uoŋ 汪往　　　　uʌŋ 公恐翁

3. 聲調

陰平	陽平	上	陰去	陽去	入
˦	˧˩	˦˨	˨˩˧	˧	˥
剛知	窮娘	古五	蓋放	共近食熟	急各入六

C. 聲韵調描寫

1. 聲母

咸寧有二十個聲母，依發音部位，分爲p，t，ts，tɕ，k，〇六組。

p組p，p‘，m，f。讀法與北平相近。

t組t，t‘，n三聲母。t，t‘平均。n是跟l的變值音位。

ts組ts，ts‘，s，z。ts，ts‘，s的舌尖部位稍爲偏後，擦音清楚。z的部位同前，但擦音很少，在ï韵時常讀近無聲母。

tɕ組有tɕ，tɕ‘，ȵ，ɕ四母。tɕ，tɕ‘，ɕ的部位偏前，擦音不强。在y音前讀得像tʃ等。ȵ讀得相當鬆。

k組k，k‘，ŋ，x。都是平均舌根音。ŋ有很顯明的後顎接觸現象。

〇在咸寧只包括i，u，y。開口洪音都没有〇存在。

2. 韵母

ï只有ɿ一讀，舌尖稍爲偏後。i略帶j顎化音。u近標準u。y有點偏央，在tɕ組聲母後時更顯明。

a，ia，ua，ya的a比標準a稍偏後。在入聲時偏得更後。

æ，iæ，uæ，yæ的æ是æ跟a的中間音。

o，io，uo的o在舒聲比標準音o稍闊。在入聲時近似標準o，有時還更開一些。

ɔ，iɔ的ɔ是舌位較高的ɔ。跟標準ɔ稍近，跟標準o稍遠。

e，ie，ue，ye的e都是一種較開的前元音，近似ᴇ。e在舒聲比入聲稍長，收尾時略帶ə音，如‘惹’zeᵊ。

ei，uei，yei的e短而偏央。i尾很關，有時還聽出一點摩擦音。

au，iau的a很短，而且偏後，近似一種較關的ɑ。只限於跟舌前部的聲母配。

eø，ieø的e很短而鬆。乍一聽有些像ə，讀快了就只聽成ø，iø。但當發音人語氣强化時(譬如每句話的開頭，或换一口氣讀出來的頭幾個單字)就讀成較前的e，複元音的現象就比較的顯明。

ã，iã，uã的ã是一種帶鼻音而非常偏後的a。鼻音化相當清晰，有時還帶一點ŋ尾音。

œ̃，uœ̃的œ̃不很圓唇化，鼻音也不顯明。在舌尖聲母後近似偏央的ɛ。在雙唇或舌根聲母後就增加了些œ的圓唇傾向。

ẽ，iẽ，yẽ的ẽ比較的關。iẽ的ẽ因受i的影響關得很，成爲iĩ。

ən，iən，uən，yən。ən的ə偏後而短。iən，yən的ə近標準ə。uən的ə比ən的ə更偏後，近似ʌ。n都很穩。

oŋ，ioŋ，uoŋ的o都相當關，近似ʊ。

ʌŋ，iʌŋ，uʌŋ。ʌŋ，uʌŋ的ʌ偏後。iʌŋ的ʌ比較偏前。

3. 聲調

陰平半高平調(˦ 44)調值相當穩。

陽平常讀成“半低”降至“低”(21)。寬式用低降調號(˨˩ 31)。

上聲讀成高降調(53)或中降調(42)不定。寬式用中降調號(˦˨ 42)。

陰去是從“半低”(或者更低些)急降到“低”再升到“中”，如(213)。寬式用低降升調號(˨˩˧ 313)。

陽去是中平調(33)或稍低的中平調(33 跟 22 之間)。寬式用中平調號(˧ 33)。

入聲是很高的升調，平均由“半高”升至“高”(45)。寬式用高平調號(˥ 55)。

D. 與古音比較

1. 聲母

古母今讀 / 古聲組及影響條件	發音方法及影響條件	全清塞	次清塞	全濁塞 平	全濁塞 仄	次濁	清擦	濁擦 平	濁擦 仄
幫組		幫：p	滂：pʻ	並：pʻ	並：pʻ	明：m			
非組						微：u	非、敷：f;x[1]	奉：f;x[1]	
端組、泥	一二等	端：t	透：tʻ	定：tʻ	定：tʻ	泥 n；來 n			
	三四等					泥 ȵ;y[2]；來 n;y[3]			
精組	洪	精 ts	清 tsʻ	從 tsʻ	從 tsʻ		心 s	邪 tsʻ,s	邪 s
	細	t	tʻ	tʻ	tʻ		ɕ	tʻ,ɕ	tʻ,ɕ
莊組	今開、今合	莊：（照二）ts	初：（穿二）tsʻ;tɕʻ[4]	崇：（牀二）tsʻ	崇：（牀二）tsʻ,s		生：（審二）s		
知組	今開 梗二等韵	知 ts	徹 tsʻ	澄 tsʻ	澄 tsʻ				
	今開 其他								
	今合	tɕ	tɕʻ	tɕʻ	tɕʻ				
章組	今開	章（照三）ts	昌（穿三）tsʻ	船（牀三）s	船（牀三）s		書（審三）s	禪 tsʻ,s	禪 s
	今合	tɕ	tɕʻ	tɕʻ	ɕ		ɕ	tɕʻ,ɕ	ɕ

古聲組及影響條件 \ 古母今讀 \ 發音方法及影響條件			全清塞	次清塞	全濁塞 平	全濁塞 仄	次濁	清擦	濁擦 平	濁擦 仄
日母	今開	止(附質韻)					日 z			
日母	今開	其他					z;i[7]			
日母	今合						y			
見組曉	開	一等	見 k	溪 kʻ			疑 ŋ	曉 x	匣 x	
見組曉	開	二等	k,tɕ	kʻ,tɕʻ			ŋ,i	x,ɕ	x,ɕ	
見組曉	開	三四等	tɕ	tɕʻ	羣 tɕʻ	羣 tɕʻ	ȵ	ɕ	ɕ	
見組曉	合	一二等	k	kʻ	*	*	u	f;x[5]	f;x[5]	
見組曉	合 三四等	蟹止宕	k	kʻ	kʻ	kʻ	u	f;x[5]	f	
見組曉	合 三四等	通舒	k	kʻ	tɕʻ	kʻ	?	ɕ	*	
見組曉	合 三四等	其他	tɕ	tɕʻ	tɕʻ	tɕʻ	y	ɕ	ɕ	
影組	開	一等	影 ŋ							
影組	開	二等	ŋ,i;u[6]							
影組	開	三四等	i				喻：i			
影組	合	一二等	u				*			
影組	合 三四等	蟹止宕	u				喻 u			
影組	合 三四等	通	i				i			
影組	合 三四等	其他	y				y			

2.韵母

第　一　表

攝別 ＼ 呼／等／聲母	開												
	一			二				三四					
	幫系	端系	見系	幫系	泥組	知莊組	見系	幫系	端系	莊組	知章組	日母	見系
果	*	o	o	a	a	a	a,ia	*	ie,ia	*	a	e,a	ia,ie
(遇)	*			*				*					
蟹	*	æ	æ	æ	æ	æ	æ,iæ,ia	ei	ei	*	ï	*	i
止	*			*				ei	ei;ï	ï	ï	ï	i
效	ɔ	ɔ	ɔ	ɔ	ɔ	ɔ	ɔ,iɔ	ieø	ieø	*	eø	eø	ieø
流	eø,u	eø	eø	*				eø,u	iau	eø	au	au	iau
咸	*	ã	œ̃	*		ã	ã;iã	iẽ	iẽ	*	ẽ	ẽ	iẽ
山	*	ã	œ̃	ã	*	ã	ã;iã	iẽ	iẽ	*	ẽ	ẽ	iẽ
宕	oŋ	oŋ	oŋ	oŋ	*	oŋ	oŋ,ioŋ	*	ioŋ	oŋ	oŋ	oŋ	ioŋ

攝別＼呼等聲母	開												
	一			二				三四					
	幫系	端系	見系	幫系	泥組	知莊組	見系	幫系	端系	莊組	知章組	日母	見系
深	*			*				iən	iən	ən	ən	ən	iən
臻	*	ẽ	ẽ	*				iən	iən	ən	ən	ən	iən
曾	ən	ən	ẽ	*				*	iən	*	ən	ən	iən
梗	*			ən,ʌŋ	ən	ən,oŋ	ẽ,iən,ən,oŋ	iən	iən,ioŋ	*	ən	*	iən
（通）	*			*				*					
咸入	*	a	o	*		a	a;ia	*	ie,i	*	e	*	i,ie
山入	*	a	o,i	*	*	a	a;ia	i	ie,i	*	e	e	i,ie
宕入	o	o	o	o	*	o	o;io;uo(1)	*	io	*	o	o	io
深入	*			*				*	ei	e	ï	y	i
臻入	*			*				ei	ei	e	ï	ï	i
曾入	e	e	e	*				ei	ei	e	ï	*	i
梗入	*			e	*	e	e,i(2)	ei	ei	*	ï	*	i
（通入）	*			*				*					

第二表

攝別 \ 呼 等 聲母	合												
	一			二			三四						
	幫系	端系	見系	幫系	莊組	見系	幫系	泥組	精組	莊組	知章組	日母	見系
果	o	o	o;uo(3)	*		a;ua	*						ya;ye,io
遇	u	au	u	*			u	y	y;ei	au	y	y	y
蟹	ei	ei	ei;uei,uæ	*		æ;uæ,a;ua	ei	*	ei	*	yei	*	ei;uei
止	*			*			ei;uei	ei	ei	æ,yæ	yei	*	ei;uei
（効）	*			*			*						
（流）	*			*			*						
咸	*			*			ã	*					
山	œ̃	æ̃	uœ̃;œ̃	*	?	uã	ã;uã	iẽ	yẽ	*	yẽ	yẽ	yẽ
宕	*		oŋ;uoŋ(4)	*			oŋ	*					oŋ;uoŋ(4)

攝別 \ 聲母 \ 等 \ 呼	合												
	一			二			三四						
	幫系	端系	見系	幫系	莊組	見系	幫系	泥組	精組	莊組	知章組	日母	見系
(深)		*			*					*			
臻	ən	ən	ən;uən		*		ən;uən	ən	iən	*	yən	yən	yən
曾	*		ʌŋ		*					*			
梗		*		*		ən,ʌŋ			*				yən,iʌŋ
通	ʌŋ	ʌŋ	ʌŋ;uʌŋ		*		ʌŋ	ʌŋ	ʌŋ,iʌŋ	ʌŋ	ʌŋ	iʌŋ	uʌŋ,iʌŋ
咸入		*			*		a			*			
山入	o	o	e;ue	*	ya	a;ua	a;ua	ie	ie	*	ye	*	ye
宕入	*		o		*		o			*			
(深入)		*			*					*			
臻入	u	au	u		*		u	ei	ei	*	y	*	y
曾入	*		e;ue		*				*				y
梗入		*		*		u			*				y
通入	u;o[5]	au	u		*		u;o[5]	au	au	au	au	au	y;iau[6]

3. 聲調

古類 \ 影響條件 \ 今值 今類		陰平	陽平	上	陰去	陽去	入
平	清	˦					
	濁		˧˩				
上	清			˦˧			
	次濁			˦˧			
	全濁					˧	
去	清				˩˧		
	濁					˧	
入	清						˥
	次濁						˥
	全濁					˧	

附注：

聲母：—

(1)非敷奉在今oŋ韵讀x，如‘方’xoŋ，‘防’xoŋ。餘讀f。

(2)泥母三四等在遇攝讀y，如‘女’y，餘讀ȵ。

(3)來母三等在遇攝讀y，如‘吕’y，餘讀n。

(4)穿母二等在止合讀tɕ‘，如‘揣’tɕ‘yæ。餘讀ts‘。

(5)曉匣合口在今o韵及oŋ韵讀x，如‘禍’xo，‘防’xoŋ，‘霍’xo。

(6)影母二等開口在宕入讀u，如‘握’uo。餘讀ŋ，i。

(7)日母合口在通攝舒聲讀i-。

韵母：—

(1)宕開二入影組讀合，如‘握’uo，餘讀開。

(2)梗開二入見系有e，i兩讀。如‘格’ke，ki，‘革’ke，ki，‘厄’ŋe，ŋi，‘赫’xe，xi。

(3)果合一見系讀開，但影組讀合，如‘窩’uo。

(4)宕舒合見系讀開,但影組讀合。如‘光’koŋ,‘狂’k‘oŋ;‘汪’uoŋ,‘往’uoŋ。

(5)通入幫系讀u,但明母讀o,如‘木’mo,‘目’mo。

(6)通三入見組讀y,曉影組讀iau,如‘菊’tɕy,‘局’tɕy;‘畜’ɕiau,‘欲’iau。

E. 同音字表

今調	陰平˦	陽平˨˩	上˥˧	陰去˩˧	陽去˧	入˥
今韻	ï					
廣韻	祭‖脂;之;支‖緝‖質‖職‖昔(均開口)					
p p‘ m f						
t t‘ n						
ts	之;知,支‖隻入照		指;子	致,至;翅審		執‖質‖職‖擲澄
ts‘		遲;持	恥;此	次;刺,賜心	自;字,伺心,痔‖姪‖直值植,殖禪	秩澄‖赤
s	師,屍;思;斯,施	時	死,矢;使,始	世‖四;試‖式入	示;似,士、事,市;是‖十‖實‖食蝕‖石	識飾
z		而	爾		貳	日
tɕ tɕ‘ ȵ ɕ						
k k‘ ŋ x						
○						

今調	陰平˧	陽平˩	上˨	陰去˨˩	陽去˧	入˥
今韵	i					
廣韵	齊‖脂;之;支;微‖葉;業‖薛;屑‖緝‖質‖職‖昔;錫(均開口)					
p						
pʻ						
m						滅
f						
t						接$_2$
tʻ						妾‖鐵
n						
tɕ			己;幾	計繼‖寄,技妓羣;季合		劫‖結潔‖楫從,急‖吉‖極羣‖激
tɕʻ	溪,奚匣‖期羣	其;奇	起	去魚溪‖器;氣	忌;企‖及$_1$	及$_2$ 羣,吸曉‖乞,迄曉‖喫
ȵ		疑;宜			藝‖義議	業‖孽;臬
ɕ	希浠	兮;攜合		戲	系	泣溪‖恤術心
k						割$_2$ ‖格$_2$;革$_2$
kʻ						
ŋ						厄$_2$
x						赫$_2$
○	衣依‖[伊]	夷;移;遺合	以,矣	意‖緝清入‖憶入		噎‖邑‖一,逸‖亦

今調	陰平˦	陽平˨˩	上˥˧	陰去˩˧	陽去˧	入˥
今韵	u					
廣韵	模;虞‖侯;尤‖没;物‖屋;沃					
p						不,勃並
pʻ			譜幫,普		部、步	勃並‖卜幫,撲,曝瀑僕並
m			母			
f	呼	狐乎	虎;府甫,腐奉	附奉	户;父‖婦負‖獲麥‖服	
k	孤			故		骨‖酷溪
kʻ						哭
ŋ						
x						
○	烏	吾;無	五;武		務‖戊明‖沃影入	物‖屋

今韵	y					
廣韵	魚;虞‖緝‖術;物‖職‖昔‖屋;燭					
tɕ	猪,諸		主	著;拘平、句		橘‖菊;局羣
tɕʻ	樞,區	除;殊禪		處,去	巨;柱、住	出;屈$_1$
ȵ						
ɕ	書,虚;須	徐	暑鼠,許‖水脂合審		序$_2$;樹‖遂$_2$脂合邪	
○	於	如,魚,餘余;儒,愚	女,吕,與;雨羽		遇	入‖鬱‖域‖疫役‖玉

今調	陰平˦	陽平˩˧	上˦˨	陰去˨˩˧	陽去˧	入˥
今韵	a					
廣韵	麻二‖佳；夬‖合；盍；洽；狎；乏‖曷；鎋；黠					
p	巴					八，拔並
pʻ				怕		
m	［媽］		馬		麥麥	
f				化	畫；話‖滑	法‖髮發
t			打			答搭‖達定
tʻ	他				大泰	踏；塔‖察1 穿
n	拉入	拿	［哪］	［那］		納；臘‖辣
ts				乍		札，軋影
tsʻ	差			詫	雜	劄知，插‖剎；察2
s	沙	蛇	撒入	［啥］		殺
z			惹1			
k	家					甲
kʻ						鴨
ŋ						
x					下	瞎

今韵	ia					
廣韵	麻三‖佳‖洽；狎（均開口）					
tɕ	家‖加佳		假賈			甲
tɕʻ						恰喫（廣韵作‘鹹’）
ȵ						
ɕ	些	霞；邪	寫		下‖匣	狹；挾帖‖瞎
○	鴉	牙；爺		也		鴨

今調	陰平˧	陽平˩	上˦	陰去˩	陽去˧	入˥
今韵	ua					
廣韵	麻‖佳‖鎋(均合口)					
k	瓜			掛		刮
k‘						
ŋ						
x		華匣合				
○	蛙‖挖入		瓦‖舀宵			

今韵	ya					
廣韵	戈三‖鎋(均合口)					
tɕ						
tɕ‘						
ȵ						
ɕ	靴					刷

今調	陰平˧	陽平˨˩	上˥˧˥	陰去˧˩˧	陽去˧	入˥
今韻	æ					
廣韻	咍;泰;皆;佳;夬					
p				拜		
p'				派	敗	
m		埋	買			
f		懷				
t				帶		
t'		台		太泰	待、代	
n		來	乃;奶		賴	
ts	齋			再		
ts'		柴		菜;蔡	在	
s				寨牀‖帥		
k	該;皆街		改;解	蓋;介界戒,械匣		
k'	開		塊去合	概見,愾		
ŋ	哀		矮	愛	艾	
x		孩;鞋‖還删合			亥;害	瞎2鎋

今韻	iæ					
廣韻	皆(開口)					
tɕ						
tɕ'						
ȵ						
ɕ		偕見,諧				

今調	陰平˥	陽平˩	上˦	陰去˨	陽去˧	入˥
今韵	uæ					
廣韵	灰;泰;皆;夬(均合口)					
k				怪		
k'			塊去	會(∣計)見;快		
ŋ						
x						
○	歪曉				外	

今韵	yæ					
廣韵	支(合口)					
tɕ						
tɕ'				揣		
ȵ						
ɕ						

今調	陰平˥	陽平˩	上˦˧	陰去˨˩˧	陽去˧	入˥
今韵	o					
廣韵	歌;戈‖末‖鐸;覺;藥‖没‖屋					
p	波,玻滂					剥;縛奉
pʻ	坡	婆	頗‖剖侯			
m	[麽]				末入	莫‖没‖木;目
f						
t	多					
tʻ					舵	脱‖託
n		羅;騾				落洛
ts			左			作;桌,濯澄,捉;酌
tsʻ				錯	坐	
s			所			
z						若
k	歌;鍋		果	過‖‖[個](=這)		鴿‖割$_1$‖各;<u>角</u>;郭
kʻ				課		
ŋ		鵝	我			惡
x		何			禍‖合	盍匣‖喝‖鶴匣;霍

今調	陰平˧	陽平˩	上˨	陰去˩	陽去˧	入˥
今韵	io					
廣韵	戈三‖覺;藥					
t						
tʻ						雀精
n						略
tɕ						爵精,嚼從
tɕʻ		茄開;瘸				覺見,確
ȵ						虐
ɕ					學	削
○						約

今韵	uo					
廣韵	戈‖覺					
○	窩					握

今調	陰平˦	陽平˧˩	上˦˨	陰去˨˩˧	陽去˧
今韵	ɔ				
廣韵	豪;肴				
p	包		保		
pʻ		袍;跑			
m		[没]			貌
f					
t			倒	到	
tʻ		桃			道、導
n	撈來平	牢			鬧
ts					
tsʻ			草;炒	造糙	
s			掃		
k			稿,攪	告	
kʻ				靠	
ŋ				奥	
x		毫	好		

今韵	iɔ				
廣韵	肴				
tɕ			較₂去	較₁ 教	
tɕʻ			巧		
ȵ					
ɕ		肴淆		孝	效校

今調	陰平˦	陽平˨˩	上˧˨˧	陰去˨˩˧	陽去˧	入˥
今韵	e					
廣韵	麻‖葉‖薛‖緝‖櫛‖德;職‖陌;麥(均開口)					
p						北‖百伯
pʻ					白	泊並鐸‖迫幫,拍
m						麥
f					活‖或	
t						得德
tʻ						忒,特定
n						勒
ts						則‖責
tsʻ					澤擇宅	徹,澈澄‖側照,測
s					舌	涉‖設‖澀‖瑟‖色
z			惹$_2$			熱
k						格$_1$;革$_1$ ‖‖[格](我‖=我的)
kʻ						刻
ŋ						厄$_1$
x						黑‖赫$_1$

今調	陰平˦	陽平˨˩	上˦˨	陰去˨˩˧	陽去˧	入˥
今韵	ie					
廣韵	麻三‖葉;業;帖‖薛;月;屑					
t	［爹］					接$_1$‖節
t‘					絶	帖‖切
n						列;劣
tɕ						
tɕ‘					傑	
ȵ						逆陌三
ɕ					謝	脅;協‖薛;竭羣
○			野也			聶泥;葉

今韵	ue					
廣韵	末‖德(均合口)					
k						國
k‘						闊
ŋ						
x						

今調	陰平˦	陽平˨˦	上˦˨	陰去˨˩˧	陽去˧	入˥
今韵	ye					
廣韵	戈三‖薛;月;屑(均合口)					
tɕ						綴,拙;掘羣;決
tɕʻ						缺‖屈$_2$物
ȵ						
ɕ	靴$_2$					説;穴
○					曰喻入	閲;月,越

今韵	ei					
廣韵	魚;虞‖祭;齊;灰;泰;廢‖脂;之;支;微‖緝‖質;術‖職‖昔;錫					
p	卑;悲;碑		比;彼	貝‖臂		必‖逼‖碧;壁
pʻ	披		鄙痞幫;丕平	配,佩並	敝;倍‖被‖撇屑‖僻滂入	弼並‖闢並
m		梅‖靡上	米			秘泌幫去
f	灰‖飛	回‖肥	毀	廢,肺	會;彗喻;惠	
t			底	帝;對;兑定		的
tʻ		堤題提	體		第,隸來‖地‖笛	
n		梨;離	旅;屢虞去‖禮‖履;李里裏理;累	[那]	例;内‖類	立‖栗;律‖力‖歷
ts				祭;最		積
tsʻ	妻,棲心	徐‖齊		脆‖悴從,粹心	娶清,聚‖罪‖集	七‖戚
s	西	隨	洗‖璽徙支心	歲	序$_1$ ‖遂$_1$ ‖席	戌‖息

今調	陰平˥	陽平˩	上˨	陰去˩	陽去˧	入˥
今韵	uei					
廣韵	祭齊‖脂;支;微(均合口)					
z				鋭喻		
k k‘ ŋ x	龜;歸	 葵		桂‖貴	 跪	
○	威	惟維;危,爲;微圍	委	畏	衛‖位;未	

今韵	yei					
廣韵	祭‖脂;支(均合口)					
tɕ tɕ‘ ȵ ɕ	追,錐	 垂	 水	 税	 瑞睡	
○						

今調	陰平˦	陽平˨˩	上˧˨˧	陰去˩˧	陽去˧	入˥
今韵	au					
廣韵	模;魚;虞‖尤‖屋;沃;燭					
t	都		賭肚			篤
tʻ		圖	妥戈		杜‖讀	突‖禿
n		奴	努		露	鹿;陸六;緑
ts	周					卒‖竹;足;燭屬
tsʻ	初	鋤	楚‖丑首		助‖族	促,觸
s				素;數‖獸	受、授‖熟;續	肅,縮;屬
z		柔				肉;辱

今韵	iau					
廣韵	尤;幽‖屋三;燭					
t	[丢]		酒			
tʻ	秋				就1	
n		流				
tɕ	糾上		究九			
tɕʻ		囚邪,求			就2 從,舅	
ȵ		牛	紐			
ɕ	休					畜
○		由猶,尤		幼	又	育;欲

今調	陰平˧	陽平˨˩	上˦˨	陰去˨˩˧	陽去˧
今韵	eø				
廣韵	宵‖侯;尤				
p					
p‘					
m		謀	某畝		
f			否		
t			斗	鬥	
t‘		頭			
n					漏
ts	昭招		走	做模‖照‖奏	
ts‘		愁			趙
s					紹
z		饒			
k				够	
k‘			口		
ŋ	歐		偶		
x		侯			後候

今調	陰平˦	陽平˩˨	上˥˧	陰去˨˩˧	陽去˧
今韵	ieø				
廣韵	宵;蕭				
p			表		
pʻ					
m					
f					
t				釣	
tʻ	挑	條		跳	掉
n		燎;聊	了		謬明幽
tɕ				叫	
tɕʻ		喬			
ȵ		堯			
ɕ	消,囂;蕭		曉		
○	妖				

今調	陰平˥	陽平˨˩	上˦˨	陰去˨˩˧	陽去˧
今韵	ã				
廣韵	覃;談;咸;銜;凡‖寒;山;删				
p			板	扮	
pʻ				盼	辦
m					慢
f		凡	反		范
t			膽	旦	
tʻ	貪	談		歎	
n		南;藍‖難			爛
ts			斬去;斬	棧牀	
tsʻ	參‖餐		慘‖剷,産審		
s	三;衫‖山;删				
k	間				
kʻ					
ŋ	淹鹽		眼		
x		鹹‖閑;還合			

今韵	iã				
廣韵	咸;銜;鹽‖山;删				
tɕ	間		減	監	
tɕʻ					
ȵ					
ɕ		銜			限
○	淹		晏去		

今調	陰平˦	陽平˨˩	上˥˧	陰去˩˧	陽去˧
今韻	uã				
廣韻	删;元(均合口)				
k	關			慣	
k‘					
ŋ					
x					
○	彎				萬

今韻	œ̃				
廣韻	覃;談‖寒;山‖桓				
p				半	
p‘				判,叛並	
m					
f			緩匣	喚	换
t			短		
t‘					
n			暖		亂
ts					
ts‘					
s				算	
k	干乾		感;敢‖[趕]		
k‘					
ŋ	安			暗	岸
x		含‖寒		漢	

今調	陰平˦	陽平˩˧	上˦˨	陰去˨˩˧	陽去˧
今韵	uœ̃				
廣韵	桓(均合口)				
k	官觀;鰥山			貫	
k‘			皖匣		
ŋ					
x					
○		丸匣,玩去	碗		

今韵	ẽ				
廣韵	鹽‖仙‖痕‖登‖庚;耕(均開口)				
t					
t‘	吞				
n					
ts	沾		展		
ts‘		蟬			
s			陜	扇	
z		然	染		
k	跟‖耕		亘去	更	
k‘			肯		
ŋ	恩				
x		恒			恨

今調	陰平˦	陽平˨˩	上˥˧	陰去˨˩˧	陽去˧
今韵	iẽ				
廣韵	鹽；嚴；添‖仙；元；先				
p	邊		貶		
pʻ				片	辨；偏幫，辯
m			勉		
f					
t			點‖剪；典	店	
tʻ	天，千	錢；前			漸‖電
n		連聯			念泥‖戀
tɕ			繭	建；見	
tɕʻ	謙‖牽；鉛喻合	鉗			件
ȵ	研疑平	廉來；嚴‖言；年			驗‖硯
ɕ	仙鮮；軒；先	嫌‖賢	險‖癬	憲	現；縣合
○	煙	炎	演	厭	陷咸匣

今韵	yẽ				
廣韵	仙；元；先（均合口）				
tɕ	專				篆澄
tɕʻ		全從，船，權			倦
ȵ					
ɕ	掀開；宣；暄	弦開；玄懸			
○		沿緣，圓員；元，園	軟；阮，遠		院

今調	陰平˥	陽平˩	上˦	陰去˨	陽去˧
今韵	ən				
廣韵	侵‖臻;真;魂;諄;文‖登;蒸‖庚;耕;清				
p	崩		本		
p‘		朋‖彭			
m		門			
f	昏;分	橫		奮	
t			等	頓	
t‘					
n		倫‖能	冷		論
ts	臻‖增;徵‖争;貞,偵瀓		怎	政	
ts‘		沉‖陳,臣;存‖成誠城			陣‖鄭
s	森,深‖身申‖生	晨‖繩	審		盛
z		壬‖人‖仍	忍		任‖認‖孕喻
k					
k‘					
ŋ					硬
x					

今調	陰平˦	陽平˨˩	上˦˨	陰去˨˩˧	陽去˧
今韵	iən				
廣韵	侵‖真;欣‖蒸‖庚;耕;清;青(均開口)				
p	兵		稟	並並	
pʻ		貧‖瓶;平	品		
m		民‖名	敏		命
f					
t	侵清‖津‖丁			進晉	
tʻ	清	秦‖情			静
n		林‖鄰‖陵‖靈			
tɕ	今金‖巾;斤‖京荆;經		警	勁;竟	
tɕʻ	欽‖輕;傾合		頃合		近
ȵ		銀‖凝			令
ɕ	心‖新‖星腥	尋‖旬‖行;形		信‖性姓	杏;幸
○	音‖因‖鶯;英	盈贏;營合;螢匣合	隱	印‖應	

今韵	uən				
廣韵	魂;文				
k					
kʻ	坤				
ŋ					
x					
○	温	文聞			問

今調	陰平˦	陽平˨˩	上˦˨	陰去˨˩˧	陽去˧
今韵	yən				
廣韵	諄;文‖清;庚三(均合口)				
tɕ	均				
tɕ‘	椿,春	唇,羣‖瓊			
ȵ					
ɕ	勳	純	迥匣		
○		云	允尹‖永		閏;運

今韵	oŋ				
廣韵	唐;江;陽‖庚				
p	邦				
p‘		旁			
m		忙			
f					
t					
t‘		堂			蕩
n		郎	朗		
ts	樁;張,莊,章		長、掌		
ts‘	倉;窗;昌	牀	[闖](丨禍)		撞;狀
s	桑;商‖生	常			尚上
z					讓
k	剛;光				
k‘		狂		曠;況曉	
ŋ					硬
x	方	黃;防房			項、巷

今調	陰平˦	陽平˨˩	上˥˧	陰去˨˩˧	陽去˧
今韵	ioŋ				
廣韵	江;陽‖青				
t					
tʻ		詳祥	搶1	聽	像
n			兩		
tɕ	江‖[剛](丨才)		講		
tɕʻ			搶2 清,强羣		
ȵ		娘	仰		
ɕ	香鄉				像象
○	秧	陽			樣

今韵	uoŋ				
廣韵	唐;陽				
○	汪	王	往		旺

今調	陰平˦	陽平˨˩	上˦˨	陰去˨˩˧	陽去˧
今韵	ʌŋ				
廣韵	登‖庚;耕‖東;冬;鍾				
p					
p‘					
m		萌			孟‖夢
f	風;封	弘‖宏‖紅;馮			奉
t	東				
t‘	通	同	桶;統去		動、洞
n		農;隆;龍	攏		
ts	中;鐘鍾		總;種		
ts‘	充	崇	寵		
s	鬆;嵩;松			送;宋	

今韵	iʌŋ				
廣韵	庚三‖東三;鍾(均合口)				
tɕ					
tɕ‘		窮			
ȵ					
ɕ	兄‖胸	雄熊			誦
○		榮‖絨,融;茸	擁		用

今調	陰平˥	陽平˩	上˨	陰去˧˩	陽去˦
今韵	uʌŋ				
廣韵	東;鍾				
k	公功;弓;恭				
k'	空		恐		共
ŋ					
x					
○	翁				

F. 音韵特點

1. 聲母

(1)全濁並定從澄羣母在咸寧無論平仄皆讀送氣清音。如'部'p'u,'步'p'u,'動't'ʌŋ,'洞't'ʌŋ,'在'ts'æ,'近'tɕ'iən,'婆'p'o,'談't'ã,'前't'iẽ,'羣'tɕ'yən,'白'p'e,'絶't'ie,'傑'tɕ'ie,'雜'ts'a。

(2)精組今細音:精清從三母讀t,t',跟端組混。如'剪'='典'tiẽ,'妾'='鐵't'i,'漸'='電't'iẽ,心母讀ɕ跟曉匣細音混,如'薛'='協'ɕie,'癬'='險'ɕien;邪母讀t'或ɕ不定,如'徐'ɕy,'詳't'ioŋ,'像't'ioŋ,ɕioŋ。

(3)不分ts,tʂ。精組洪音與知系今開口皆讀ts等,如'子'='指'tsï,'作'='桌酌'tso,'草'='炒'ts'ɔ,'增'='徵,争'tsən,'總'='種'tsʌŋ,'素'='數,受'sau。

(4)知系今合口讀tɕ等,跟見系細音混,如'柱'='巨'tɕ'y,'書'='虛'ɕy,'唇'='羣'tɕ'yən,'船'='權'tɕ'yẽ。

(5)泥來洪音全混,皆讀n。如'納'='辣'na,'南'='藍'nã,'能'='倫'nən,'農'='隆'nʌŋ。今細音除遇攝皆讀○外(如'女'='吕'y),泥母讀ȵ,來母讀n。如'紐'ȵiau,'林'niən,'娘'ȵioŋ,'兩'nioŋ,'年'ȵiẽ≠'連'niẽ。

(6)日母今開口只在通攝舒聲讀○,如'絨','茸'iʌŋ,其他讀z,如'而'zï,'日'zï,'惹'ze,za,'熱'ze,'肉'zau,'然'zẽ,'壬,人,仍'zən。今合口皆作○,如'儒'y,'入'y,'軟'yẽ,'閏'yən。

(7)曉匣合口洪音跟非敷奉不分。在宕攝都讀x,如'黄'='防'xoŋ,在其他各攝皆讀f,如'虎'='府'fu,'灰'='飛'fei,'昏'='分'fən,'活'fe,'滑'fa。(但曉匣合口在今o韵前亦讀x,如'禍'xo,'霍'xo。)

(8)影疑在開口一等都讀ŋ,如'愛'ŋæ,'艾'ŋæ;'歐'ŋeø,'偶'ŋeø;'安'ŋœ̃,'岸'ŋœ̃,開口三四等影母讀○,疑母讀ȵ,如'噎'i≠'業'ȵi,'約'io≠'虐'ȵio,'煙'iẽ≠研ȵiẽ。

2. 開合

(1)端系一等合口在遇蟹臻通攝變開口,如'杜't'au,'素'sau,'罪'ts'ei,'内'nei,'頓'tən,'卒'tsau,'通't'ʌŋ,'鹿'nau。

(2)精組三四等合口在山攝舒聲仍爲合口,如'全'tɕ'yẽ,'宣'ɕyẽ;在遇攝開合口不定,如'須'ɕy,'徐'ɕy,但'聚'ts'ei,'徐'ts'ei,其餘全變開口,如'脆'ts'ei,'隨'sei,'旬'ɕiən,'戌'sei,'松'sʌŋ,'誦'ɕiʌŋ,'絶't'ie,'足'tsau。

(3)泥組合口三四等只在遇攝仍爲合口,如'吕,女'y,其他全讀開口,如'類'nei,'戀'niẽ,'倫'nən,'律'nei,'龍'nʌŋ,'六'nau。

(4)莊組三等合口在山攝開合不定,如'帥'sæ。但'揣'tɕ'yæ,其他均讀開口,如'楚'ts'au,'崇'ts'ʌŋ,'縮'sau。

3. 韵尾

(1)咸山攝舒聲無論開合口都收半鼻音,如'貪't'ã,'山'sã,'凡'fã,'陜'sẽ,'倦'tɕ'yẽ,'半'pœ̃。

(2)臻攝舒聲一等開口收半鼻音,如'吞't'ẽ,'跟'kẽ,'恨'xẽ。其餘都收n尾,跟深攝同,如'本'pən,'頓'tən,'臻'tsən,'陳'='沉'ts'ən,'斤'='金'tɕiən,'旬'='尋'ɕiən。

(3)梗攝開口二等見系字收半鼻音或n,ŋ不定。如'更'kẽ,'杏'ɕiən,'硬'ŋən,ŋoŋ;三四等一律收n,如'盛'sən,'靈'niən,'形'ɕiən,'英'iən。

(4)曾攝舒聲開口一等見系收半鼻音,如'恒'xẽ,幫端系收n,如'崩'

pən,‘等’tən;三四等全收n,如‘徵’tsən,‘仍’zən,‘凝’ȵiən,‘應’iən。

4.韵母

(1)遇攝模韵端系魚虞韵莊組讀au,跟通入端知系及流攝知系字混,如‘奴’nau,‘素’=‘獸’sau,‘楚’=‘丑’ts‘au,‘助’=‘族’ts‘au,‘杜’=‘讀’t‘au。

(2)遇攝三等泥知章日組讀y,跟見系混。如‘女,吕’=‘與’y,‘書’=‘虛’ɕy,‘柱’=‘巨’tɕ‘y,‘如’=‘魚’y。

(3)効攝一二等讀ɔ,iɔ,如‘保’pɔ,‘桃’t‘ɔ,‘草,炒’ts‘au,‘攪’kɔ,‘好’xɔ,‘孝’ɕiɔ;三四等讀eø,ieø,如‘招’tseø,‘饒’zeø,‘表’pieø,‘聊’nieø,‘消’ɕieø,‘曉’ɕieø。

(4)流攝一等端見系三等莊組讀eø,跟効攝三等知章組混,如‘奏’=‘照’tseø,‘愁’ts‘eø,‘口’k‘eø,‘後’xeø。三等端見系讀iau,如‘酒’tiau,‘流’niau,‘休’ɕiau,‘幼’iau。

(5)咸山攝舒聲開口一等端系讀ã,如‘南,難’nã,見系讀œ̃,如‘干’kœ̃,‘含寒’xœ̃。

(6)山攝舒聲一等端系字開合口韵母不同;開口讀ã,如‘旦’tã,‘爛’nã;合口讀œ̃,如‘短’tœ̃,‘亂’nœ̃。

(7)咸山攝舒聲開口二等見系字讀ã,或iã,不跟三四等見系字讀iẽ混。如‘眼’ŋã,‘鹹’xã,‘減’tɕiã≠‘繭’tɕiẽ,‘限’ɕiã≠‘現’ɕiẽ。

(8)山攝合口見系一等讀uœ̃,跟二等讀uã不同。如‘官’kuœ̃,‘貫’kuœ̃;‘關’kuã,‘慣’kuã。

(9)臻攝一等開口讀ẽ,如‘吞’t‘ẽ,‘恩’ŋẽ。合口讀ən,uən,如‘頓’tən,‘存’ts‘ən,‘昏’fən,‘坤’k‘uən。

(10)深臻曾梗攝舒聲開口三四等,知系及日母讀ən,如‘臻,徵,貞’tsən,‘沉,陳,成’ts‘ən,‘壬,人,仍’zən。幫端見系讀iən,如‘貧,瓶’p‘iən,‘侵,津,丁’tiən,‘林,鄰,陵,靈’niən,‘今,巾,京,經’tɕiən。

(11)曾攝舒聲一等開口幫端系讀ən,如‘朋’p‘ən,‘能’nən;見系讀ẽ,如‘肯’k‘ẽ,‘恒’xẽ。

(12)咸山攝三四等入聲讀i,ie不定。如‘接’ti,tie,‘吉’tɕi,‘業’ȵi,‘臬’

ȵi,‘節’tie,‘帖’t‘ie,‘聶’ie。

(13)山曾攝入聲合口一等見系字韵母同作e,ue,如‘闊’k‘ue,‘國’kue,‘活’=‘或’fe。

(14)深臻曾梗攝入聲三四等幫端系皆讀ei,如‘必,逼,碧,壁’pei,‘立,栗,律,力,歷’nei。

(15)梗攝入聲二等開口見系字有e,i兩讀,如‘格革’ke,ki,‘厄’ŋe,ŋi,‘赫’xe,xi。

(16)通攝入聲明母字讀o,如‘木,目’mo,其他幫系字讀u,如‘撲’p‘u,‘服’fu;端知系及日母讀au,如‘讀’t‘au,‘鹿,六,緑’nau,‘足,竹,燭’tsau,‘肉’zau(參看第(1)條)。

5. 聲調

(1)咸寧分陰陽去。古去清讀陰去,如‘更,鬥’等字。古上全濁,去濁及入全濁讀陽去,如‘坐,共,岸,白’等字。

(2)咸寧有入聲。古入清及入次濁讀入聲,如‘急,各,納’等字。

G. 會話

54 b：ṇ　na˧(ṇ˦˧ na˧) kuei˨˩˧ çiən˨˩˧ a꜔?
　　ṇ˦˧ na˧(你尊稱)　貴　姓　阿?

54 a：p‘ei˧　çiən˨˩˧　y˩。
　　敝　姓　余。

b：ṇ　na˧　fu˦˧　soŋ˧　sï˧　naṇ˦˧(na˦˧ nei˦˧)　a˧·?　t‘æ(f)u˩(t‘æ˩ fu˦˧)
　　ṇ　na　府　上　是　naṇ(哪 裏)　阿?　台　甫

　　(s)ï˧……
　　是……

a：t‘æ˩ (f)u˩ sï˧ y˩ nei˦˧ mən˩ 。
　　台　甫　是　余　禮　門(?)。

b：tç‘y˨˩˧ ȵiẽ˩ tsï˧· ṇ˦˧ na˨˩˧ ȵiẽ˩ ts‘ən˩ pə˥(pu˥) xɔ˦˧ a꜔。ṇ˦˧ na˦˧
　　去　年　子　你　那　年　成　不　好　阿。你　哪

mən˩˧ ioŋ˧ tsï˧·?
們 様 子?

a：t'a˥ t'iə̃˩ ȵiẽ˩ nə˧，sï˧ t'iẽ˥ kœ̃˥。t'a˥ tɕ'y˩ ȵiẽ˩ nə˧，sï˧
他 前 年 呐，是 天 乾。他 去 年 呐，是

pei˨ tɕiɔ˩ sï˧ xɔ˨ tiẽ˨。pu˥ (k)o˩ tɕiən˥ ȵiẽ˩ na˧·。y˩ ɕy˨
比 較 是 好 點。不 過 今 年 呐。雨 水

a˧· sï˧ iau˧ to˥ nieø˨ i˥ tiẽ˨ k'uəŋ˨ p'a˩˧ sï˧ ɕioŋ˥ xa˧ na˩
阿 是 又 多 了 一 點 恐 怕 是 鄉 下 那

ko˧· ioŋ˥ tsəŋ˨ tsï˩ a˧·，tau˥ mɔ˩ tɕiẽ˩ tɔ˨ t'æ˩ ioŋ˩；mɔ˩
個 秧 種 子 阿，都 毛 見 倒 太 陽；毛

sau˧ tɔ˨ nau˧ ɕy˨，tau˥ sï˧ x(u)oŋ˩ kə˧·。tɕia˨ y˩ sï˧ ɕiẽ˧
受 倒 露 水，都 是 黄 的。假 如 是 現

ts'æ˧ tsei˩ tɕ'iən˧ pu˥ no˥ y˩ ne˧·，t'a˥ ko˧· mə˥ tsəŋ˨ a˧·
在 最 近 不 落 雨 呢，他 的 麥 種 阿

tɕ'y˥ nieø˨ uən˧ t'ei˩，tsəŋ˨ xæ˩ xɔ˨ i˥ tiẽ˨。tɕia˨ y˩ sï˧
出 了 問 題，總 還 好 一 點。假 如 是

tsæ˩ i˥ no˥ ȵi˧，tsəŋ˨ tsæ˩˧ i˥ nã˧ ȵi˧，ɕioŋ˥ xa˧ ie˨ sï˧
再 一 落 呢，種 再 一 爛 呢，鄉 下 也 是

pu˥ tə˥ nieø˨。……ɕiẽ˧ ts'æ˧ u˨ ts'oŋ˥，ɕiẽ˧ ts'æ˧ sï˧。ts'æ˧
不 得 了。…… 現 在 武 昌，現 在 是。在

ko˩ i˥ ts'ən˧ tsï˩ sï˧ tɕ'iən˥ tɕi˥ yən˧ t'əŋ˧ a˦?
這 一 陣 子 是 清 潔 運 動 阿?

b：ŋ̍˦。
嗯。

a：ko˩˧· ɕie˧ tɕiən˨ dz'a˥(ts'a˥) tau˥ ts'æ˧ kæ˥ soŋ˧ ta˨ sɔ˨ a˦。
這 些 警 察 都 在 街 上 打 掃 阿。

tɕiau˨ tɕiən˩˧ sï˧ xæ˩ sï˧ ts'æ˧ ta˨ sɔ˨ tɕ'iən˥ tɕi˥ a˦，xæ˩
究 竟 是 還 是 在 打 掃 清 潔 阿，還

sï˧ tsʻæ˧ nɔ˧ te˥˧· xɔ˨ uã˧˩?
是 在 鬧 得 好 玩?

b：xæ˧˩ pu˥ sï˧ nɔ˧ te˥ xɔ˨ uã˧˩! nei˧˩˧ ɕie˧ tɕiən˨ tsʻa˥ tsəŋ˨ sï˧
還 不 是 鬧 得 好 玩! 那 些 警 察 總 是

tsʻiən˧˩(ɕiən˧˩) zən˧˩ ka˧ i˥ ɕie˧ tsʻo˧˩˧ tɕʻy˧˩˧꜔，tsəŋ˨ sï˧ ku˧˩˧ i˧˩˧꜔
尋 人 家 一 些 錯 處， 總 是 故 意

nə˨·，iau˧ pu˥ tɕia˧ i˨ tsï˨ tʻɔ꜔，ku˧˩˧ i˧˩˧꜔ ti˨· (tɕ)ʻy˧˩˧꜔ ta˨
呢， 又 不 加 以 指 導， 故 意 的 去 打

zən˧˩，ɕia˥ ta˨ zən˧˩。
人， 瞎 打 人。

a：tʻiən˧˩(tʻiə̃˧˩) tʻiẽ˧ tʻiən˧˩(tʻiə̃˧˩) zï˧ nə˨·，nei˧˩˧ i˥ ko˧˩˧꜔ tsəŋ˧
前 天 前 日 呢， 那 一 個 中

xua˩˧ nei˧˩ ɕiən˧˩ ŋo˨ mɔ˧˩ tɕʻi˧˩˧꜔ tsʻã˧ tɕia˧。tʻiən˧˩ tʻiẽ˧ nei˨
華 旅 行 我 毛 去 參 加。 前 天 旅

ɕiən˧˩ tɔ˧˩˧ tɕiən˧ kʻeø˨ tɕʻi˧˩˧，ŋã˧ sï˨ i˥ kə˧˩˧꜔(ko˧˩˧) tʻəŋ˧˩ ɕio˥˩
行 到 金 口 去， 淹 死 一 個 同 學

kə˨· a꜔?
格 阿?

b：ŋ̍˨˦ sï˧ kə˨·，nei˧˩˧ ko˧˩˧˨· tʻəŋ˧˩ ɕio˥꜔ tɕiɔ˧˩˧ tsau˧ tsəŋ˧ kɔ˨ 。
嗯 是 格， 那 個 同 學 叫 周 宗 杲(?)。

i˥꜔ tɕʻioŋ˨ tɕʻyẽ˧˩，i˥˨˩˧ mei˧ iau˨ tɕʻioŋ˨ tɔ˨ a꜔，i˥ iəŋ˨
伊 搶 船， 伊 没 有 搶 倒 阿， 一 擁

tɕʻiau˧ tʻieø˧ ɕia˧ tɕʻy˧˩˧ nə˨·。i˥ ko˧˩˧꜔ tʻei˨ i(a)u˥ ɕiẽ˧
就 掉 下 去 了。 一 個 體 育 先

sõ˧(soŋ˧) pən˨ næ˧˩ sï˧ tʻo˥ i˧ fu˧ ɕia˧ tɕʻi˧˩˧꜔ kə˨· kœ̈˨
生 本 來 是 脱 衣 服 下 去 格 趕

pə˥(pu˥) iən˧˩，i˥ ɕia˧ tsï˨ tɕʻiau˧ sï˨ nieø˨。xeø˧˥ sau˨ ŋo˨
不 贏， 一 下 子 就 死 了。 後 首 我

to˧ ɕie˧ fei˧˩ næ˧˩ noǀ·。
多 些 回 來 咯。

a：nei˨˩ sï˧˩ （x）eø˧ tau˧ mɔ˧˩˧ te˥ fa˥˦ nəǀ·。iau˧ mɔ˧˩ te˥ təŋ˧
那 時 候 都 毛 得 法 呢。又 毛 得 東

sei˧ næ˧˩ kœ̃˦。
西 來 趕。

b：ieø˧˩ fa˥˧ nəǀ· tɕʻiau˧ pə˥（pu˥） fei˧˩ tɔ˨˩ nei˨˩ n（e）i˦ tɕʻi˨˩。
有 法 呢 就 不 會 到 那 裏 去。

tɕioŋ˧ tɕioŋ˧ n（ei）˨˩ koǀ· tɕʻyẽ˧˩ kʻɔ˨˩ nəŋ˦ kəǀ· sï˧˩ xeø˧。
江 江 那 個 船 靠 攏 格 時 候。

a：tɕʻi˧˩ （n）ei˨˩ koǀ· sï˧ sau˦ neǀ·？
其 那 個 屍 首 呢？

b：sï˧ sau˦ xæ˧˩ mo˧˩ iau˦ no˧ tɕʻi˦ næ˧˩。
屍 首 還 毛 有 撈 起 來。

a：tʻiən˧˩（tʻiə̃˧˩） zï˧˥ tʻiən˧˩ ɕie˧ sï˧˩ no˧ tɕʻi˦ i˥ ko˧˩˧ sï˧ sau˦
前 日 前 些 時 撈 起 一 個 屍 首

næ˧˩，ne（i）˨˩˧ sï˧ pu˥ sï˧ keǀ·？
來， 那 是 不 是 格？

b：ne（i）˨˩ pu˥ sï˧ kəǀ·，ne（i）˨˩ sï˧ koǀ· ɕiən˨˩˧ ma˦ kəǀ·。
那 不 是 格， 那 是 個 姓 馬 格。

a：ne（i）˨˩˧ xæ˧˩ sï˧ ɕiən˨˩ ma˦ kə˧。ne（i）˨˩ ɕio˥ tʻoŋ˧˩˨ （s）ï˧ tsən˦
那 還 是 姓 馬 格。 那 學 堂 是 怎

mo˧˧ bʻã˧（pʻã˧） ua˥˧（fa˥） neǀ·？
麼 辦 法 呢？

b：ɕio˥ dʻoŋ˧˩˨（tʻoŋ˧˩） neǀ·，ɕiẽ˧ tsʻæ˧ ɕio˥ tʻoŋ˧˩ tɔ˨˩˧ tɕiən˧˧
學 堂 吶， 現 在 學 堂 到 金

ŋeø˧˩˨（kʻeø˦） tɕʻi˨˩˧ ta˦ nau˧˧ tɕʻi˨˩˧。
口 去 打 撈 去。

a：ne(i)˩˫ i˧ tɕia˧ tsəŋ˧˫ (z)ən˩ næ˩ pu˥ næ˩?
　那 伊 家 中 人 來 不 來?

b：tɕia˧ tsəŋ ta˨ tʻiẽ˧ ua˧(fa˧) tɕʻi˩˫ no˫·, xæ˩ mei˧ næ˩, iən˧
　家 中 打 電 話 去 咯，還 没 來，因

ueiɹ tɕia˧ tʻæ˩˫ yẽ˨ nieø˨!
為 家 太 遠 了!

a：tɕʻi˩ (s)ï˧ na˨ ne(i)˩˫ zən˩ a˫·?
其 是 哪 裏 人 阿?

b：tɕʻie˩ sï˧ ɕi˧ ɕyei˨。
其 是 浠 水。

a：ɕi˧ ɕy˨ ia˩?
浠 水 呀?

b：ʔei˦。
唉。

a：ɕi˧ ɕyei˨˫ zən˩，i˧ u˥ nei˨ xæ˩ iau˧ mo˨ tei˥ pʻie˥˦ zən˩˫
浠 水 人，伊 屋 裏 還 有 麽 的 别 人

a˫·?
阿?

b：i˧ iau˨ u˥ tʻei˨(nei˨) zən˩。xæ˩ iau˧ fu˧ mu˨ tau˧ tsʻæ˧。
伊 有 屋 裏 人。還 有 父 母 都 在。

iau˨ i˥ ɕie˥ zən˩ ɕye˥ tɕʻie˩ sï˧ sã˧ xoŋ˩ kʻuoŋ˧ i˥ ko˫·
有 一 些 人 説 其 是 三 房 共 一 個

zən˩。
人。

a：tʻæ˩ sï˨ (t)e˥ ne(i)˩ ioŋ˧ tɕʻiɔ˨ a˧，tɕʻia˥ tɕʻia˥ ti˥ sï˨ nə˫·
太 死 得 那 樣 巧 阿，恰 恰 的 死 了

sã˧ (x)oŋ˩ kʻ(u)oŋ˧ (i˥) ko˩。ko˩ ioŋ˧ sï˧ tɕʻiən˩ fa˥ sən˧，
三 房 共 (一) 個。個 樣 事 情 發 生，

ie˧˥ sï˧ tsən˧ tsən˧ ts'ã˧˥ o|·，ɕiɔ˧ tsoŋ˧˥……
也 是 真 真 慘 哦，校 長……

b：mɔ˧˥ te˥ p'ã˧ fa˥˧。
毛 得 辦 法。

a：t'a˧ ne(i)˩˥ sï˧˥ xæ˧˥ sï˧ fu˧ tse˥ zən˧˨，xæ˧˥ sï˧ pu˥ fu˧ tse˥
他 那 時 還 是 負 責 任，還 是 不 負 責

zən˧˨，tɕia˧˥ y˧˥ uei˧˥ ts'ï˧˥ tsï˥ u˧ xɔ˧˥ xɔ˧˥ ti˥，xæ˧˥ sï˧
任，假 如 維 持 職 務 好 好 的，還 是

pə˥(pu˥) nən˧˥ keø˧˥ fa˥ sən˧ ko˩˥ tsəŋ˧˥ sï˧ tɕ'iən˧˥。
不 能 够 發 生 個 種 事 情。

b：tɕ'ioŋ˧˥ tɕ'yẽ˧˥，tau˧ sï˧ tɕ'ioŋ˧˥ xɔ˧˥ t'i(ẽ)˧˥ kə|· tɕ'yẽ˧˥。nei˩˥
搶 船，都 是 搶 好 點 格 船。那

ko˩˥· tɕ'yẽ˧˥ ie˧˥ pu˥ xɔ˧˥。
個 船 也 不 好。

a：tɕ'iau˧ sï˧ ts'ï˧˨· ka˧ ie˧˥ t'æ˩˥ pu˥ nei˩˥ ko|·，ts'ï˧˨· ka˧ tɕ'y˥
就 是 自 家 也 太 不 那 個，自 家 出

mən˧˥ kə|· zən˧˥，pu˥ nən˧˥ tɕiɔ˩˥· ȵiən˧˥(zən˧˥) ka˧ tseø˧ fu˧
門 格 人，不 能 叫 人 家 招 呼

ts'ï˧ ka˧。tɕ'ioŋ˧˥ tɕ'yẽ˧˥ tɕ'iau˧ tɕ'ioŋ˧˥ pu˥ soŋ˧ tɕ'i˧˥，iau˧
自 家。搶 船 就 搶 不 上 去，又

mo˧˥ tɕ'yẽ˧˥ tɕ'iau˧ k'æ˧ nə˧˥ pu˥ ne˧˨？xɔ˧˥ xɔ˧˥，ŋo˧˥ fei˧˥
麼 船 就 開 了 不 呢？好 好，我 回

tɕ'i˧˥ iau˧˥ t'iẽ˧˥ sï˧，tsæ˧˥ fei˧ tsæ˩˥· fei˧！
去 有 點 事，再 會 再 會！

五五. 陽新(三溪口)

A. 發音人履歷

發音人	55
年齡	20 歲
原籍	陽新三溪口
職業	學生
教育程度	高中二年
幼時語言環境	本地私塾
教師方言	本地話
住過的地方	武昌八年
曾否學國語	未
能否說別處話	能說武昌話

二十五年五月十六日吴宗濟記音

B. 聲韵調表

1. 聲母

p	包稟	p‘	派婆被白	m	門苗	f	飛肺奉凡
t	帶丁	t‘	太同大笛	n	難内 l 藍兩鄰		
ts	則徵争昭接津	ts‘	倉柴趙絶静			s	星時削旬 z 惹日而入
tɕ	雞猪追解	tɕ‘	輕忌垂局揣篆	ȵ	宜年娘虐	ɕ	諧香書現純
k	歌更界	k‘	開葵共客	ŋ	鵝暗眼矮厄	x	恨漢灰紅

○眼衣未越由

2. 韵母

ï	世知爾食日入	i	雞希急亦	u	孤婦勃屋	y	猪橘疫
				iu	秋丟		

a	巴家蛇答雜	æ	乃該鞋帥	ɔ	保咬草
ia	嗟家佳狹野	iæ	解諧	iɔ	巧孝
ua	蛙掛滑	uæ	怪外懷		
ya	靴刷	yæ	揣		

o	歌禍鴿末	ø	昭謀斗愁後	e	惹蛇北得格
io	略削瘸藥	iø	表苗蕭叫	ie	謝爺寫滅接劣
uo	窩沃			ue	國獲
				ye	缺月拙説

ei	倍廢米離積恤隨序	au	土楚丑肉
		iau	紐休育幼
uei	鋭灰歸未		

yei 綴錐

æ̃ 談山板凡	œ̃ 半南干短	ẽ 染蟬等
iæ̃ 減		iẽ 典邊言
uæ̃ 鰥彎萬	uœ̃ 官换	
		yẽ 專元

ən 深身增耕		oŋ 邦冷莊巷	ʌŋ 孟弘東恭
iən 音銀京形	in 兵林丁津旬	ioŋ 江樣兩	iʌŋ 兄窮用
uən 坤魂問		uoŋ 光黄	uʌŋ 翁
yən 均純永			

3. 聲調

陰平	陽平	上	陰去	陽去	入
˨	˨˩	˧˩	˨˦	˧	˥
剛知	頭門	改暖	蓋放	共近	急白納

C. 聲韵調描寫

1. 聲母

陽新聲母有二十一個。依發音部位分爲p，t，ts，tɕ，k，○六組。

p組p，p‘，m，f。f磨擦不重。

t組t，t‘，n，l。n，l分得相當清晰。

ts組ts，ts‘，s，z。ts，ts‘，s部位不很前，遇齊齒韵時，有tɕ，tɕ‘，ɕ的傾向。

tɕ組有tɕ，tɕ‘，ȵ，ɕ。tɕ，tɕ‘，ȵ是在舌面中的部位。但在y韵母或y介母前時，又比較偏前。ɕ部位偏前，但跟s的細音不混。

k組k，k‘，ŋ，x。k，k‘，ŋ是硬性的。x的摩擦程度相當强。

〇只在i,u,y等韵母或介音前出現。微帶摩擦性。

2. 韵母

ï只讀舌尖前音,比較北平的ɿ稍微偏後。

i近標準i。u,iu的u是較關的後元音。y近標準y,但有些鬆。

a,ia,ua,ya的a都標準a在入聲時讀得稍短,但音值不變。

æ,iæ,uæ,yæ。æ稍開,是a跟æ的中間音。iæ,uæ,yæ的æ不受介母的影響。

ɔ,iɔ。ɔ近似標準ɔ,但細聽起來,總有些先開後關的動程。如ɒɔ。iɔ的ɔ是單純的ɔ。

o,io,uo的o比標準o稍關。但都有點先開後關的趨勢,嚴式可作oọ。在舌尖聲母後,這種現象更顯明。

ø,iø。ø是不很圓唇的ø,前面也像有很弱的e音。但如跟咸寧的eø相比,咸寧的e就比較清楚得多。

e,ie,ue,ye的e都比較開,近似ᴇ。在ie的e稍微關些。

ei,uei,yei的e很開,是咸寧的ei跟通山的ai中間的音。i值都相當穩。

au,iau的a相當關而短。近似ᾰu。

æ̃,iæ̃,uæ̃的æ̃跟上面的æ部位相同,鼻音化不强,有時甚至聽不出,但æ̃的時間總比æ長些。

œ̃,uœ̃的œ̃,鼻音化比œ̃稍强。

ẽ,iẽ,yẽ的e是標準e。鼻音化相當清晰。

ən,iən,uən,yən。ən,uən的ə開而偏後,像ʌ;iən,yən的ə就比較關。n值都很穩。

in的i關而短,n很清楚。

oŋ,ioŋ,uoŋ的o平均,ŋ值不十分顯明,有時傾向於半鼻音。

ʌŋ,iʌŋ,uʌŋ的ʌ較開而短。ŋ比較穩。

3. 聲調

陰平是半低平調,如(˨ 22),調值尚穩。

陽平是由"中"降至"低"(31)。有時比"中"起得稍低些,但不到(21)。

現用低降調號(˩ 31)。

上聲比陽平高一度,調值相當穩,用中降調號(˧˩ 42)。

陰去是中升調(24),但常常因起點稍停滯,容易聽成(324),但没有咸寧的陰去那樣顯明。今用中升調號(˨˦ 24)。

陽去是“中平”跟“半低平”中間的調。寬式用中平調號(˧ 33)。

入聲是高平調(55),比其他的調稍短。(有時似乎也帶有微弱的l尾,但没有通城的l尾那樣規則,不著出),今用高平調號(˥ 55)。

D. 與古音比較

1. 聲母

古聲組及影響條件 \ 古母今讀 \ 發音方法及影響條件		全清塞	次清塞	全濁塞 平	全濁塞 仄	次濁	清擦	濁擦 平	濁擦 仄
幫組		幫：p	滂：pʻ	並：pʻ	並：pʻ	明：m			
非組						微：u	非、敷：f	奉：f	
端組、泥	一二等	端：t	透：tʻ	定：tʻ	定：tʻ	泥：n；來：l			
	三四等	端：t	透：tʻ	定：tʻ	定：tʻ	泥：ȵ；來：l;y(1)			
精組	洪	精：ts	清：tsʻ	從：tsʻ	從：tsʻ		心：s	邪 tsʻ,s	邪：s
	細	精：ts	清：tsʻ	從：tsʻ	從：tsʻ		心：s	邪 tsʻ,s	邪：s
莊組	今開	莊（照二）：ts	初（穿二）：tsʻ;tɕʻ(2)	崇（牀二）：tsʻ	崇（牀二）：tsʻ,s		生（審二）：s		
	今合	莊（照二）：ts	初（穿二）：tsʻ;tɕʻ(2)	崇（牀二）：tsʻ	崇（牀二）：tsʻ,s		生（審二）：s		
知組	今開 梗二等韻	知：ts	徹：tsʻ	澄：tsʻ	澄：tsʻ				
	今開 其他	知：ts	徹：tsʻ	澄：tsʻ	澄：tsʻ				
	今合	知：tɕ	徹：tɕʻ	澄：tɕʻ	澄：tɕʻ				
章組	今開	章（照三）：ts	昌（穿三）：tsʻ	船（牀三）：s	船（牀三）：s		書（審三）：s	禪：tsʻ,s	禪：s
	今合	章（照三）：tɕ	昌（穿三）：tɕʻ	船（牀三）：tɕʻ	船（牀三）：ɕ		書（審三）：ɕ	禪：tɕʻ,ɕ	禪：ɕ

古母今讀 / 古聲組及影響條件			全清塞	次清塞	全濁塞 平	全濁塞 仄	次濁	清擦	濁擦 平	濁擦 仄
日母	今開	遇舒					日 i			
	今開	其他					z			
	今合						y,ȵ			
見組曉	開	一等	見 k	溪 kʻ			疑 ŋ	曉 x	匣	x
	開	二等	k,tɕ	kʻ,tɕʻ			ŋ,i	x,ɕ		x,ɕ
	開	三四等	tɕ	tɕʻ	羣 tɕʻ	羣 tɕʻ	ȵ	ɕ		ɕ
	合	一二等	k	kʻ	*	*	u	x		x
	合 三四等	蟹止宕	k	kʻ	kʻ	kʻ	u	x		x
	合 三四等	通舒	k	kʻ	tɕʻ	kʻ	?	ɕ		*
	合 三四等	其他	tɕ	tɕʻ	tɕʻ	tɕʻ	y	ɕ		ɕ
影組	開	一等	影 ŋ							
	開	二等	ŋ,i;u[3]							
	開	三四等	i				喻：i			
	合	一二等	u				*			
	合 三四等	蟹止宕	u				喻 u			
	合 三四等	通	i				i			
	合 三四等	其他	y				y			

2.韵母

第一表

攝別＼聲母＼等＼呼	開												
	一			二				三四					
	幫系	端系	見系	幫系	泥組	知莊組	見系	幫系	端系	莊組	知章組	日母	見系
果	*	o	o	a	a	a	a,ia	*	ia;ie	*	a;e	e	ia;ie
（遇）	*			*				*					
蟹	*	æ	æ	æ	æ	æ	æ,iæ,ia	ei	ei	*	ï	*	i
止	*			*				ei	ei;ï	ï	ï	ï	i
效	ɔ	ɔ	ɔ	ɔ	ɔ	ɔ	ɔ,iɔ	iø	iø	*	ø	ø	iø
流	ø,u	ø	ø	*				ø,u	iau;iu(1)	ø	au	au	iau
咸	*	œ̃;æ̃(2)	œ̃	*		æ̃	æ̃,iæ̃	iẽ	iẽ	*	ẽ	ẽ	iẽ
山	*	æ̃	œ̃	æ̃	*	æ̃	æ̃;iæ̃	iẽ	iẽ	*	ẽ	ẽ	iẽ
宕	oŋ	oŋ	oŋ	oŋ	*	ʌŋ,oŋ	ioŋ,oŋ	*	ioŋ	oŋ	oŋ	oŋ	ioŋ

攝別＼聲母＼等＼呼	開												
	一			二				三四					
	幫系	端系	見系	幫系	泥組	知莊組	見系	幫系	端系	莊組	知章組	日母	見系
深	*			*				in	in	ʌŋ	ən	ən	iən
臻	*	ən,ẽ	ən	*				in	in	ən	ən	ən	iən
曾	ən,ʌŋ	ən,ẽ	ən	*				in	in	*	ən	ən	iən
梗	*			ən,ʌŋ	oŋ;ən	ən,oŋ	ən,iən	in	in	*	ən	*	iən
（通）	*			*				*					
咸入	*	a	o	*		a	a,ia	*	ie	*	e	*	ie
山入	*	a	o	a	*	a	a,ia	ie	ie	*	e	e	ie
宕入	o	o	o	o	*	o	o;io;uo(3)	*	io	*	o	o	io
深入	*			*				*	ei	e	ï	ï	i
臻入	*			*				ei	ei	e	ï	ï	i
曾入	e	e	e	*				ei	ei	e	ï	*	i
梗入	*			a,e	*	e	e	ei	ei	*	ï	*	i
（通入）	*			*				*					

第 二 表

攝別 \ 呼 等 聲母	合												
	一			二			三四						
	幫系	端系	見系	幫系	莊組	見系	幫系	泥組	精組	莊組	知章組	日母	見系
果	o	o	o;uo[4]	*		ua	*						ya,io
遇	u	au	u	*			u	y	ei	au	y	y	y
蟹	ei	ei	uei,uæ	*		uæ,ua	ei	*	ei	*	yei	*	uei
止	*			*			ei;uei	ei	ei	æ,yæ	yei	*	uei
（效）	*			*			*						
（流）	*			*			*						
咸	*			*			æ̃	*					
山	œ̃	œ̃	uœ̃	*	œ̃	uæ̃	æ̃;uæ̃	œ̃	iẽ	*	yẽ	yẽ	yẽ
宕	*		uoŋ	*			oŋ;uoŋ	*					uoŋ

攝別＼呼等聲母	合												
	一			二			三四						
	幫系	端系	見系	幫系	莊組	見系	幫系	泥組	精組	莊組	知章組	日母	見系
（深）	*			*			*						
臻	ən	ən	uən	*			ən;uən	ən	in	*	yən	yən	yən
曾	*		ʌŋ	*			*						
梗	*			*		uən;ʌŋ	*						yən,iʌŋ
通	ʌŋ	ʌŋ	ʌŋ;uʌŋ(5)	*			ʌŋ	ʌŋ	ʌŋ	ʌŋ	ʌŋ	iʌŋ	ʌŋ,iʌŋ
咸入	*			*			a	*					
山入	o	o	o	*	a,ya	ua	a;ua	ie	ie	*	y	*	ye,ie
宕入	*		o	*			o	*					
（深入）	*			*			*						
臻入	u	au	u	*			u	ei	ei	*	y	*	y
曾入	*		ue	*			*						y
梗入	*			*		ue	*						y
通入	u;o(6)	au	u	*			u;o(6)	au	au	au	au	au	y,iau

3. 聲調

古類 影響條件 今值 今類		陰平	陽平	上	陰去	陽去	入
平	清	˧					
	濁		˨˩				
上	清			˥˧			
	次濁			˥˧			
	全濁					˧	
去	清				˨˧		
	濁					˧	
入	清						˥
	次濁						˥
	全濁						˥

附注：

聲母：—

(1)來母三四等在魚韵讀y,如‘吕’,餘讀l。

(2)穿母二等在止合讀tɕ‘;如‘揣’tɕ‘yæ。

(3)影二開宕入讀合,如‘握’uo。

韵母：—

(1)流三端系：端精組讀iu,如‘丢’tiu,‘囚’ts‘iu;泥組讀iau,如‘紐’ȵiau。

(2)咸一等端系覃,談不同。覃讀œ̃,如‘貪’t‘œ̃,‘慘’ts‘œ̃;談讀æ̃,如藍lǣ,‘三’sǣ。

(3)宕二入見曉組文白分讀io,o。如‘學’ɕio,‘確’k‘o;影組讀uo,如‘握’uo。

(4)果合一見系見曉組讀o,但影組讀uo。如‘禍’xo,‘窩’uo。

(5)通一等見系讀開,但影組讀合。如‘公’kʌŋ,‘紅’xʌŋ;‘翁’uʌŋ。

(6)通入聲幫系讀u,但明母讀o。如‘僕’p‘u,‘服’fu;‘木’mo,‘目’mo。

E. 同音字表

今調	陰平˧˩	陽平˨˩	上˦˥	陰去˧˥	陽去˧	入˥
今韵	ï					
廣韵	祭‖脂;之;支‖緝‖質‖職‖昔(均開口)					
p						
p'						
m						
f						
t						
t'						
n			你(n̩)泥之			
l						
ts	茲,之;知		子;只	致,至;翅審		執‖質‖隻炙
ts'		遲	耻;此	滯澄‖次;刺‖飾審入	自;字,伺心,痔	秩姪‖直值植,殖禪‖擲
s	師;思;斯,施	時	使,始	世‖四,示牀;賜‖式入	似,士、事,市;是	十‖實‖食蝕‖石
z		而	爾		二貳	入‖日
tɕ						
tɕ'						
ȵ						
ɕ						
k						
k'						
ŋ						
x						
○						

今調	陰平˨	陽平˨˩	上˦˨	陰去˨˦	陽去˧	入˥
今韵	i					
廣韵	祭;齊‖脂;之;支;微‖緝‖質;迄‖職‖昔;陌;錫(均開口)					
tɕ	雞		己;幾	計繼‖季合		急‖吉
tɕʻ	溪	其期;奇	起	去魚溪‖器;氣	忌;技妓企	及‖乞,迄曉‖極‖喫
ȵ		疑;宜			藝‖義議	逆
ɕ	奚兮匣‖希	攜合	璽支心	戲	系	泣溪,吸
○	衣依	夷;移;遺合	以,矣		[□](母親稱)	噎屑‖邑‖一,逸‖憶‖亦

今韵	u					
廣韵	模;虞‖尤‖没;物‖屋					
p				布		不
pʻ			譜幫,普		步	勃‖卜幫,撲,僕瀑曝
m			母			
f		附去	府,腐奉	負奉	婦	服
k	孤			故		骨
kʻ						哭
ŋ						
x		狐乎	虎		户	忽
○	烏	吾;無	五;武		務‖戊侯明	物‖屋

今調	陰平˨	陽平˩˧	上˧˩˧	陰去˧˥	陽去˧	入˥
今韵	iu					
廣韵	尤;幽					
t	［丟］					
tʻ						
n						
l		流			謬明	
ts						
tsʻ	秋	囚			就	
s						

今韵	y					
廣韵	魚;虞‖術;物‖職‖昔‖燭(均合口)					
tɕ	猪,諸		主	著;拘平、句		橘‖局$_2$
tɕʻ	區	除		處,去	巨;柱,樞穿平	出;屈‖曲
ȵ			女			
ɕ	書,虛,殊禪	徐魚邪	鼠暑,許		樹	
○		如,魚,於影,餘余;儒,愚,于	吕來,與;雨羽		遇	鬱‖域‖疫役‖玉

今調	陰平˨	陽平˨˩	上˥˧	陰去˨˦	陽去˧	入˥
今韵	a					
廣韵	麻‖合;盍;洽‖曷;鎋;黠‖陌					
p	巴‖[粑]		把			八
pʻ		爬		怕		拔‖白
m	[媽](稱祖母)		馬			
f						法‖髮
t			打			答搭
tʻ					大	踏;塔‖達
n		拿				納
l	拉入					臘‖辣
ts					乍	劄,閘牀;軋影‖隻昔
tsʻ				詫‖剎入		雜;插‖察
s	沙	蛇	撒入			殺;刷$_{1}$
k	家			架		甲
kʻ						
ŋ		[伢]				
x					下	

今調	陰平˧	陽平˩	上˨	陰去˦	陽去˧	入˥
今韵	ia					
廣韵	麻‖佳‖洽;狎‖鎋(均開口)					
ts	嗟					
ts‘						
s			寫			
tɕ	家‖佳		假賈	架		甲
tɕ‘						恰喫(本作‘鹹’)
ȵ						
ɕ	霞匣				下	狹;匣;挾帖‖瞎$_1$
○	鴉	牙	也野			鴨

今韵	ua					
廣韵	麻‖佳;夬‖鎋;黠(均合口)					
k	瓜			掛$_1$		刮
k‘				掛$_2$ 見		
ŋ						
x				化	畫;話	滑
○	蛙		瓦		話匣	挖

今韵	ya					
廣韵	戈三‖鎋(均合口)					
tɕ						
tɕ‘						
ȵ						
ɕ	靴					刷$_2$

今調	陰平˧	陽平˩	上˨	陰去˦	陽去˧	入˥
今韻	æ					
廣韻	咍;泰;皆;佳;夬‖脂					
p				拜		
p‘				派	敗	
m		埋	買		賣	
f						
t				帶		
t‘				泰太	待、代	
n			乃;奶			
l					賴	
ts	齋					
ts‘		柴		菜;蔡	在;寨	
s				曬‖帥		
k	該		改	蓋;界		
k‘	開			概		
ŋ	哀		矮	愛	艾	
x		孩;鞋			亥;害	瞎$_{2}$鍺

今韻	iæ					
廣韻	皆;佳					
tɕ			解	介戒,械匣		
tɕ‘						
ȵ						
ɕ		偕見,諧				

今調	陰平˧	陽平˩	上˨	陰去˦	陽去˧	入˥
今韵	uæ					
廣韵	泰;皆(均合口)					
k			[拐]	怪		
kʻ			塊去	會(|計)見;快		
ŋ						
x		懷				
○					外	

今韵	yæ					
廣韵	支(合口)					
tɕ						
tɕʻ			揣			
ȵ						
ɕ	[摔]					

今調	陰平˩	陽平˨˩	上˥˧	陰去˧˥	陽去˧
今韵	ɔ				
廣韵	豪;肴				
p	包		保		
pʻ		袍;跑			
m	[□](=没有)				貌||[冒](没有)
f					
t			倒	到	
tʻ		桃			道
n					鬧
l		牢	老		
ts	糟				
tsʻ			草;炒	造	
s			掃嫂		
k			攪	告	
kʻ					
ŋ			襖;咬	奥	
x		毫	好		

今韵	iɔ				
廣韵	肴				
tɕ					
tɕʻ			巧		
ȵ					
ɕ		肴淆		孝	校効

今調	陰平˨	陽平˨˩	上˧˩	陰去˦˧	陽去˧	入˥
今韵	o					
廣韵	歌;戈‖合;盍‖曷;末‖鐸;覺;藥‖屋;沃					
p	波,玻滂					剥;縛奉
p‘	坡	婆	剖侯			
m	[麽]		麽			末‖莫‖木;目
f						
t	多					
t‘	拖	馱	妥			脱‖託
n						
l		羅;騾				洛
ts			左			作;桌啄;酌
ts‘					坐	濁濯
s			所魚			
z						若
k	歌哥;鍋		果	個;過		鴿‖割‖各;郭
k‘			可			闊‖確
ŋ		鵝	我		餓	遏‖惡
x		何			禍	合盒;盍‖喝;活‖鶴;霍

今調	陰平˨˦	陽平˧˩	上˦˨	陰去˩˧	陽去˧	入˥
今韵	io					
廣韵	戈三‖覺;藥					
t t‘ n l						 略
ts ts‘ s						爵雀 嚼 削
tɕ tɕ‘ ȵ ɕ		 茄戈開;瘸				角 覺見 虐 學
○						約,藥

今韵	uo					
廣韵	戈一‖末‖覺‖沃					
○	窩					握‖沃沃

今調	陰平˨	陽平˧˩	上˦˨	陰去˧˥	陽去˧
今韵	ø				
廣韵	宵‖侯;尤				
p					
pʻ					
m		謀	某畝		
f			否		
t	舀喻上		斗		鬥
tʻ		頭		禿屋	
n					
l					漏
ts	朝,昭招		走	做模‖照‖奏	
tsʻ		愁			趙
s					紹
z		饒	繞		
k			狗		
kʻ					
ŋ	歐	堯蕭	偶		
x		侯			候後

今調	陰平˨	陽平˨˩	上˥˧	陰去˧˥	陽去˧
今韻	iø				
廣韻	宵;蕭				
p			表		
pʻ					
m		苗貓			
f					
t				釣	
tʻ		條		跳	調
l		燎;聊			
ts					
tsʻ					
s	消;蕭		小	笑	
tɕ	驕			叫	
tɕʻ		喬			
ȵ					
ɕ	囂		曉		
○	妖			要	

今調	陰平˨	陽平˨˩	上˦˨	陰去˧˥	陽去˧	入˥
今韵	e					
廣韵	麻三‖葉‖薛‖緝‖質‖德;職‖陌;麥二(均開口)					
p						北‖百
p‘						泊鐸‖迫幫,拍,白
m						麥
f						
t						德得
t‘						忒,特
n						
l						勒
ts						則‖責
ts‘				[這]		徹,澈‖側照,測‖澤擇宅
s		蛇				涉‖舌,設‖澀‖瑟蝨‖色
z			惹			熱
k						格;革
k‘		[□](=他)		去魚溪		刻;客
ŋ						厄
x						黑;赫

今韵	ue					
廣韵	德‖麥(均合口)					
k						國
k‘						
ŋ						
x						或‖獲

今調	陰平˨	陽平˨˩	上˦˨	陰去˧˦	陽去˧	入˥
今韵	ie					
廣韵	麻三‖葉；業；帖‖薛；月；屑					
p						
pʻ						撇
m						滅
f						
t	［爹］					
tʻ						帖‖鐵
n						
l						列；劣
ts			姐			接‖節
tsʻ						切；絶
s	些	邪	寫		謝	薛
tɕ						刦‖結‖激錫
tɕʻ						傑；竭
ȵ						聶；業‖孽；臬
ɕ						脅；協‖血曉合，穴
○		爺	也野			葉‖謁

今韵	ye					
廣韵	薛；月；屑（均合口）					
tɕ						綴，拙；掘；決
tɕʻ						缺
ȵ						
ɕ						説
○						閲；月，越曰

今調	陰平˧	陽平˩	上˨	陰去˦	陽去˧	入˥
今韵			ei			
廣韵	魚;虞‖祭;齊;灰;泰;廢‖脂;之;支;微‖緝;質;術‖職‖昔;錫					
p	悲;碑		比;彼	貝‖臂		必‖逼‖碧;壁
p‘	披	[賠]	卑幫平;鄙幫,丕平	配	敝;倍、佩‖被	弼‖僻,闢
m		梅‖靡上	米		妹	秘泌幫去
f	飛	肥		廢,肺		
t			底	帝;對;兑定		的
t‘		堤提			弟、第‖地	笛
n				[那]	内	
l		犂‖梨;離	屢去‖禮‖履去;李里裏理;累		例;隸麗‖類;彙喻	立‖栗;律‖力‖歷
ts				祭;最‖醉		積
ts‘	妻,棲心	齊		趣娶‖脆‖悴從,粹心	聚‖罪‖集入	緝,楫‖七‖戚
s	須‖西	隨	洗‖徙支開心	細;歲	序‖遂	戌恤‖息‖席

今調	陰平˧	陽平˩	上˨	陰去˦	陽去˧
今韻	uei				
廣韻	灰;祭;齊‖脂;支;微(均合口)				
z					鋭喻
k	龜;歸			桂‖貴	
k'		葵			
ŋ					跪
x	灰	回	毁	彗喻;惠匣‖諱	會
○	威	維惟;危,爲;微,圍	委	畏	衛‖位;未

今韻	yei				
廣韻	祭‖脂;支				
tɕ	追,錐			綴$_2$	
tɕ'		垂			
ȵ					
ɕ				税	睡瑞

今調	陰平˦	陽平˨˩	上˧˩	陰去˧˥	陽去˧	入˥
今韵	au					
廣韵	模;魚;虞‖尤‖没;術‖屋;沃;燭					
t	都		肚賭			篤
t‘		圖	土		杜	突‖讀
n		奴‖農冬	努		怒	
l					路	鹿;六陸;緑
ts	周			做		卒‖竹,粥;足,燭嘱,觸穿
ts‘	初	鋤	楚‖丑	醋	助	族,促
s	粗;蘇			素;數‖獸		肅,縮,熟;續,屬
z		柔				肉;辱

今韵	iau					
廣韵	尤‖屋;燭					
tç	糾上		九			菊
tç‘	丘	求			舅	局1
ȵ		牛	鳥端蕭‖紐			
ç	休					畜
○		由猶,尤	有		幼	育;欲

今調	陰平˨	陽平˨˩	上˥˧	陰去˩˧	陽去˧
今韵	ãe				
廣韵	談;銜‖寒;山;删				
p			板	扮	
p‘				盼	辦
m		[蠻](很也)			慢
f		凡	反		范
t			膽	旦	
t‘		談		歎	
n		難			
l		藍			
ts			斬	棧	
ts‘	餐		剷,産審		暫
s	三;衫‖山;删$_1$			散;删$_2$平	
k	間				
k‘					
ŋ			眼		
x		鹹;銜‖閑;還(‖是)删合			

今調	陰平˧	陽平˩	上˨	陰去˦	陽去˧
今韵	iæ̃				
廣韵	咸;銜‖山;删(均開口)				
tɕ	監‖間		減	諫	
tɕʻ					
ȵ					
ɕ		陷去;銜			
○			眼	晏	

今韵	uæ̃				
廣韵	山;删;元(均合口)				
k	鰥;關			慣	
kʻ					
ŋ					
x					
○	彎	頑			萬

今調	陰平˨	陽平˨˩	上˥˧	陰去˨˧	陽去˧
今韵	õe				
廣韵	覃;談‖寒;桓;仙				
p				半	
pʻ		盤		判,叛並	伴
m					
f					
t			短		
tʻ	貪				
n		南			
l			暖		亂;戀
ts	鑽、纂上				
tsʻ			慘		
s	酸			算;閂刪平	
z		然$_2$ 仙			
k	干		感;敢		
kʻ					
ŋ	安			暗	岸
x		含‖寒		漢	

今調	陰平˧	陽平˩	上˨	陰去˦	陽去˧
今韻	uœ̃				
廣韻	桓				
k	官觀			貫	
k‘					
ŋ					
x			緩匣	喚	換
○		玩去,完丸匣	皖匣,碗		

今韻	ẽ				
廣韻	鹽‖仙‖痕				
t			等$_2$		
t‘	吞$_2$				
n					
l					
ts	沾		展		
ts‘					
s		蟬	陝	扇	善
z		然	染		
k					
k‘			肯$_2$		
ŋ					
x			很$_2$		

今調	陰平˨	陽平˨˩	上˦˧	陰去˨˧	陽去˧
今韵	iẽ				
廣韵	鹽;嚴;添‖仙;元;先				
p	邊		貶		
pʻ				片	辨;偏幫,辯
m					
f					
t			典	店	
tʻ	天	田			
n					
l		廉‖連聯			
ts			剪		
tsʻ	千	錢;全			漸
s	仙鮮;宣	旋	癬		
tɕ			繭	建;見	
tɕʻ	謙	鉗			件
ȵ		嚴‖年	研疑平		驗;念‖硯
ɕ	軒掀	嫌‖賢弦	險	憲	現;縣合
○	煙	延;言疑,沿合	演	厭	

今韵	yẽ				
廣韵	仙;元				
tɕ	專		轉,捲		
tɕʻ		船,權			篆;倦
ȵ			軟;阮疑元		
ɕ		玄懸			
○		緣鉛;元,園	遠		院

今調	陰平˧	陽平˩	上˨	陰去˦	陽去˧
今韵	ən				
廣韵	侵‖痕;臻;真;魂;諄;文‖登;蒸‖庚;耕;清				
p	崩				
p‘		彭			
m		門			
f	分			奮	
t			等$_1$	頓	
t‘	吞$_1$				
n		能$_1$			
l		倫	冷		論
ts	臻;真‖增;徵‖争;貞,偵徹,征			政	
ts‘		沉‖陳,臣;存‖成誠			鄭
s	深‖身申‖僧‖生;聲	晨‖繩‖盛去	審		盛
z		壬‖人	忍	仍平	認‖孕喻
k	跟根‖更庚;耕			亘	
k‘			肯$_1$		
ŋ	恩				硬
x		恒	很$_1$ 亙‖[□](我們)		恨

今調	陰平˨	陽平˨˩	上˦˨˦	陰去˧˥	陽去˧
今韻	iən				
廣韻	侵‖真;欣‖蒸‖清;庚;青(均開口)				
tɕ	今‖巾;斤‖京;經			勁	
tɕ‘	欽‖輕				近
ȵ		銀‖凝			
ɕ		行;形		杏;幸	
○	音‖因‖應‖鶯;英	盈;營	隱	印	

今韻	uən				
廣韻	魂;文‖庚二(均合口)				
k					
k‘	坤		綑		
ŋ					
x	昏	魂‖橫			
○	温	聞			問

今韻	yən				
廣韻	諄;文‖清;庚;青(均合口)				
tɕ	均				
tɕ‘	椿,春	唇,羣‖瓊	傾平、頃		
ȵ					
ɕ	勳	純	迥匣		
○		云‖榮;螢匣	允尹‖永	閏	

今調	陰平˨	陽平˧˩	上˥˧	陰去˧˥	陽去˧
今韵	in				
廣韵	侵‖真‖蒸‖清;青;庚三				
p	兵		稟	並並	
p‘		貧‖瓶‖平	品		
m		民‖名;明	敏		命
f					
t	丁				
t‘				聽	
n					
l		林‖鄰‖陵‖靈零			令
ts	侵清‖津			進	
ts‘		秦			静
s	心‖新‖星腥	尋‖旬		信‖性	

今調	陰平˨	陽平˨˩	上˥˧˥	陰去˨˧	陽去˧
今韵	oŋ				
廣韵	唐;江;陽‖庚				
p	邦				
p‘		旁			
m		忙			
f	方	房防		放	
t	當		黨		
t‘		堂			蕩盪
n					
l		郎	朗‖泠		
ts	張,莊,裝		長		
ts‘	倉;窗;昌‖撑	牀			
s	桑;商	常			上尚
z		人真			讓
k	剛綱				
k‘		狂合			
ŋ				暗2 覃	
x					項、巷

今調	陰平˩	陽平˨˩	上˦˨	陰去˨˧	陽去˧
今韵	ioŋ				
廣韵	江;陽				
t					
t'					
n					
l			兩		
ts	將				
ts'		詳祥			像邪
s			想		像象
tɕ	江;姜		講		
tɕ'	腔				
ȵ		娘	仰		
ɕ	香				
○			養		樣

今韵	uoŋ				
廣韵	唐;陽				
k	光				
k'				曠;況曉	
ŋ					
x		黃			
○	汪	王	往		旺

今調	陰平˨	陽平˩	上˧	陰去˦	陽去˧
今韵	ʌŋ				
廣韵	江‖登‖庚二‖東;冬;鍾				
p					
pʻ		朋		[碰]	
m		萠			孟‖夢
f	風;封	馮			奉
t	東				
tʻ	通	同	桶;統透去		洞
n		農1			
l		隆;龍	攏		
ts	椿‖中;鍾		總	衆	
tsʻ	沖,充	蟲,崇;從	寵		撞
s	森‖鬆;嵩;松			送;宋	誦
k	公功;弓;恭				
kʻ	空		恐		共
ŋ					
x		弘‖宏‖紅			

今調	陰平˩	陽平˨˩	上˦˧	陰去˨˧	陽去˧
今韵	iʌŋ				
廣韵	庚三‖東;鍾				
ts tsʻ s	星₂ 青開				
tɕ tɕʻ ȵ ɕ	兄‖胸	窮 雄熊喻			
○		絨,融;茸			用

今韵	uʌŋ				
廣韵	東				
○	翁				

F. 音韵特點

1. 聲母

(1)全濁並定從澄羣母在陽新無論平仄皆讀送氣清音。如‘步’pʻu,‘拔’pʻa,‘桃’tʻɔ,‘地’tʻei,‘錢’tsʻiẽ,‘漸’tsʻiẽ,‘絕’tsʻie,‘鄭’tsʻən,‘直’tsʻï。

(2)分尖團。精組細音讀ts等,不跟見系細音讀tɕ等混。如‘爵’tsio≠‘角’tɕio,‘節’tsie≠‘結’tɕie,‘漸’tsʻiẽ≠‘件’tɕʻiẽ,‘旋’siẽ≠‘賢’ɕiẽ。

(3)但不分ts,tʂ。知系洪音也讀ts等,跟精組混。如‘知’=‘茲’tsï,‘世’=‘四’sï,‘炒’=‘草’tsʻɔ,‘獸,數’=‘素’sau。

(4)分n,l。泥來洪細皆分,來母除魚韵‘吕’字失落聲母讀y外,無論洪細皆讀作l。如‘臘’la，‘賴’læ，‘緑’lau，‘略’lio，‘流’liu；泥母洪音讀n，如‘怒’nau，‘内’nei，‘乃’næ；細音讀ȵ，如‘聶’ȵie，‘紐’ȵiau，‘年’ȵien。

(5)知系今合口讀tɕ等，跟見系細音混，如‘出’＝‘屈’tɕ‘y，‘拙’＝‘決’tɕye，‘船’＝‘權’tɕ‘yẽ。

(6)日母今開口只在通攝舒聲讀無聲母，如‘絨，茸’iʌŋ；其他讀z，如‘二貳’zï，‘日，入’zï，‘若’zo，‘惹’ze，‘肉’zau，‘染’zẽ。今合口在遇攝及臻舒讀無聲母，如‘儒’y，‘閏’yən；在山攝讀ȵ，如‘軟’ȵyẽ。

(7)疑影母開口一等皆讀ŋ，如‘愛’ŋai，‘艾’ŋai，‘歐’ŋø，‘偶’ŋø，三四等影母讀○，疑母讀ȵ，如‘一’i≠‘逆’ȵi，‘約’io≠‘虐’ȵio，‘幼’iau，‘牛’ȵiau，‘因’iən，‘銀’ȵiən。

2. 開合

(1)端系一等合口在遇蟹臻通攝變開口，如‘杜’t‘au，‘對’tei，‘最’tsei，‘頓’tən，‘存’ts‘ən，‘卒’tsau，‘鹿’lau。

(2)精組三四等合口變開口，如‘序’sei，‘歲’sei，‘醉’tsei，‘絶’ts‘ie，‘旬’sin，‘恤’sei，‘總’tsʌŋ，‘族’ts‘au。

3. 韵母

(1)遇攝模韵端系，魚虞韵莊組讀au，跟流攝知章日組韵母同，如‘土’t‘au，‘楚’＝‘丑’ts‘au，‘素，數’＝‘獸’sau。

(2)効攝一二等讀ɔ，iɔ，如‘保’pɔ，‘炒’ts‘ɔ，‘巧’tɕ‘iɔ，三四等讀ø，iø，如‘昭’tsø，‘繞’zø，‘驕’tɕiø，‘表’piø。

(3)流攝端見系一等讀ø，如‘斗’tø，‘偶’ŋø。三等見系讀iau，如‘九’tɕiau，‘幼’iau；端系泥母讀iau，如‘紐’ȵiau；精組及來母讀iu，如‘秋’ts‘iu，‘流’liu。

(4)咸攝舒聲一等端系覃談有别。覃韵讀œ̃，如‘貪’t‘œ，‘南’nœ̃，‘慘’ts‘œ̃；談韵讀æ̃，如‘談’t‘æ̃，‘藍’læ̃。

(5)山攝舒聲一等開口，端系讀æ̃，如‘旦’tæ̃，‘餐’ts‘æ̃，見系讀œ̃，如‘干’kœ̃，‘漢’xœ̃。合口一二等幫端系及莊組讀œ̃，如‘半’pœ̃，‘短’tœ̃，‘閂’sœ̃；見系一等讀uœ̃，二等讀uæ̃，如‘官’kuœ̃≠‘關’kuæ̃。

(6)山攝舒聲三等知章日組：開口讀ẽ，合口讀yẽ，如‘展’tsẽ，‘然’zẽ，‘船’tɕʻyẽ，‘軟’ȵyẽ。

(7)深臻曾梗開口三四等：幫端系讀in，如‘稟’pin，‘丁’tin，‘鄰’lin，‘星’sin；見系讀iən，如‘今’tɕiən，‘因’iən，‘銀’ȵiən，‘形’ɕiən，‘輕’tɕʻiən。

(8)通入明母讀o，如‘木，目’mo；其他幫系讀u，如‘僕’pʻu，‘服’fu。

4. 聲調

(1)陽新分陰陽去。古去聲清音讀陰去，如‘世’，‘帶’，‘扇’，‘放’等字。古去聲濁音，上聲全濁都讀陽去，如‘士’＝‘事’，‘項’＝‘巷’。

(2)有入聲。凡古入無論清濁今都爲入聲。

G. 故事

55 ŋo˧˨ ka˧ iau˧˨ lioŋ˧˨ koı· zən˨˩，lioŋ˧˨ ɕiʌŋ˧ tʻei˧。i˥ koı· tʻa˧ tiı·，
我 ka˧ 有 兩 個 人， 兩 兄 弟。一 個 大 的，

i˥ ko˧˦ siø˧˨ tiı·，n(ei)˧˦ koı· tʻa˧ ti˥ neı· s(ï)˧ı· iau˧˨ tʻoŋ˨˩ kʻe˥；
一 個 小 的， 那 個 大 的 吶 是 有 堂 客；

sei˨˧ ko˧˦ tsʻi(u)˧ mo˥ te˥ tʻoŋ˨˩ kʻe˥。lioŋ˧˨ ɕiʌŋ˧ tʻei˧ ne˧ fən˧
細 個 就 没 得 堂 客。 兩 兄 弟 吶 分

tɕia˧。tʻa˧ ke˥ iau˧˨ tʻoŋ˨˩ kʻe˥ məı·，kʻe˨˩ı·[①] tʻoŋ˨˩ kʻe˥ ti˥˩ tsʌŋ˧˨ sï˧
家。 大 格 有 堂 客 嘍， kʻe˨˩ 堂 客 的 總 是

iø˨˧ kʻe˧ı· fən˧；kʻeı· na˧˦ koı· ɕiʌŋ˧ tʻei˧ iau˧ mo˥ te˥ tɕi˧˨ tʻa˧，
要 去 分； kʻe˨˩ 那 個 兄 弟 又 没 得 幾 大，

tsʻi(u)˧ pu˥ kʻən˧˨ fən˧。kʻe˨˩ı· ie˧˦ sɔ˧˨ tsïı· iø˧˦ fən˧。nə(i)˧˦ tʻiẽ˧
就 不 肯 分。 kʻe˨˩ 也 嫂 子 要 分。 那 天

tsʻiu˧ fən˧ ka˧。fən˧ ka˧ ɕye˥—— iau˧ tɕʻiʌŋ˨˩，mo˦ te˥ mo˧˨ sï˧
就 分 家。 分 家 説—— 又 窮， 没 得 麼 事

---

① kʻe˨˩＝他。

sən˧，tsï˥˧ iau˥˧ i˥ kæ̃˧ foŋ˨˩ tsï˦· tɕʻi˥ i˥ tsï˥ ɲiau˥˧。kʻe˨˩˦· na˨˦ ko˦·
分， 只 有 一 間 房 子 及 一 隻 鳥。 kʻe˨˩ 那 個

sɔ˥˧ tsï˥˧ ɕye˥：“fən˧ ka˧ min˨˩ tʻiẽ˧ tse˨˦ ioŋ˧ fən˧”，ɕye˥ sï˧：
嫂 子 說：“分 家 明 天 這 樣 分”， 說 是：

“min˨˩ tʻiẽ˧ sən˨˩ lioŋ˥˧ uœ̃˥˧ tsau˥，sï˧˦· (n)a˥˧ ko˦· siẽ˧ tɕʻi˥ uœ̃˨˩
“明 天 盛 兩 碗 粥， 是 哪 個 先 喫 完

ne˦·，tsʻi(u)˧ te˥ i˥ tsʌŋ˥˧ tʌŋ˧ ɕei˧˨”——ɕye˥ sï˧：“te˥ kæ̃˧ foŋ˨˩
吶， 就 得 一 種 東 西”—— 說 是：“得 間 房

tsï˥˧，te˥ i˥ pʻi˥ ɲiau˥˧。na˥˧ ko˦· xø˧ tɕʻi˥ uœ̃˨˩ ko˦· te˥ mo˥˧ sï˧
子， 得 一 匹 鳥。 哪 個 後 喫 完 個 得 麼 事

ni˦·?”ɕye˥ sï˧：“te˥ i˥ tse˥˦· se˥。”kʻe˨˩˦· na˨˦ ko˦· tʻei˧ tʻei˧ ia˦·，
呢?” 說 是：“得 一 隻 蝨。” kʻe˨˩ 那 個 弟 弟 呀，

iau˧ mo˥ te˥ fa˥ tsï˥˧。——kʻe˨˩ lioŋ˥˧ ɕiʌŋ˧ tʻei˧ tsʻi(u)˧ tsau˨˦ sï˧
又 没 得 法 子。—— kʻe˨˩ 兩 兄 弟 就 做 事

tɕʻi˨˦˦· lo˦·。kʻe˨˩˦· sɔ˥˧ tsï˦· tsʻiu˧ sən˨˩ lioŋ˥˧ uœ̃˥˧ tsau˥，i˥ uœ̃˥˧ tsau˥
去 咯。 kʻe˨˩ 嫂 子 就 盛 兩 碗 粥， 一 碗 粥

tsʻiu˧ tʻoŋ˧ loŋ˥˧ liø˥˧，tən˨˩ la˦· i˥ xuei˧ ti˥ sï˨˩ xø˧，kʻe˨˩˦· nei˨˦ uœ̃˥˧
就 盪 冷 了， 等 啦 一 會 的 時 候， kʻe˨˩ 那 碗

tsau˥ siẽ˧ tʻoŋ˧ loŋ˥˧ liø˥˧，tsʻiu˧ foŋ˨˦ tso˥ tən˨˦ lə˦·，na˧ xø˧ piẽ˧
粥 先 盪 冷 了， 就 放 桌 tən˨˦ 了， 那 後 邊

iau˧ sən˨˩ uœ̃˥˧ tsau˥，mo˥˩ tʻoŋ˧ loŋ˥˧ ko˦·，tsʻiu˧ foŋ˨˦ tso˥ tən˨˦
又 盛 碗 粥， 没 盪 冷 個， 就 放 桌 tən˨˦

lə˦·。tən˥˧ ko˦· lioŋ˥˧ ko˦· ɲin˨˩˩ xuei˨˩ tɕʻie˨˦˧。kʻe˨˩˦· na˨˦ ko˦· sɔ˥˧ tsï˥˧
了。 等 個 兩 個 人 回 去。 kʻe˨˩ 那 個 嫂 子

tsʻiu˧ pa˥˧ ne(i)˨˦ ko˦· loŋ˥˧ ko˦· pa˥˧ na˨˦ ko˦· ko˧ ko˦· tɕʻi˥，pa˥˧
就 把 那 個 冷 個 把 那 個 哥 哥 喫， 把

ne(i)˧˦ ko˦· uo˥[1] ko˦· pa˧˩ ne(i)˧˦ ko˦· tʻei˧ tʻei˧ tɕʻi˥。toŋ˧ zœ̃˧˩ lo˦·，
那 個 uo˥ 個 把 那 個 弟 弟 喫。當 然 咯，

kʻe˧˩˦· na˧˦ ko˦· ko˧ ko˦· a˦·，tsʻiu˧ siẽ˧ tɕʻi˥ uœ̃˧˩ liø˧˩。so˧˩ i˧˩ kʻe˧˩˦·
kʻe˧˩ 那 個 哥 哥 阿，就 先 喫 完 了。所 以 kʻe˧˩

tsʻiu˧ na˧˦ ko˦· ȵiau˧˩ a˦·，foŋ˧˩ tsï˧˩ a˦·，tsʻiu˧ pa˧˩ ko˦· ko˧ ko˦· te˥
就 那 個 鳥 阿，房 子 阿，就 把 個 哥 哥 得

tɕʻi˧˦ liø˧˩。kʻe˥ na˧˦ ko˦· tʻei˧ tʻei˦· ia˦·，tsʻiu˧ te˥ tsï˥ se˥。te˥ tsï˥
去 了。kʻe˥ 那 個 弟 弟 呀，就 得 隻 蝨。得 隻

se˥ me˦·，tsʻiu˧ mo˧ te˥ mo˧˩ sï˧ tɕʻi˥ lo˦·。kʻe˧˩ tsʻiu˧ tɕʻye˥ tɕʻi˧˦。
蝨 嘿，就 没 得 麽 事 喫 咯。kʻe˧˩ 就 出 去。

ke˧˦ i˥ tʻiẽ˧ na˦·，tsʻiu˧ pa˧˩ tsï˦· se˥ a˦· foŋ˧˦ i˥ (k)o˧˦ xo˥ li˧˩ tsoŋ˧
這 一 天 哪，就 把 隻 蝨 阿 放 一 個 盒 裏 裝

tɔ˧˩，tsoŋ˧ tɔ˧˩ tɕʻi˧˦˦· tʻo˧˩ lo˦· tɕʻi˧˦˦· sæ˧˦ nœ̃˧˩。sæ˧˦ nœ̃˧˩ me˥，pa˧˩ i˥
倒，裝 倒 去 馱 咯 去 曬 暖。曬 暖 嘿，把 一

tsï˥ tɕi˧ ia˦·，pa˧˩ nei˧˦ ko˦· se˥ tsï˧˩ tsʻiu˧ tso˥ tɕʻi˧˦ liø˧˩。na˧˦ tsï˥
隻 雞 呀，把 那 個 蝨 子 就 啄 去 了。那 隻

tɕi˧ sï˧ sau˧˦ pʻo˧˩ kʻe˥。kʻe˧˩˦· na˧˦ ko˦· lɔ˧˩ tʻei˧ a˦· tsʻiu˧ kʻu˥，tsʻiu˧
雞 是 素 婆 格。kʻe˧˩ 那 個 老 弟 阿 就 哭，就

iø˧˦˦· kən˧ na˧˦ ko˦· sau˧˦˦· pʻo˧˩ pʻei˧˩ se˥ tsï˦·。kʻe˧˩˦· sau˧˦ pʻo˧˩ ɕye˥：
要 跟 那 個 素 婆 賠 蝨 子。kʻe˧˩ 素 婆 說：

“ȵi˧˩ iø˧˦ ŋo˧˩ se˥ tsï˧˩，pʻa˧˦˦· pu˥ to˧ a˦·！”ɕye˥：“pʻei˧˩ ȵi˧˩ i˥ ko˧˦
“你 要 我 蝨 子，怕 不 多 阿！”說：“賠 你 一 個

a˦·。”kʻe˧˩ tsʻiu˧ pə˥(pu˥) nən˧˩。sau˧˦ pʻo˧˩ ɕye˥：“ȵi˧˩ pa˧˩ nei˧˦ tsï˥
阿。”kʻe˧˩ 就 不 能。素 婆 說：“你 把 那 隻

tɕi˧ tʻo˧˩ tɕʻi˧˦——。ke˧˦ tsï˥ tɕi˧ a˦·，tsʻiu˧ kʻuən˧˩ liø˧˩ sən˧˩ tsï˧˩，
雞 馱 去——。這 隻 雞 阿，就 綑 了 繩 子，

---

① uo˥是熱的意思。

k'ua˦ liø˦˩ uœ̃˩˧ ti˥。k'e˩˧ iau˧ tç'i˦⊢ ioŋ˦˩⊢ n̠iau˦˩，ioŋ˦˩⊢ n̠iau˦˩ aǀ·，
掛 了 玩 的。k'e˩˧ 又 去 養 鳥，養 鳥 阿，

na˦ koǀ· tçy˦ tçia˨ ioŋ˦˩ i˥ tsï˥ kø˦˩。ke˦ tsï˥ kø˦˩ ie˦˩ mæ̃˩˧ kuæ˦˩。
那 個 主 家 養 一 隻 狗。這 隻 狗 也 蠻 拐。

k'e˩˧┌ tsï˥ tçi˨ i˥ t'iẽ˨ pa˦˩ na˦ koǀ· kø˦˩ ts'iu˧ tso˥ ləǀ· tç'i˥ liø˦˩。
k'e 隻 雞 一 天 把 那 個 狗 就 捉 了 喫 了。

na˦ koǀ· ŋa˩˧⊢ tsaǀ·(tsï˦˩) ts'iu˧ k'u˥。tçy˦˩ tçia˨ çye˥："ŋo˦˩ na˦ tsï˥
那 個 伢 子 就 哭。主 家 說："我 那 隻

kø˦˩ pa˦˩ te˥ ŋ̩˩˧ ts'iu˧ sï˧ liø˦˩。" tçi⊦ çye˥："ie˦˩ xɔ˦˩。" pa˦˩ na˦ tsï˥
狗 把 得 ŋ̩˩˧ 就 是 了。" tçi 說："也 好。" 把 那 隻

kø˦˩ ts'iu˧ t'o˩˧ liø˦˩ tç'i˦。——i˥ t'iẽ˨，sioŋ˦˩ tso˥ læ˩˧ uœ̃˩˧ ti˥。ts'iu˧
狗 就 馱 了 去。——一 天，想 捉 來 玩 的。就

tsau˦ liø˦˩ koǀ· lei˩˧，tsï˥ kø˦˩ sioŋ˦˩ t'o˨ loǀ· tç'i˦ lei˩˧ t'iẽ˩˧ uœ̃˩˧ ti˥。
做 了 個 犁，隻 狗 想 拖 了 去 犁 田 玩 的。

iau˦˩ i˥ t'iẽ˨ naǀ· tæ˦ tɔ˦˩ nei˦ koǀ· t'iẽ˩˧ leiǀ· tç'i˦ lei˩˧ t'iẽ˩˧。na˦
有 一 天 啦 帶 倒 那 個 田 裏 去 犁 田。那

koǀ· kø˦˩ i˥ ŋo˧ loǀ· niǀ·，k'e˩˧ na˦ ko˦ t'ei˧ t'ei˧ niǀ· ts'iu˧ mæ˦˩
個 狗 一 餓 咯 呢，k'e˩˧ 那 個 弟 弟 呢 就 買

sie˦˩ǀ· pa˨ ts'iu˧ pa˦˩ pa˨ çyæ˨ ta˥ kø˦˩ tç'i˥。kø˦˩ i˥ tç'i˥ liø˦˩
些 粑 就 把 粑 摔 達 狗 喫。狗 一 喫 了

ts'i(u)˧ iau˧ tsø˦˩……。
就 又 走……。

五六. 通山(山口焦夏灣)

A. 發音人履歷

發音人	56a	56b
年齡	30 歲	28 歲
原籍	通山山口下,焦夏灣	通山湄港上,大路李
職業	新生活促進會職員	小學教員
幼時語言環境	本地小學	同左
教師方言	本地話	同左
住過的地方	武昌四年,咸寧二年	同左
曾否學國語	學過	學過
能否説别處話	能説武漢話	同左

二十五年五月十七日吴宗濟記音

山口與湄港相距二十里,兩地口音略有不同,今以 56a 之音爲準。

B. 聲韵調表

1. 聲母

p 拜剥婆伴拔　p' 頗片撲　m 馬滅　f 飛狐昏或肺

t 多同蕩蝶　t' 泰脱土　n 奴難内　l 路藍戀令

ts 左齊囚静知趙牀　ts' 菜千插丑窗　s 沙削雪獸　z 柔耳日讓

tɕ 猪其舅垂　tɕ' 出春欽謙　ȵ 年凝嚴娘　ɕ 書形兄船純

k 告孤葵共　k' 可客　ŋ 吾奥沃岸　x 好鞋黄防

○衣務余儒軟屋營元

2. 韵母

ï 思而滯入日;ïʔ質　i 溪寫戲;iʔ接雪亦葉　u 婆妥婦故窩;uʔ惡福

iu 秋求續學藥六;iuʔ爵約

y 猪許;yʔ出役局　a 菜拜鞋;aʔ辣髮八察　ɔ 巴化詫;ɔʔ答法插

ia 介諧　iɔ 家夜佳;iɔʔ恰

ua 懷快外;uaʔ挖　uɔ 瓜掛

œ 臺害;œʔ脱　o 歌科合;oʔ確郭　e 蛇或;eʔ涉格瑟

uœʔ闊　ie 也

ueʔ國

ye 穴月;yeʔ拙越

ai 悲梅毁比立席　au 包桃高炒土怒助周　eu 昭某否漏

aiʔ 卒息　auʔ 竹篤

iau 了₂ 要₂　ieu 孝表蕭₁ 了₁ 要₁

uai 鬼衛微

ã	凡談難山閑	œ̃	南感敢漢伴換	ẽ	展跟崩能橫	ĩ	貶邊廉宣戀
iã	監咸限諫			iẽ	鉗見演戀		
uã	鰥萬	uœ̃	官碗				
				yẽ	院專軟元		

an	深門正頓	in	品命鄰甸杏鶯	aŋ	森臻隆送弘紅	oŋ	邦朗莊巷
				iaŋ	兄誦茸胸松	ioŋ	江兩詳娘
uan	坤問			uaŋ	公恐共翁	uoŋ	光往
yan	春純均永營閏						

3. 聲調

陰平	陽平	上	陰去	陽去	入
˨˦	˨˩	˧˩	˦˥	˧	˥
剛風	窮鵝	古米	蓋放	共力食讀	急各臘

C. 聲韵調描寫

1. 聲母

通山有二十一聲母。依發音部位，分爲p，t，ts，tɕ，k，〇六組。

p組p，p‘，m，f。f擦音不强，是跟x的變值音位，讀x的機會也相當多。

t組t，t‘，n，l。n跟l分別清晰。

ts組ts，ts‘，s，z。部位不很前。ts，ts‘，s三母在齊齒韵時，跟tɕ，tɕ‘，ɕ的差別不像吴語那樣遠。z在ï前時，因摩擦不强，近似〇。

tɕ組有tɕ，tɕ‘，ȵ，ɕ。部位近舌面中，稍微偏前。tɕ，tɕ‘，ɕ在y前時，有舌尖面混合音的彩色。

k組k，k‘，ŋ，x。k，k‘遇後高元音時偏後一點。x的舌根摩擦很微，不與u配。

〇在合口u前時有v音現象。

2. 韵母

ï是ɿ值，但比北平的ɿ略後。

i近標準i。u，iu的u略開。y近標準y，但稍開一點。

a，ia，ua的a都是平均ᴀ，有時也讀得稍爲偏前一些。

ɔ，iɔ，uɔ的ɔ比標準ɔ稍關。

o是標準o跟ʊ的中間音。把u，o，ɔ三音來比較，可以説u跟o很近，o跟ɔ的距離跟兩標準音之間的距離差不多。

œ，uœ的œ較開，圓唇化相當强。

e，ie，ue，ye的e比標準e稍開一點，但不到ᴇ。

ai，uai，yai的a平均，i都不很關。yai的y很鬆。

au，iau，au的a比ai的a稍前。u不很圓唇，略有ɯ的傾向。

eu，ieu的e相當關，e跟u中間還有很清晰的o的流音。

ã，iã，uã。ã的部位跟本地的a相同，鼻化不强，細聽總能辨别。

œ̃，uœ̃。œ̃的部位比本地的œ稍開，圓唇化也不很强。半鼻音不很顯明。

ẽ，iẽ，yẽ。ẽ比e稍爲開一點，鼻音較清楚。

ĩ比標準i稍開。嚴式寫可作iĩ。鼻音化相當强。

an，uan，yan。an的a很短，而且偏後，近似ʌ。

in的i相當關，n有時爲ŋ，但這種情形不多。

aŋ，iaŋ，uaŋ。aŋ的a近似ʌ。ŋ很穩。

oŋ，ioŋ，uoŋ。oŋ的o比標準o稍開一點。ŋ也相當清晰。

3. 聲調

陰平是從“半低”升至“中”(23)。寬式用低升調號(˩˧ 13)。

陽平是從“半低”降至“低”(21)。寬式用低降調號(˧˩ 31)。

上聲是中降調(˦˨ 42)，調值穩定。

陰去是從“中”升至“高”(35)。起首常常是中平調，漸升至高。寬式用高升調號(˧˥ 35)。

陽去是中平調(33)或半高平調(44)不定。寬式一律用中平調號(˧33)。

入聲是高平調略短,尾略升,帶喉閉塞^{ʔ}。寬式用高平調號(˥55)。

D. 與古音比較

1. 聲母

<table>
<tr><td colspan="3" rowspan="2">古母今讀 發音方法及影響條件
古聲組及影響條件</td><td rowspan="2">全清塞</td><td rowspan="2">次清塞</td><td colspan="2">全濁塞</td><td colspan="2" rowspan="2">次濁</td><td rowspan="2">清擦</td><td colspan="2">濁擦</td></tr>
<tr><td>平</td><td>仄</td><td>平</td><td>仄</td></tr>
<tr><td colspan="3">幫組</td><td>幫：p</td><td>滂：pʻ</td><td>並：p</td><td>並：p</td><td colspan="2">明：m</td><td colspan="3"></td></tr>
<tr><td colspan="3">非組</td><td colspan="4"></td><td colspan="2">微：u</td><td>非、敷：f;x[1]</td><td colspan="2">奉：f;x[1]</td></tr>
<tr><td rowspan="2">端組泥</td><td colspan="2">一二等</td><td rowspan="2">端：t</td><td rowspan="2">透：tʻ</td><td rowspan="2">定：t</td><td rowspan="2">定：t</td><td>泥：n</td><td>來：l</td><td colspan="3" rowspan="2"></td></tr>
<tr><td colspan="2">三四等</td><td>泥：ȵ</td><td>來：l;y</td></tr>
<tr><td rowspan="2">精組</td><td colspan="2">洪</td><td rowspan="2">精：ts</td><td rowspan="2">清：tsʻ</td><td rowspan="2">從：ts</td><td rowspan="2">從：ts</td><td colspan="2" rowspan="2"></td><td rowspan="2">心：s</td><td rowspan="2">邪：ts,s</td><td>邪：s</td></tr>
<tr><td colspan="2">細</td><td>邪：ts,s</td></tr>
<tr><td rowspan="2">莊組</td><td colspan="2">内轉</td><td rowspan="2">莊：(照二) ts</td><td rowspan="2">初：(穿二) tsʻ</td><td rowspan="2">崇：(牀二) ts</td><td rowspan="2">崇：(牀二) ts;s</td><td colspan="2" rowspan="2"></td><td rowspan="2">生：(審二) s</td><td colspan="2" rowspan="2"></td></tr>
<tr><td colspan="2">外轉</td></tr>
<tr><td rowspan="3">知組</td><td rowspan="2">今開</td><td>梗二等韵</td><td rowspan="2">知：ts</td><td rowspan="2">徹：tsʻ</td><td rowspan="2">澄：ts</td><td rowspan="2">澄：ts</td><td colspan="5" rowspan="3"></td></tr>
<tr><td>其他</td></tr>
<tr><td colspan="2">今合</td><td>知：tɕ</td><td>徹：tɕʻ</td><td>澄：tɕ</td><td>澄：tɕ</td></tr>
<tr><td rowspan="2">章組</td><td colspan="2">今開</td><td>章(照三)：ts</td><td>昌(穿三)：tsʻ</td><td>船(牀三)：s</td><td>船(牀三)：s</td><td colspan="2" rowspan="2"></td><td>書(審三)：s</td><td>禪：ts,s</td><td>禪：s</td></tr>
<tr><td colspan="2">今合</td><td>章(照三)：tɕ</td><td>昌(穿三)：tɕʻ</td><td>船(牀三)：ɕ</td><td>船(牀三)：ɕ</td><td>書(審三)：ɕ</td><td>禪：tɕ,ɕ</td><td>禪：ɕ</td></tr>
</table>

古聲組及影響條件 \ 古母今讀 \ 發音方法及影響條件			全清塞	次清塞	全濁塞 平	全濁塞 仄	次濁	清擦	濁擦 平	濁擦 仄
日母	今開	通舒					日 i			
	今開	其他					z			
	今合						y			
見組曉	開	一等	見 k	溪 k‘			疑 ŋ	曉 x	匣 x	
	開	二等	k,tɕ	k‘,tɕ‘			ŋ,i	x,ɕ	x,ɕ	
	開	三四等	tɕ	tɕ‘	羣 tɕ	羣 tɕ	ȵ	ɕ	ɕ	
	合	一二等	k	k‘	*	*	ŋ,u	f,x(2)	f,x(2)	
	合 三四等	蟹止宕	k	k‘	k	k	ŋ,u	f,x(2)	f	
	合 三四等	通舒	k	k‘	tɕ	k	(?)	ɕ	*	
	合 三四等	其他	tɕ	tɕ‘	tɕ	tɕ	y	ɕ	ɕ	
影組	開	一等	影 ŋ							
	開	二等	ŋ,i;u(3)							
	開	三四等	i				喻: i			
	合	一二等	u				*			
	合 三四等	蟹止宕	u				喻 u			
	合 三四等	通	i				i			
	合 三四等	其他	y				y			

2. 韵母

（凡古入聲今仍為入聲調者都有ˀ尾，ˀ號表中省略。）

第　一　表

呼	開												
等	一			二				三四					
攝別＼聲母	幫系	端系	見系	幫系	泥組	知莊組	見系	幫系	端系	莊組	知章組	日母	見系
果	*	u	o	ɔ	ɔ	ɔ	ɔ,iɔ	*	i,ɔ	*	e̳;ɔ̲	e̳,ɔ̲	i,i̳e̳,iɔ̲
（遇）	*			*				*					
蟹	*	a,œ	a,œ	a	a	a	a,ia,iɔ	ai	ai	*	ï	*	i
止	*			*				ai	ai;ï	ï	ï	ï	i
效	au	au	au	au	au	au	au,ieu	ieu	ieu,iau	*	eu	eu	ieu,iau
流	eu	eu	eu	*				e,u	iu	eu	au	au	iu
咸	*	œ̃,ã	œ̃	*		ã	ã,iã	ĩ	ĩ,iẽ	*	ẽ	ẽ	iẽ
山	*	ã	œ̃	ã	*	ã	ã,iã	ĩ	ĩ,iẽ	*	ẽ	ẽ	iẽ
宕	oŋ	oŋ	oŋ	oŋ	*	oŋ	oŋ,ioŋ	*	ioŋ	oŋ	oŋ	oŋ	ioŋ

攝別＼聲母＼等＼呼	開												
	一			二				三四					
	幫系	端系	見系	幫系	泥組	知莊組	見系	幫系	端系	莊組	知章組	日母	見系
深	*			*				in	in	aŋ	an	an	in
臻	*	ẽ	ẽ	*				in	in	aŋ	an	an	in
曾	ẽ,aŋ	ẽ	ẽ	*				in	in	*	an	an	in
梗	*			ẽ,aŋ	oŋ;ẽ	aŋ	ẽ,in	in	in	*	an	*	in
（通）	*			*				*					
咸入	*	ɔ	o	*		ɔ	ɔ,iɔ	*	i	*	e	*	i
山入	*	a	œ	a	*	a	a	i	i	*	e	e	i
宕入	u	u	o;u(1)	u	*	u	o,iu	*	iu	*	u	u	iu
深入	*			*				*	ai	e	ï	ï	i
臻入	*			*				ai	ai	e	ï	ï	i
曾入	e	e	e	*				ai	ai	e	ï	*	i
梗入	*			e,ɔ	*	e	e,ɔ	ai	ai	*	ï	*	i
（通入）	*			*				*					

第二表

呼 / 等 / 聲母 / 攝別	合												
	一			二			三四						
	幫系	端系	見系	幫系	莊組	見系	幫系	泥組	精組	莊組	知章組	日母	見系
果	u	u	o;u	*		uɔ	*						iɔ
遇	u	au	u	*			u	y,ai	ai	au	y	y	y
蟹	ai	ai	ai,ua(2)	*		ua;a,uɔ;ɔ	ai	*	ai	*	yai	*	uai;ai
止	*			*			ai;uai(3)	ai	ai	a	yai	*	uai;ai
(效)	*			*			*						
(流)	*			*			*						
咸	*			*			a	*					
山	œ̃	œ̃	uœ̃;œ̃	*	œ̃	uã	ã;uã	ĩ	ĩ	*	yẽ	yẽ	yẽ
宕	*		uoŋ;oŋ	*			oŋ;uoŋ	*					uoŋ;oŋ

攝別 \ 聲母 \ 等 \ 呼	合												
	一			二			三四						
	幫系	端系	見系	幫系	莊組	見系	幫系	泥組	精組	莊組	知章組	日母	見系
(深)	*			*			*						
臻	an	an	uan;an	*			an;uan	an	in	*	yan	yan	yan
曾	*		aŋ	*			*						
梗	*			*		ẽ,aŋ	*						yan
通	aŋ	aŋ	uaŋ;aŋ	*			aŋ	aŋ	aŋ,iaŋ	aŋ	aŋ	iaŋ	uaŋ,iaŋ
咸入	*			*			ɔ	*					
山入	œ	œ	uœ;œ	*	œ	ua	a;ua	i	i	*	ye	*	ye
宕入	*		o	*			u	*					
(深入)	*			*			*						
臻入	ai	ai,au	u	*			u	ai	ai	*	y	*	y
曾入	*		ue;e	*			*						y
梗入	*			*		ue;e	*						
通入	u	au	u	*			u	au,iu	iu,au	u	au	au	y;iu[4]

3. 聲調

古類 \ 影響條件 \ 今值 \ 今類		陰平	陽平	上	陰去	陽去	入
平	清	˩˧					
	濁		˨˩				
上	清			˥˧			
	次濁			˥˧			
	全濁					˧	
去	清				˧˥		
	濁					˧	
入	清						˥
	次濁					˧(1)	˥
	全濁					˧	

附注：

1. 聲母：—

(1)非敷奉在今oŋ韵讀x,如'房'xoŋ。餘讀f。

(2)曉匣合口在今o韵及oŋ韵讀x,如'霍'xo,'黄'xoŋ。餘讀f。

(3)影開二宕入讀合,如'握'u。

2. 韵母：—

(1)宕開一入聲見系：見曉組讀o,如'各'koˀ;影組讀u,如'惡'uˀ。

(2)見系合口都讀合,但曉匣因讀成f,故成開。以下此例甚多,不另注。

(3)非敷奉讀開,但微母讀合。以下同此不另注。

(4)通三入見組讀y,iu不定;如'菊'tɕiu,'局'tɕy。影曉組都讀iu。如'畜'ɕiu,'欲'iu。

3. 聲調：—

(1)入次濁讀陽去或入聲不定。如'聶'ȵiˀ˥,'六'lau˧,'葉'i˧,'藥'iuˀ˥。

E. 同音字表

今調	陰平˨˦	陽平˨˩	上˦˨	陰去˥˧	陽去˧	入˥
今韻	ï					ï[ʔ]
廣韻	祭‖脂;之;支‖緝‖質‖職‖昔(均開口)					
p						
p‘						
m						
f						
t						
t‘						
n			你(n̩)泥			
l						
ts	茲,之;知‖隻照入	遲	子	致,至;翅審	自;字,痔‖姪‖直值植,殖禪	執‖質‖職
ts‘			恥;齒;此	滯澄‖次;刺,賜心		秩澄‖擲澄,赤
s	師;思;斯,施	時	使,始	世‖四;伺,試‖式審入	示;似,士、事,市;是‖十‖實‖食蝕‖石	失‖飾識
z		而	耳;爾		二貳‖入‖日	
tɕ						
tɕ‘						
ȵ						
ɕ						
k						
k‘						
ŋ			五(ŋ̍)模			
x						
○						

今調	陰平˨˦	陽平˨˩	上˧˨	陰去˥˧	陽去˧	入˥
今韵	i					i^ʔ
廣韵	戈三‖祭,齊‖脂;之;支;微‖葉;業;帖‖薛;月;屑‖緝‖質;迄‖職‖昔;陌三					
p						臂去‖辟
p‘						撇‖匹
m					滅	
f						
t					蝶	
t‘						帖‖鐵
n						
l			裏		列;劣	
ts			姐		絶	接楫‖節
ts‘						切
s		邪	寫		謝	薛;雪‖[些]
tɕ		茄‖其期;奇	己;幾	計繼‖紀見上	企(站也)忌;技妓‖傑竭‖極	刧‖結‖急,及羣‖吉‖激
tɕ‘	溪		起	去魚‖器;氣		吸曉‖乞,迄曉喫
ȵ		疑;宜			藝‖義議‖業‖逆	聶‖孽;臬
ɕ	兮奚匣‖希	攜合		戲	系	脅;協匣‖血合‖泣溪
○	衣依	夷;移;遺合	以,矣	意‖憶入		葉‖謁;噎‖邑‖一,逸‖亦

今調	陰平ɹ	陽平ɺ	上˨	陰去˥	陽去˧	入˥
今韻	y					yˀ
廣韻	魚;虞‖術;物‖昔‖燭					
tɕ	猪,諸,車;拘	除	主	著;句	巨;柱	橘‖局羣
tɕʻ	樞			處,去		出;屈
ȵ			女			
ɕ	書,虚	殊	鼠,許		樹	
○	於	如,魚,餘余;儒	呂來,與;雨羽		預‖玉	疫役

今調	陰平˩˧	陽平˨˩	上˦˨˦	陰去˥˧	陽去˧	入˥
今韵	u					$u^ʔ$
廣韵	歌;戈‖模;虞‖尤‖没‖鐸;覺;藥‖屋;沃					
p	玻滂	婆			步	剥;縛奉‖不‖卜,曝瀑並
pʻ	波幫,坡		頗‖譜幫,普			撲,僕並
m	麽上		麽(什|)‖母		墓‖莫‖木;目	
f		狐乎胡鬍	虎;府,腐奉		户;附‖婦負‖服	忽‖福
t	多				舵	
tʻ			妥			託托‖禿屋透
n						
l		羅;騾			洛	
ts			左		坐‖昨;濯濁	作;桌;酌
tsʻ						
s						縮
z					若	
k	孤			故		骨‖酷溪
kʻ						哭
ŋ		吾	午			沃影
x						
○	鍋見,窩‖烏		五;武		務‖戊侯明	物‖惡;握‖屋

今調	陰平˨˦	陽平˨˩	上˦˨	陰去˥˧	陽去˧	入˥
今韵	iu					iu^{ʔ}
廣韵	尤;幽‖覺;藥‖屋;燭					
t						
tʻ						
n						
l		流			略‖六	
ts		囚			就‖嚼	爵雀
tsʻ	秋					
s					續	削‖肅
tɕ		求	九、究去;糾		舅	脚‖菊
tɕʻ	丘					覺見
ȵ		牛	紐		謬明	
ɕ	休				學	畜
○		由猶,尤	有	幼	藥‖育;欲	約

今調	陰平˧˥	陽平˨˩	上˦˨	陰去˥	陽去˧	入˥
今韵	a					$a^{ʔ}$
廣韵	咍;泰;皆;佳;夬‖脂;支‖曷;鎋;黠;月					
p				拜	敗‖拔	八‖柏陌
pʻ				派		
m		埋	買			
f		懷			壞	髪
t				帶	代$_1$;大$_2$	達$_1$ 定
tʻ				泰太		
n			乃;奶			
l		來			賴	辣
ts	齋	纔;柴			在	
tsʻ			揣‖刹入	菜;蔡		察
s	刪刪		撒入	寨牀‖帥		殺‖恤術
k			解	[□](這)		
kʻ			可歌			
ŋ		[伢](小|)	矮	愛	艾	
x		鞋				瞎

今韵	ia					
廣韵	皆;佳(均開口)					
tɕ	皆		解	介界戒,械匣		
tɕʻ						
ȵ						
ɕ		偕見,諧				

今調	陰平˨˧	陽平˨˩	上˦˨	陰去˦˥	陽去˧	入˥
今韵	ua					ua?
廣韵	灰;泰;皆;佳‖鎋;黠(均合口)					
k				怪		滑1 匣;刮
k‘			塊去	快		
ŋ					外1	
x						
○	歪曉				外2	滑2 匣,挖

今韵	ɔ					ɔ?
廣韵	麻‖合;盍;洽;狎;乏‖陌二;麥					
p	巴	爬	把			伯
p‘				怕		
m	[媽]		馬		麥	
f				化	畫;話	法
t			打庚		大1 ‖達2 曷	答搭
t‘						踏;塔
n		拿‖[那]		[哪]	納	
l	拉入					臘
ts		茶			乍‖雜	閘狎‖札
ts‘	差;車			詫		插
s	沙	蛇				
z			惹2			
k						甲
k‘						客
ŋ		牙				鴨
x					下	嚇

今調	陰平˨˦	陽平˨˩	上˧˨˧	陰去˥˧	陽去˧	入˥
今韵	iɔ					iɔʔ
廣韵	麻‖佳‖洽;狎					
ts	嗟					
tsʻ						
s						
tɕ	家‖佳		假賈	價架		甲;挾匣帖
tɕʻ						恰喫(本作鹹)
ȵ						
ɕ	蝦;靴	霞			下‖匣	狹
○	鴉;爺₂	牙	野 也		夜	鴨

今韵	uɔ					
廣韵	麻二‖佳;夬(均合口)					
k	瓜			掛		
kʻ						
ŋ						
x						
○	蛙		瓦		話匣	

今調	陰平˨˧	陽平˨˩	上˦˨	陰去˥	陽去˧	入˥
今韵	œ					œʔ
廣韵	咍;泰‖曷;末					
p						
p‘						
m					末	
f					活	
t		臺			待、代$_2$	
t‘						脱
n						
l						
k	該		改	概$_1$;蓋		割
k‘	開			概$_2$ 見		
ŋ	哀		靄‖謁 入			
x					亥;害	

今韵						uœʔ
廣韵	末					
k						國$_2$ 德
k‘						闊
ŋ						
x						

今調	陰平˧˥	陽平˩	上˧˩˧	陰去˥	陽去˧	入˥
今韻	o					oʔ
廣韻	歌;戈‖合;盍‖鐸;覺					
k	歌		果	個;過		鴿‖各;角;郭
kʻ	科		可			碻
ŋ		鵝	我			握1
x		何			禍‖合;盍‖鶴	喝‖霍

今韻	e					eʔ
廣韻	麻三‖葉‖薛‖緝‖櫛‖德;職‖陌;麥					
p					白	北‖百
pʻ						泊並鐸‖迫幫,拍
m					麥	
f					或‖獲	
t						得德
tʻ						忒,特定
n						
l					勒	
ts					宅澤擇	則‖責
tsʻ						徹,澈澄‖側照,測
s		蛇			舌	涉禪‖設‖澀‖瑟‖色
z			惹		熱	
k						格;革
kʻ						刻
ŋ						厄
x						黑‖赫

今調	陰平˨˧	陽平˨˩	上˦˨	陰去˥˧	陽去˧	入˥
今韵	ie					
廣韵	麻三					
○			也野			

今韵						ue^ʔ
廣韵	德(合口)					
k						國$_1$
k‘						
ŋ						
x						

今韵	ye					ye^ʔ
廣韵	薛;月;屑‖物(均合口)					
tɕ						拙;決‖掘羣
tɕ‘						缺
ȵ						
ɕ					穴	説
○					月,曰	閱喻;越‖鬱

今調	陰平˧˥	陽平˨˩	上˦˨˦	陰去˥˧	陽去˧	入˥
今韵	ai					ai^{ʔ}
廣韵	魚;虞‖祭;齊;灰;泰;廢‖脂;之;支;微‖緝‖質;没;術‖職;昔;錫					
p	悲;碑		比;彼	卑平	倍;敝;佩1‖被‖弼;勃	貝去‖必;不2‖逼‖碧‖壁
p‘	披		鄙,丕平		佩2並	僻,闢並
m		迷;梅‖靡上	米;每		妹‖密	秘泌脂去
f	灰‖飛	回‖肥	毁;匪	廢,肺‖諱	會;惠	
t	低	堤提	底	帝;對	待;第;隊;兑‖地‖笛	的
t‘				替;退		
n					内	
l		梨;離	屢去‖禮‖履;李里裏理		例;麗‖類;累;彙喻‖立‖栗;律‖力‖歷	
ts	鬚心	徐1‖齊		祭;最‖醉	聚‖罪‖集	卒‖積
ts‘	妻,棲心			娶趣‖悴從,粹心		緝‖七‖戚
s	須‖西	徐2 ‖隨	洗‖璽徙支心	細;歲	序‖遂‖席	恤戌,率‖息

今韵	uai					
廣韵	灰;泰;祭;齊‖脂;支;微(均合口)					
k	龜;歸	葵;垂2 禪	鬼	桂‖貴	跪	
k‘	虧			會(‖計)見		
ŋ		危1				
x						
○	威	維惟;危2,爲;微,圍	委	彗喻‖畏	衛‖位;爲;未	

今調	陰平˨˧	陽平˨˩	上˦˨	陰去˦˥	陽去˧	入˥
今韻	yai					
廣韻	祭‖脂;支(均合口)					
tɕ	追,錐	垂$_1$		綴		
tɕʻ	吹					
ȵ						
ɕ				税‖睡禪	瑞	
○					鋭喻	

今韻	au					auʔ
廣韻	模;魚;虞‖豪;肴‖尤‖没‖屋;沃;燭					
p	包	保				
pʻ		袍;跑並平				
m					貌‖[冒](=没有)	
f						
t	都	桃	賭肚‖倒$_1$	到倒$_2$	杜‖道‖讀;毒	篤
tʻ			土			突‖秃
n		奴‖農冬	努		鬧‖怒	
l		牢			路‖鹿;六陸;緑	
ts	糟‖周	鋤		做	助‖族	竹;足,燭囑
tsʻ	粗;初		楚‖草;炒‖丑	醋‖造糙	觸穿入	捉覺照‖促
s	蘇		所	掃‖素;數‖獸	熟	屬
z		柔			肉;辱	
k	高		攪	告		
kʻ						
ŋ			襖	奥		
x		毫	好			

今調	陰平˧˥	陽平˨˩	上˥˧	陰去˥	陽去˧	入˥
今韵	iau					
廣韵	宵					
t						
t‘						
n						
l			了$_2$			
○				要$_2$		

今調	陰平˧˥	陽平˨˩	上˥˧	陰去˥	陽去˧
今韵	eu				
廣韵	宵‖侯;尤				
p					
p‘			剖		
m		謀	某畝		
f			否		
t		頭	斗	鬥	
t‘					
n					
l					漏
ts	朝,昭	愁	走;箒	照;奏	趙
ts‘					
s	收				紹
z		饒	繞		
k				够	
k‘			口		
ŋ	歐	堯蕭疑	偶		
x		侯			候後

今調	陰平˧˦	陽平˨˩	上˦˨	陰去˥˧	陽去˧
今韵	ieu				
廣韵	肴;宵;蕭				
p			表		
p‘					
m		貓			
f					
t		條調		釣	
t‘				跳	
n					
l		燎;聊	了1		
ts					
ts‘					
s	消;蕭		小		
tɕ	驕	喬		叫	轎
tɕ‘			巧		
ȵ					
ɕ	囂	肴淆	曉	孝	校効
○	妖			要1	

今調	陰平˨˦	陽平˨˩	上˥˧	陰去˥	陽去˧
今韻	ã				
廣韻	談;咸;銜;凡‖山;删;桓;元				
p			板		辦
pʻ				盼;扮幫	
m		［蠻］(很也)			慢
f		凡	反	販	范
t	單;端	談	膽		旦端
tʻ				歎	
n		難			
l		藍			
ts			斬		暫‖棧
tsʻ	餐		慘‖産審		
s	三;衫‖山			散	
k	間				
kʻ					
ŋ			眼		
x		鹹‖閑;還合			

今韻	iã				
廣韻	咸;銜‖山;删				
tɕ	監‖間		減	諫	
tɕʻ					
ȵ					
ɕ		咸;銜			陷‖限
○			眼		

今調	陰平˨˧	陽平˨˩	上˦˨	陰去˥	陽去˧
今韵	uã				
廣韵	山;刪;元				
k	鰥;關			慣	
kʻ					
ŋ					
x					
○	彎				萬

今韵	œ̃				
廣韵	覃;談‖寒;桓				
p		盤		半絆	伴、叛
pʻ					
m					
f			唤曉去,緩匣		换
t			短		
tʻ	貪				
n		南	暖		
l					亂
ts			纂		
tsʻ					
s	酸;閂			算	
z		然$_2$ 仙			
k	干		感;敢		
kʻ					
ŋ	安			暗	岸
x		含‖寒		漢	

今調	陰平˧˥	陽平˨˩	上˥˧	陰去˥	陽去˧
今韵	uœ̃				
廣韵	桓				
k	官觀			貫	
k‘			皖匣		
ŋ					
x					
○		桓完丸匣	碗		

今韵	ẽ				
廣韵	鹽‖仙‖痕‖登‖庚;耕				
p	崩	彭			
p‘					
m		萌			
f		横			
t			等		
t‘	吞				
n		能			
l			冷		
ts	沾‖增,僧心		展		
ts‘					
s		蟬	陜	扇	善
z		然$_{1}$	染		
k	跟‖庚;耕		亘去	更	
k‘			肯		
ŋ	恩				
x		恒	很匣		恨

今調	陰平˨˧	陽平˨˩	上˦˨	陰去˥	陽去˧
今韵	iẽ				
廣韵	鹽;嚴;添‖仙;元;先				
tɕ		鉗	繭	建;見	件
tɕʻ	謙				
ȵ		嚴‖年	研平		驗;念‖硯
ɕ		嫌‖賢	險	憲	現;縣合
○	煙	延;言疑;沿合	演		

今韵	yẽ				
廣韵	仙;元;先				
tɕ	專	權	轉,捲		篆,倦
tɕʻ					
ȵ					
ɕ		弦開;玄;船			
○		丸桓匣;鉛緣,圓;元,園	軟;阮,遠		院;願

今調	陰平˩˧	陽平˨˩	上˥˧	陰去˥	陽去˧
今韵	an				
廣韵	侵‖真;魂;諄;文‖登;蒸‖清;耕				
p					
p‘					
m		門			
f	昏;分			奮	
t	墩			頓	
t‘					
n					
l		倫			論
ts	真‖徵‖貞,偵$_{\text{澂}}$,征	沉‖陳,臣;存‖曾‖成$_1$ 誠	[怎]	政正	鄭
ts‘				寸	
s	深‖身申‖聲	晨‖繩‖成$_2$	審‖損		盛
z		壬‖人‖仍	忍		認‖孕

今韵	uan				
廣韵	魂;文				
k					
k‘	坤				
ŋ					
x					
○	温	聞	穩		問

今調	陰平˨˦	陽平˨˩	上˦˨	陰去˥˧	陽去˧
今韵	yan				
廣韵	魂;諄;文‖清;庚三;青(均合口)				
tɕ	均;軍	羣‖瓊			
tɕʻ	椿,春‖傾		頃		
ȵ					
ɕ	勳	唇,純	迴匣		
○		云‖營;榮;螢匣	允尹‖永		閏

今韵	in				
廣韵	侵‖真;欣‖蒸‖庚;耕;清;青				
p	兵	貧‖瓶‖平	稟	並	
pʻ			品		
m		民‖名;明	敏		命
f					
t	丁		頂		
tʻ				聽	
n		甯			
l		林‖鄰‖陵‖靈			令
ts	津	秦‖情		進晉	静
tsʻ	侵‖清;青				
s	心‖新辛‖星腥	尋‖旬		信‖性	
tɕ	今‖巾;斤‖京荆驚;經		緊	勁	近
tɕʻ	欽				
ȵ		銀‖凝‖甯			
ɕ	欣	行;形			杏;幸
○	音‖因‖鶯;英	盈	隱	印‖應	

今調	陰平˧˥	陽平˨˩	上˦˨	陰去˥	陽去˧
今韵	ĩ				
廣韵	鹽;添‖仙;先				
p	邊		貶	編	辨;辮
pʻ				片	
m					面
f					
t			點‖典	店	
tʻ	天				
n		廉‖連聯;憐			戀
ts		錢;全	剪		賺咸;漸
tsʻ	千				
s	仙鮮;先;宣	旋	癬		

今韵	aŋ				
廣韵	侵‖臻‖庚二;耕‖東;冬;鍾				
p		朋			
pʻ					
m					孟‖夢
f	風;封	弘‖宏‖紅;馮			奉
t		同			動、洞
tʻ	通		桶;統去		
n		隆;龍	攏		
ts	椿江‖臻‖争‖中;鐘;鍾	蟲,崇;從	總	衆	
tsʻ	充		寵		
s	森‖生‖鬆			送;宋	

今調	陰平˨˦	陽平˨˩	上˦˨	陰去˥˧	陽去˧
今韻	iaŋ				
廣韻	庚二‖東三;鍾(均合口)				
ts					誦
ts‘					
s	嵩;松				
tɕ		窮			
tɕ‘					
ȵ					
ɕ	兄‖胸				
○		絨;融;茸			

今韻	uaŋ				
廣韻	東;鍾				
k	公功;弓;恭				共
k‘	空		恐		
ŋ					
x					
○	翁				

今調		陰平˦	陽平˩	上˥˩	陰去˥	陽去˧
今韻		oŋ				
廣韻		唐;江;陽‖庚二;耕				
p		邦	旁			
p‘						
m			忙			
f						
t			堂	黨		蕩
t‘						
n						
l			郎	朗‖冷		
ts		張;莊	長,牀	長		撞
ts‘		倉;窗;昌‖撐				
s		桑;商	常			上尚
z						讓
k		剛綱				
k‘						
ŋ			昂			暗覃‖硬
x		方	行;黄惶;房防			項;巷

今調	陰平˨˧	陽平˨˩	上˦˨	陰去˦˥	陽去˧
今韵	ioŋ				
廣韵	江;陽‖青(均開口)				
p		平			
pʻ					
m					
f					
t					
tʻ	聽				
n					
l		良	兩		
ts	將	詳;祥			像
tsʻ					
s					
tɕ	江;姜‖[□](|才=剛才)		講		
tɕʻ	腔				
ȵ		娘	仰		
ɕ	香		響		

今韵	uoŋ				
廣韵	唐;陽(均合口)				
k	光	狂			
kʻ				曠;況曉	
ŋ					
x					
○	汪	王	往		旺

F. 音韵特點

1. 聲母

(1)全濁並定從澄羣母無論平仄在通山皆讀不送氣清音。如‘婆’pu，‘敗’pa，‘白’pe，‘桃’tau，‘動’taŋ，‘笛’tai，‘齊’tsai，‘字’tsï，‘絶’tsi，‘遲’tsï，‘宅’tse，‘求’tɕiu，‘共’kuaŋ，‘極’tɕi。

(2)牀$_{三}$無論平仄皆讀摩擦音，開口讀s，合口讀ɕ，如‘晨’san，‘舌’se，‘船’ɕyẽ，‘唇’ɕyan。

(3)不分ts，tʂ。知系開口都讀ts等，跟精組混，如‘責’＝‘則’tse^{ʔ}，‘竹’＝‘足’tsau^{ʔ}，‘臣’＝‘存’tsan，‘商’＝‘桑’soŋ。

(4)但分尖團。精組細音讀ts等，跟見系細音讀tɕ等不混，如‘節’tsi≠‘結’tɕi，‘就’tsiu≠‘舅’tɕiu，‘爵’tsiu^{ʔ}≠‘脚’tɕiu^{ʔ}，‘青’ts‘in≠‘欽’tɕ‘in，‘尋’sin≠‘形’ɕin。

(5)日母今開口除通攝舒聲外皆讀z，如‘而’zï，‘入，日’zï，‘熱’ze，‘肉’zau，‘染’zẽ。但通舒失落聲母，如‘絨’ioŋ。今合口一律讀無聲母，如‘軟’yẽ，‘閏’yan，‘如，儒’y。

(6)曉匣合口洪音除今音o，oŋ兩韵外，皆讀f，跟非敷奉混，如‘紅’＝‘馮’faŋ，‘毁’＝‘匪’fai，‘昏’＝‘分’fan。但o韵曉匣合口讀x，如‘禍’xo，‘霍’xo^{ʔ}（非等無字）；oŋ韵曉匣跟非敷奉同讀x，如‘黄’＝‘防’xoŋ。

(7)疑影母開口一等讀ŋ。如‘哀’ŋœ，‘偶’ŋeu，‘恩’ŋẽ，‘昂’ŋoŋ。開口三四等疑母讀ȵ，跟泥母三四等混。如‘孽’＝‘聶’ȵi^{ʔ}，‘硯’＝‘念’ȵiẽ，‘宜’ȵi，‘仰’ȵioŋ；影母皆讀〇，如‘妖’ieu，‘衣’i。合口洪音影母皆讀〇，如‘彎’uã，‘温’uan，‘威’uai；疑母讀ŋ或〇不定，如‘外’ŋua，ua，‘危’ŋuai，uai，‘吾’ŋu，‘五’u。

(8)來與泥分。來母除魚韵吕字讀y外，無論洪細，皆讀l。泥母一二等讀n，三四等讀ȵ，如‘牢’lau≠‘奴’nau，‘藍’lã≠‘難’nã，‘例’lai≠‘内’nai，‘林’lin≠‘甯’ȵin，‘良’lioŋ≠‘娘’ȵioŋ。

2. 開合

(1)端系一等合口在遇蟹臻通攝皆變開口,如‘土’t‘au,‘對’tai,‘罪’tsai,‘頓’tan,‘論’lan,‘卒’tsai,‘突’t‘au,‘同’taŋ,‘篤’tau。

(2)精組三四等合口今皆變開口,如‘聚’tsai,‘序’sai,‘歲’sai,‘醉’tsai,‘全’tsĩ,‘絶’tsi,‘旬’sin,‘恤’sai,‘誦’tsiaŋ,‘足’tsau^{ʔ}。

(3)來母三四等除魚韵‘吕’字讀合口(y)外,亦皆讀開口,如‘類’lai,‘戀’lĩ,‘倫’lan,‘隆’laŋ,‘劣’li,‘律’lai,‘緑,陸’lau。

(4)知章組合口在通攝變開口,如‘衆’tsaŋ,‘充’ts‘aŋ,‘燭’tsau^{ʔ},‘屬’sau^{ʔ}。

3. 韵母

(1)遇攝模韵端系,魚虞韵莊組讀au,跟流攝知章組混,(看次條),如‘素’=‘獸’sau,‘楚’=‘丑’ts‘au,‘杜’tau,‘路’lau。

(2)流攝一等讀eu,如‘剖’p‘eu,‘斗’teu,‘口’k‘eu。三等知章日組讀au,如‘周’tsau,‘丑’ts‘au,‘柔’zau;端見系讀iu,如‘流’liu,‘就’tsiu,‘求’tɕiu,‘幼’iu;莊組讀eu,如‘愁’tseu;幫系讀u或eu,如‘婦’fu,但‘否’feu,‘謀’meu。

(3)効攝一二等幫端知系讀au,如‘保’pau,‘牢’lau,‘草,炒’ts‘au,‘鬧’nau;見系一等讀au,如‘告’kau,二等讀ieu或au,如‘巧’tɕ‘ieu,‘孝’ɕieu,‘攪’kau。三等知系讀eu,如‘昭’tseu,‘饒’zeu;幫系讀ieu,如‘表’pieu;端見系讀ieu,或iau,或‘了’lieu,liau,‘要’ieu,iau,‘叫’tɕieu。

(4)蟹攝開口一等讀œ或a不定,如‘待’tœ,‘蓋’kœ,‘亥害’xœ,但‘來’la,‘蔡,菜’ts‘a,‘艾’ŋa,二等幫端知系讀a,如‘拜’pa,‘柴’tsa,‘奶’na。

(5)咸攝舒聲端泥組字覃談分:覃韵讀œ̃,如‘貪’t‘œ̃,‘南’nœ̃;談韵讀ã,如‘膽’tã,‘藍’lã。但精組覃談皆讀ã,如‘慘’ts‘ã,‘三’sã,‘暫’tsã。

(6)咸山攝舒聲開口知系:二等讀ã,三等讀ẽ,如‘斬’tsã≠‘展’tsẽ,‘山’sã,‘善’sẽ,‘染’zẽ。

(7)咸山攝舒聲開口三四等,幫端組及來母讀ĩ,如‘邊’pĩ,‘點’tĩ,‘錢’tsĩ,‘先’sĩ,‘廉’lĩ;見系及泥母讀iẽ,如‘鉗’tɕiẽ,‘嚴,年’ȵiẽ,‘念’ȵiẽ,‘演’iẽ。

(8)臻攝舒聲一等開口讀ẽ,如‘吞’t‘ẽ,‘跟’kẽ,合口讀an,uan,如‘門’man,‘昏’fan,‘坤’k‘uan。

(9)深臻曾梗攝舒聲開口三四等,幫端見系讀in,如‘稟’pin,‘民,名,明’min,‘林,鄰,陵,靈’lin,‘侵,清’ts‘in,‘今,斤,京,經’tɕin,‘印,應’in;知章日組讀an,如‘沉,陳,成’tsan,‘壬,人,仍’zan,莊組讀aŋ,如‘臻’tsaŋ,‘森,生’saŋ。

(10)通攝舒聲精組一等讀aŋ,如‘總’tsaŋ,‘宋’saŋ;三等讀aŋ,iaŋ不定,如‘嵩’siaŋ,‘誦’tsiaŋ,‘從’tsaŋ。但來母一三等皆讀aŋ,如‘攏’laŋ,‘隆’laŋ。

(11)通攝舒聲見系洪音:除曉組讀開(aŋ)外,皆讀合口,如‘公’kuaŋ,‘翁’uaŋ,‘弓’kuaŋ。

(12)宕攝舒聲合口一等曉組讀oŋ,曉開口混,如‘黃’=‘行’xoŋ,但見組開合不混,如‘剛’koŋ≠‘光’kuoŋ。

(13)咸山攝入聲開口:一等見系咸入讀o,山入讀œ,如‘鴿’koʔ≠‘割’kœʔ,一等端系及二等知莊組,咸入讀ɔ,山入讀a,如‘答’tɔʔ≠‘達’taʔ,‘臘’lɔʔ≠‘辣’laʔ,‘插’ts‘ɔʔ≠‘察’ts‘aʔ。

(14)戈韵及鐸韵見系字,見曉組讀o,如‘果’ko,‘禍’xo,‘郭’koʔ,‘鶴’xo,但影母讀u,如‘窩’u,‘惡’uʔ。

(15)宕攝入聲開口一二等幫端系跟三等知系及日母皆讀u,如‘剥’puʔ,‘莫’mu,‘託’t‘uʔ,‘作,桌,酌’tsuʔ,‘若’zu,三等端見系讀iu,如‘略’liu,‘雀’tsiuʔ,‘脚’tɕiuʔ,‘學’ɕiu,‘藥’iu。

(16)深臻曾梗入聲開口三等幫端系讀ai,如‘必,逼,壁’paiʔ,‘立,栗,力,歷’lai,‘緝,七,戚’ts‘aiʔ,知章日組皆讀ï,如‘執,質,職’tsïʔ,‘十,實,食,石’sï,‘入,日’zï。

4. 聲調

(1)通山分陰陽去,古去聲清音今讀陰去,如‘故,帶,畏,細’等字;古上聲全濁,去聲濁音及入聲全濁今讀陽去,如‘序,地,害,白’等字。

(2)有入聲。古入聲清音今讀入聲,如‘答,刮,厄,縮’等字;古入聲次濁一部分爲入聲,一部分歸陽去,如‘孽,臘,役,物’等字讀入聲,但‘入,業,目,滅’讀陽去。古入聲全濁一律歸陽去,如‘傑,服,雜,鶴’等字。

G. 會話

56 a：ṇ˨　　tsaŋ˩ t‘aŋ˨˦ sã˨˦ la˩ paı·?
ṇ˨(你)　從　通　山　來　吧?

56 b：sï˧ a˥˧! ŋo˨　tçioŋ˨˦　tsa˩ tau˥ a꜔!
是　阿!　我　剛(音江)　纔　到　阿!

a：a꜔， tçi˨ tĩ˨ tsaŋ˨˦ tɔʔ˥ ts‘ɔ˨˦ kaı· li꜔?
呃，幾　點　鐘　搭　車　格　呢?

b：ŋo˨ çiɔ˧ ŋu˨ lioŋ˨ tĩ˨ tu˨˦ı· tsaŋ˨˦ tɔʔ˥ ts‘ɔ˨˦ kaı·。
我　下　午　兩　點　多　鐘　搭　車　格。

a：o˥˧， tau˥ çiã˩ ṇin˩ çiẽ˧ tɔʔ˥ ts‘ɔ˨˦ kaı·?
哦，到　咸　寧　縣　搭　車　格?

b：tau˥ çiã˩ ṇin˩ çiẽ˧ tɔʔ˥ ts‘ɔ˨˦。
到　咸　寧　縣　搭　車。

a：u˥ lai˨ kaı·(ko˨ xã˩) xau˨ leı·?
屋　裏　可　還　好　吶?

b：u˥ lai˨ xã˩ xau˨ oı·! t‘uʔ˥ı· fuʔ˥ oı·!
屋　裏　還　好　哦!　托　福　哦!

a：çiẽ˧ tsa˧ t‘au˨ xuai˨ kəı· pĩ˨˦ t‘səı· məı· ioŋ˧ laı·?
現　在　土　匪　格　邊　怎　麼　樣　啦?

b：t‘au˨ xuai˨ çiẽ˧ tsa˧ lɔ˨ zəı·(tsɔ˨) pioŋ˩ li(au) kaı·， iu˩……
土　匪　現　在　老　早　平　了　格，有……

mau˨˦ xuai˨。
没　匪。

a：ʔœk!
哦!

b：kəɴ mə꜔· ta꜓ mu꜓ sãꜙ iui꜔(iuꜘ iˀ꜒) tĩꜘ xuaiꜘ；kəɴ mə꜔· tsiu꜓
格 末 大 墓 山 有 一 點 匪；格 末 就

yꜘ sãꜙ iuꜘ iˀ꜒ tĩꜘ꜔· tsa꜔·(tsïꜘ a꜔·)。çiẽ꜓ tsa꜓ mə꜔· puˀ꜒꜕· ko꜒
雨 山 有 一 點 子 阿。現 在 嚜 不 過

mə꜔· iuꜘ tçyanꜙ tai꜓ tsa꜓ kə꜔· li꜔· a꜔·——puˀ꜒꜕· ieu꜒ tçinꜘ。
嚜 有 軍 隊 在 格 裏 阿—— 不 要 緊。

a：sï꜓ ti꜔·。lau꜓ soŋ꜓ xãꜜ xauꜘ tseuꜘ puˀ꜒ li꜔？
是 的。路 上 還 好 走 不 呢？

b：lau꜓ soŋ꜓——xãꜜ xauꜘ tseuꜘ。puˀ꜒ ko꜒ kə꜔· çieꜙ ȵiẽꜜ laꜜ ieꜘ
路 上 ——還 好 走。不 過 格 些 年 來 也

tsiu꜓ iuꜘ tĩꜘ tçinꜙ xoŋꜜ。
就 有 點 驚 惶。

a：oɴ！na꜔· mə꜔·——fã꜒ tsɔꜜ kə꜔· xauꜘ tuꜙ tç‘yˀ꜒ laꜜ kə꜔· pa꜔·？
哦！那 末—— 販 茶 格 好 多 出 來 格 吧？

b：fã꜒ tsɔꜜ kə꜔· sï꜓ aɴ…… pə꜔·(puˀ꜒) ko꜒ tsɔꜜ tsaŋꜘ tuꜙ o꜔，
販 茶 格 —是 阿……不 過 茶 總 多 哦，

tsïꜘ꜔· sï꜓ tsɔꜜ tçiɔ꜒ puˀ꜒ kauꜙ aɴ，tsɔꜜ tçiɔ꜒ tsaŋꜘ taiꜙ a꜔·。
只 是 茶 價 不 高 阿，茶 價 總 低 阿。

a：ȵiẽꜜ tsanꜜ muꜘ ioŋ꜓ ni꜔·？
年 成 麽 樣 呢？

b：ȵiẽꜜ tsanꜜ——ŋoꜘ uˀ꜒ lə(i)ꜘ꜔· xãꜜ xauꜘ。k‘əꜘ pu꜒ ko꜒꜔ faŋꜙ
年 成—— 我 屋 裏 還 好。k‘əꜜ 不 過 風

iˀ꜒ tɔ꜓ (lieuꜘ a꜔)，kə꜔· tĩꜘ mɔ꜓ tç‘iˀ꜒ (l)i(eu)꜔· tɔ꜓ k‘uaiꜙ！
一 大 了 阿， 格 點 麥 吃 了 大 虧！

mɔ꜓ iˀ꜒ tç‘yaiꜙ lieuꜘ a꜔，tçinꜙ ȵiẽꜜ tsïꜘ puˀ꜒ nẽꜜ keu꜒꜔ seuꜙ
麥 一 吹 了 阿，今 年 子 不 能 够 收

o꜔·！
哦！

a：o˥˦！
　哦！

b：kə˧· kə˧˥ xoŋ˨˩ uˀ˥˧ a˥˦—— xoŋ˨˩ uˀ˥˧ tsiu˧ tɕʻyai˩˧ tau˨˩ lieu˨˩
　格 格 房 屋 阿—— 房 屋 就 吹 倒 了

　xau˨˩ sie˩˧ a˧·，uɔ˨˩ tsiu˧ tɕʻyai˩˧ teˀ˥˧· li(eu)˨˧· taŋ˨˩ nɔ˧ ko˧˥
　好 些 阿，瓦 就 吹 得 了 同 那 個

　fai˩˧ fu˨˩ tiˀ˥ iˀ˥ ioŋ˧！
　飛 蝴 蝶 一 樣！

a：ko˥ ta˧ faŋ˩˧ a˥˦，a˧· xa˥˦！
　個 大 風 阿，阿 哈！

b：tʻaŋ˩˧ sã˩˧，ŋo˨˩ i˨˩ uai˨˩ kə˥ kə˧˥ tʻaŋ˩˧ sã˩˧ kə˧· faŋ˩˧ mə˧˥ xẽ˨˩
　通 山，我 以 爲 格 格 通 山 格 風 嚜 很

　xau˨˩ lo˧·……ua˧ pĩ˩˧ xo˨˩ y˨˩ ne˧·？
　好 咯…… 外 邊 何 如 呢？

a：ua˧ pĩ˩˧ ia˥˦，ua˧ pĩ˩˧ ie˨˩ sï˧—— ie˨˩ ta˧ teˀ˥˧· xẽ˨˩，faŋ˩˧ ta˧
　外 邊 呀，外 邊 也 是—— 也 大 得 很，風 大

　teˀ˥ xẽ˨˩！
　得 很！

b：tsan˨˩ ma(u)˧ tɕʻi(a)ˀ˥ kʻuai˩˧ ni˧·？
　怎 冒 吃 虧 呢？

a：o˥˦！iu˨˩ xau˨˩ tu˩˧—— xau˨˩ tu˩˧ tɔ˨˩ tə˧·(tau˨˩) zan˨˩˦ a˥˦，xoŋ˨˩
　哦！有 好 多—— 好 多 打 倒 人 阿，房

　tsï˥ tɕʻyai˩˧ kʻuɔ˨˩ lieu˨˩ ti˧· ie˨˩ iu˨˩！
　子 吹 垮 了 的 也 有！

b：o˥˦，tɕʻyai˩˧ kʻuɔ˨˩ lieu˨˧·—— zan˨˩ tsan˨˩ mo˧·(mau˧) tɔ˨˩ saˀ˥
　哦，吹 垮 了—— 人 怎 冒 打 殺

　sə˧·？
　啥？

a：tɔ˧˩ sa[ʔ]˥ ti˦· tu˧˥ a˧！
打 殺 的 多 阿！

b：o˧˩！
哦！

a：san˧˩ sï[ʔ]˥ iu˧˩ pa[ʔ]˥ tɕiu˧˩ sï˧ zan˧˩ a˧！
損 失 有 八 九 十 人 阿！

b：e˧！
誒！

a：ɕiã˧˩ ȵin˧˩ nɔ˧ pĩ˧˥˧ pa[ʔ]˥ tan˧˥……？
咸 寧 那 邊 柏 墩……？

b：pa[ʔ]˥ tan˧˥ nɔ˧ pĩ˧˥ la˧˩……tɕi˧˩ ko˥˧· tsɔ˧˩· tsoŋ˧˥ a˧，mau˧ tsĩ˧
柏 墩 那 邊 來…… 幾 個 茶 莊 阿，冒 賺

tau˧˩· tsĩ˧˩ no˧˩！
倒 錢 咯！

a：nɔ˧ tsan˧˥ sï˧ k'o˧˩ lĩ˧˩ no˧！tɕin˧˥ ȵiẽ˧˩……
那 真 是 可 憐 咯！今 年……

b：tɕin˧˥ ȵiẽ˧˩ pu[ʔ]˥ te[ʔ]˥ lieu˧˩ o˧˩！
今 年 不 得 了 哦！

a：ŋo˧˩ t'ioŋ˧˥ ɕi(e)˧˩· tsï˧˩—— uɔ˧ n̩˧˩ kə˦· li˧ tɕioŋ˧˩ mo˧˩
我 聽 些 子—— 話 n̩˧˩(你) 格 裏 講 麽

kuai˧˩ a˧，tsan˧˩ mo˧˩ tsï˦·？
鬼 阿，怎 麽 子？

b：o˧˩，sï˧ ka˦·，kə˧˥ kə˧——tsiu˧ iu˧˩ kuai˧˩！tsan˧ tsã˧˩ iu˧˩ i[ʔ]˥
哦，是 格，格 格—— 就 有 鬼！ 陣 暫 有 一

ko˥˧ zan˧˩ kə˦· mə˦· tsiu˧ põe˥˧ ia˧ x(f)uai˧˩ la˧˩——fu[ʔ]˥ zõe˧˩
個 人 格 嘿 就 半 夜 回 來—— 忽 然

tsï˧˥ tɕiã˧˥ paŋ˥ tau˧˩ tsï˧˩ ka˦· xa˧ i[ʔ]˥ ɕioŋ˧˩，põe˥ tau˧˩ i[ʔ]˥
之 間 碰 倒 子 格 下 一 響， 絆 倒 一

tɕiuˀ˥——iˀ˥ tɕiuˀ˥ a꜔，(k)a꜔· tsiu˧ ua˧ ɕiɔ˧ k‘œ˥！ pa꜒——
脚—— 一 脚 阿，格 就 滑 下 去！吧！——

tɕi˥˧ tu˧˥ kau˧˥ kə꜔· ŋɔ˨˩ ts‘ï˥˧ o꜔·，tsaŋ˥˧ iu˥˧ u˥˧ ts‘an˥ tsoŋ˨˩ kə꜔·
幾 多 高 的 牙 齒 阿，總 有 五 寸 長 的

ŋɔ˨˩ ts‘ï˥˧。teu˥˧ iu˥˧ sau˥ tseu˥˧ tɔ˧，mo˨˩ təˀ˥ xu˨˩ tsai˧˥。pɔ˥˧
牙 齒。頭 有 掃 箒 大，没 得 鬍 鬚。把

zan˨˩ tsiu˧ xɔˀ˥ saˀ˥ lieu˥˧ iˀ˥ ko˥꜔·，xɔˀ˥꜔· saˀ˥ lieu˥˧ ko˥ ȵy˥˧
人 就 嚇 殺 了 一 個，嚇 殺 了 個 女

tsï˥˧꜔·！ko˥ sï˧ taiˀ˥ k‘oˀ˥ kə꜔· sï˧ tsin˨˩。
子！個 是 的 確 格 事 情。

五七. 崇陽

A. 發音人履歷

發音人	57a	57b
年齡	23 歲	15 歲
原籍	崇陽白霓橋	同左
職業	學生	同左
教育程度	大學	中學
幼時語言環境	本地私塾	同左
教師方言	本地話	同左
住過的地方	漢口	同左
曾否學國語	未	未
能否説别處話	能説漢口話	同左

二十五年五月十四日吴宗濟記音

發音人 57a 的發音較 57b 爲純粹。57b 受武漢話的影響不少。二人有不同時,以 57a 爲準。

B. 聲韻調表

1. 聲母

p 巴必	pʻ 披婆伴白	m 門米	f 飛肺稅灰或許穴玄	
t 得徵周衆	tʻ 同趙丑梨劣暖入然	n 拿來陵隆		
ts 糟齋種捉			s 散書紹船	z 倉存成遲助直
tɕ 節輕爭增責		ȵ 你娘偶歐軟熱	ɕ 星形色效續	ʑ 輕千舅測窮口後
k 該句桂橘故均		ŋ 岸哀吾鴨瓦	x 好巷鞋開肯共	

○依五羽瓦樣如絨仍困巨頃羣

2. 韻母

ï 知$_1$思世值	i 卑米虛肥徐呂隊立最隨律激	u 胡負哭卜
	yi 銳歸橘玉區未	

a 巴蛇話踏鴨辣白石	æ 敗懷帶買解	ɔ 保炒趙紹
ia 家佳恰瞎野	iæ 諧	iɔ 表效驕了要某否斗奏口
ua 瓜掛挖	uæ 快外	

o 波果莫没木託角	ɤ 知$_2$恥沾寒鴿執勃實如而短活	e 靴白勒或劣
io 覺約略若		ie 也接薛澤
uo 窩握	uɤ 官骨物闊	
		ye 決日綴國

əu 土初書愁獸竹促族	ã 三難板凡	ẽ 辨跟吞能崩玄更戀
iəu 秋幼六肅欲		iẽ 監限爭增千宣
	uã 關萬	

		yẽ 捲院遠
ən 門成朋昏公蟲誦存		aŋ 邦窗莊常冷鄭硬
	in 侵銀行星旬窮兄	iaŋ 江陽平星輕
uən 坤聞翁		uaŋ 光王横
	yin 均云傾永	

3. 聲調

陰平	陽平	上	陰去	陽去	入
˨	˨˩	˥˧	˧˥	˧	˥
剛天	窮娘	改眼	蓋厭	共近序又	急各局六

C. 聲韵調描寫

1. 聲母

崇陽聲母有十八個。依發音部位分爲p,t,ts,tɕ,k,○六組。

p組p,p‘,m,f。p‘稍有帶音現象,近似b̥‘,比b‘稍清,是普通p‘跟b‘的中間音。f的唇齒摩擦不强。

t組t,t‘,n三聲母:t‘跟p‘相似,也是t‘跟d‘的中間音。n全讀鼻音,没有讀l的。

ts組ts,s,z三聲母:z是dz‘跟z的變值音位,摩擦並不强。

tɕ組有tɕ,ȵ,ɕ,ʑ四聲母:ȵ的部位常常偏後近ŋi。ɕ讀得鬆,又像ʃ。ʑ是ʑ跟dʑ‘的變值音位。

k組k,ŋ,x三聲母:k跟yi韵配時有些唇齒作用,像kvi。x摩擦較輕,像h。

○跟i,yi及u配。前面常常帶點濁氣流,如‘移’ʱi。

2. 韵母

ï是舌尖前元音ʅ。

i，yi，u。i跟u都近標準元音。yi的y帶有唇齒作用如v，i近似ɪ。

a，ia，ua。a是較低的中後元音，不到標準ɑ的程度。

æ，iæ，uæ的æ比標準a稍高。

ɔ，iɔ。ɔ近似複元音ɔo。iɔ的i不長。

o，io，uo。o近標準o。i，u兩介音都不很關。

ɤ，uɤ的ɤ略帶鼻音，部位很高。

e，ie，ye。e是較開的ᴇ，前面略關，如ɪᴇ。ie的i不很穩，時開時關。ye的y也有唇齒現象。

əu，iəu的ə不很顯明，u長而緊。

ã，uã的ã是鼻音化的較高前a，略近æ̃。

ẽ，iẽ，yẽ的ẽ跟e的部位相似而略低些，像ɛ̃。

ən，uən的ə稍短。n值不很穩，時或讀ŋ。

in，yin的i近標準i。yin的y跟yi韵同，也像v。

aŋ，iaŋ，uaŋ的a稍後，但不到ɑ。有時iaŋ的a稍前些。

3. 聲調

陰平是半低平調(22)，有時尾略升如(23)，現用半低平調號(˨ 22)。

陽平通常由“半低”(或稍高一些)降至“低”(21)。寬式用低降調號(˩ 31)。

上聲是高降調(˥ 53)。

陰去是高升調(˧ 35)。

陽去是中平調(˧ 33)。

入聲是高平調(55)，比其他調都短，但不到有氣阻的程度。有時起點略低如(45)。寬式用短高平調號(˥ 5)。

D. 與古音比較

1. 聲母

<table>
<tr><td rowspan="2" colspan="3">古母今讀 發音方法及影響條件
古聲組及影響條件</td><td rowspan="2">全清塞</td><td rowspan="2">次清塞</td><td colspan="2">全濁塞</td><td rowspan="2">次濁</td><td rowspan="2">清擦</td><td colspan="2">濁擦</td></tr>
<tr><td>平</td><td>仄</td><td>平</td><td>仄</td></tr>
<tr><td colspan="3">幫組</td><td>幫：p</td><td>滂：pʻ</td><td>並：pʻ</td><td>並：pʻ</td><td>明：m</td><td colspan="3"></td></tr>
<tr><td colspan="3">非組</td><td colspan="4"></td><td>微：u;y[1]</td><td>非、敷：f</td><td colspan="2">奉：f</td></tr>
<tr><td rowspan="2">端組泥</td><td colspan="2">一二等</td><td rowspan="2">端：t</td><td rowspan="2">透：tʻ</td><td rowspan="2">定：tʻ</td><td rowspan="2">定：tʻ</td><td>泥：n,tʻ[2]；來：n;tʻ[3]</td><td rowspan="2" colspan="3"></td></tr>
<tr><td colspan="2">三四等</td><td>泥：ȵ；來：tʻ,n</td></tr>
<tr><td rowspan="2">精組</td><td colspan="2">洪</td><td>精：ts</td><td>清：z</td><td>從：z</td><td>從：z</td><td rowspan="2"></td><td>心：s</td><td>邪：?</td><td>邪：s</td></tr>
<tr><td colspan="2">細</td><td>精：tɕ</td><td>清：ʑ</td><td>從：ʑ</td><td>從：ʑ</td><td>心：ɕ</td><td>邪：ɕ,ʑ</td><td>邪：ɕ</td></tr>
<tr><td rowspan="2">莊組</td><td colspan="2">內轉</td><td>莊（照二）：ts,tɕ</td><td>初（穿二）：z;ʑ[4]</td><td rowspan="2">崇（牀二）：z</td><td>崇（牀二）：z;s</td><td rowspan="2"></td><td rowspan="2">生（審二）：s,ɕ</td><td rowspan="2" colspan="2"></td></tr>
<tr><td colspan="2">外轉</td><td>莊（照二）：ts</td><td>初（穿二）：z</td><td>崇（牀二）：z</td></tr>
<tr><td rowspan="3">知組</td><td rowspan="2">開</td><td>梗二等韻</td><td rowspan="2">知：t,ts</td><td rowspan="2">徹：tʻ,z</td><td rowspan="2">澄：tʻ,z</td><td>澄：ʑ</td><td rowspan="3" colspan="4"></td></tr>
<tr><td>其他</td><td>澄：tʻ,z</td></tr>
<tr><td colspan="2">合</td><td>知：t,ts;k[5]</td><td>徹：tʻ,z</td><td>澄：tʻ,z</td><td>澄：tʻ,z,ʑ</td></tr>
<tr><td rowspan="2">章組</td><td colspan="2">開</td><td>章（照三）：t,ts</td><td rowspan="2">昌（穿三）：tʻ,z</td><td rowspan="2">船（牀三）：s</td><td rowspan="2">船（牀三）：s</td><td rowspan="2"></td><td>書（審三）：s</td><td>禪：s,z,tʻ</td><td>禪：s</td></tr>
<tr><td colspan="2">合</td><td>章（照三）：t,ts;k[6]</td><td>書（審三）：s;f[7]</td><td>禪：s;y[8]</td><td>禪：s;f[9]</td></tr>
</table>

古聲組及影響條件 \ 古母今讀 \ 發音方法及影響條件				全清塞	次清塞	全濁塞 平	全濁塞 仄	次濁	清擦	濁擦 平 仄
日母	今洪	遇止						日 ○		
日母	今洪	其他						tʻ		
日母	今細							ȵ,i		
見曉組	開	一等		見 k;tɕ[10]	溪 x;ʑ[10]			疑 ŋ;ȵ[10]	曉 x	匣 x;ʑ[10]
見曉組	開	二等		k,tɕ	x;ʑ			ŋ̠;i̠	x̠;ɕ̠	x,ɕ
見曉組	開	三四等		tɕ	ʑ	羣 ʑ	羣 ʑ	ȵ	ɕ	ɕ
見曉組	合	一二等		k	u	*	*	ŋ,u	f;x[11]	f;x[11]
見曉組	合	三四等	宕	k	u	u	*	*	?	*
見曉組	合	三四等	通 舒	k	x	ʑ	x	?	ɕ	*
見曉組	合	三四等	通 入	tɕ	ʑ	*	ʑ	y	ɕ	*
見曉組	合	三四等	其他	k	y	y	y	ȵ,ŋ,y	f,ɕ	f,ɕ
影組	開	一等		影 ŋ;ȵ[10]						
影組	開	二等		ŋ,i;u[12]						
影組	開	三四等		i				喻：i		
影組	合	一二等		u				*		
影組	合	三四等	宕	u				喻 u		
影組	合	三四等	通	i				i		
影組	合	三四等	其他	y				y		

2. 韵母

第 一 表

攝別 \ 呼 \ 等 \ 聲母	開												
	一			二				三 四					
	幫系	端系	見系	幫系	泥組	知莊組	見系	幫系	端系	莊組	知章組	日母	見系
果	*	o	o	a	a	a	a,ia	*	ia,ie	*	a	o	ia,ie
(遇)	*			*				*					
蟹	*	æ	æ	æ	æ	æ	æ,iæ,ia	i	i	*	ï,ɤ	*	i
止	*			*				i	i;ï,ɤ	ï	ï,ɤ	ɤ	i
効	ɔ	ɔ	ɔ	ɔ	ɔ	ɔ	iɔ	iɔ	iɔ	*	ɔ	iɔ	iɔ
流	iɔ	iɔ	iɔ	*				iɔ,u	iəu	əu	əu	əu	iəu
咸	*	ɤ;ã(1)	ɤ	*		ã	ã,iẽ	ẽ	ẽ;iẽ(2)	*	ɤ	ɤ	iẽ
山	*	ã	ɤ	ã	*	ã	ã,iẽ	ẽ	ẽ;iẽ(2)	*	ɤ	ɤ	iẽ
宕	aŋ	aŋ	aŋ	aŋ	*	aŋ	iaŋ,aŋ	*	iaŋ	aŋ	aŋ	iaŋ,aŋ	iaŋ

攝別 \ 呼 \ 等 \ 聲母	開												
	一			二				三四					
	幫系	端系	見系	幫系	泥組	知莊組	見系	幫系	端系	莊組	知章組	日母	見系
深	*			*				in	in	iẽ	ən	ən	in
臻	*	ẽ	ẽ, iẽ	*				in	in	iẽ	ən	ən, in	in
曾	ẽ, ən	ẽ, ən; iẽ (3)	ẽ	*				in	in	*	ən	in	in
梗	*			ẽ, ən	ən; aŋ	iẽ	ẽ, iẽ, in, aŋ	in; iaŋ	in; iaŋ	*	ən, aŋ	*	in
（通）	*			*				*					
咸入	*	a	ɤ	*		a	a, ia	*	e; ie (2)	*	ɤ	*	ie
山入	*	a	ɤ	a	*	a	a, ia	e	e; ie (2)	*	ɤ	ie	ie
宕入	o	o	o	o	*	o	o; io; uo	*	io	*	o	io	io
深入	*			*				*	i	ï	ɤ	ɤ	i
臻入	*			*				i	i	ie	ɤ; ï	ɤ; ï	i
曾入	a	a	a	*				i	i	ie	ɤ; ï	*	i
梗入	*			a; e	*	ie	a; e, ɤ	i; ia	i	*	a, ï	*	i
（通入）	*			*				*					

第 二 表

攝別 \ 呼 / 等 / 聲母	合												
	一			二			三四						
	幫系	端系	見系	幫系	莊組	見系	幫系	泥組	精組	莊組	知章組	日母	見系
果	o	o	o;uo[4]	*		a,ua[5]	*						e
遇	u	əu	u	*			u	i	i	əu	əu	ɤ	yi;i
蟹	i	i	uæ,a,i	*		uæ,ua,a	*		i	*	yi,i	*	yi;i
止	*			*			i;yi	i	i	a	yi	*	yi;i
（效）	*			*			*						
（流）	*			*			*						
咸	*			*			ã	*					
山	ɤ	ɤ	uɤ;ɤ	*	ɤ	uã	ã;uã	ẽ	iẽ	*	ɤ,iẽ	iẽ	iẽ;yẽ
宕	*		aŋ,uaŋ	*			aŋ;uaŋ	*					aŋ,uaŋ

攝別＼呼等聲母	合												
	一			二			三四						
	幫系	端系	見系	幫系	莊組	見系	幫系	泥組	精組	莊組	知章組	日母	見系
(深)	*			*			*						
臻	ən	ən	ən	*			ən;uən	ən	in	*	ən	ən	yin
曾	*		ən	*			*						
梗	*			*		ən;uaŋ	*						in;yin
通	ən	ən	ən;uən(6)	*			ən	ən	ən	ən	ən	in	ən,in
咸入	*			*			a	*					
山入	ɤ	ɤ	uɤ	*	ɤ	ua	a,ua	e	ie	*	ɤ,ye	*	e,ie,ye
宕入	*		o	*			o	*					
(深入)	*			*			*						
臻入	u,ɤ,o	ɤ	ɤ;uɤ	*			uɤ;ɤ	i	i	*	ɤ	*	yi
曾入	*		ye,e	*			*						yi
梗入	*			*		e	*						yi
通入	u;o(7)	əu	u	*			u;o(7)	əu,iəu	iəu,əu	o	əu	əu	iəu,yi

3.聲調

古類 \ 影響條件 \ 今值 \ 今類		陰平	陽平	上	陰去	陽去	入
平	清	˧					
	濁		˨				
上	清			˦			
	次濁			˦			
	全濁					˧	
去	清				˥		
	濁					˧	
入	清						˥
	次濁						˥
	全濁						˥

附注：

聲母：—

(1)微母在止攝讀y,如‘未’yi,餘讀u。

(2)泥母一二等讀n,但‘内’t‘i,‘暖’t‘ɤ。

(3)來母一二等讀n,但侯韵讀t‘,如‘漏’t‘iɔ。

(4)穿二在曾攝三等讀ʑ,如‘測’ʑie,餘讀z。

(5)知母在蟹止兩攝合口讀k,如‘綴’kyi,‘追’kyi。

(6)章母在止合讀k,如‘錐’kyi。

(7)書母在蟹合讀f,如‘税’fi,餘讀s。

(8)禪母平聲在止合讀y,如‘垂’yi,餘讀s。

(9)禪母仄聲在止合讀f,如‘睡’fi,餘讀s。

(10)見系一等開口讀洪音,但在侯韵讀細音,如‘口’ʑiɔ,‘偶’ȵiɔ,‘後’ʑiɔ,‘歐’ȵiɔ。

(11)曉匣合口一二等在今o韵讀x,如‘禍’xo,餘讀f。

(12)影開二宕入讀合,如‘握’uo。

韵母:—

(1)咸一等端系覃談不同:覃讀ɤ,如‘貪’tʻɤ,‘慘’zɤ;談讀ã,如‘藍’nã,‘三’sã。

(2)咸山三四等開,端組及來母讀ẽ(舒),e(入),如‘典’tẽ,‘廉’tʻẽ,‘帖’tʻe,‘列’tʻe;精組及泥母讀iẽ(舒),ie(入),如‘念’ȵiẽ,‘千’ʑiẽ,‘接’tɕie,‘節’tɕie,‘聶’ȵie。

(3)曾開一端泥組讀ẽ(舒,或ən),e(入),如‘等’tẽ,‘能’nẽ,nən,‘得’te;精組讀iẽ(舒),ie(入),如‘增’tɕiẽ,‘則’tɕie。

(4)果合一見系讀o,但影讀uo,如‘窩’uo。

(5)果合二見系讀ua,但曉組因讀f成a,如‘化’fa。(‘瓦’白話亦作ŋa。)凡以下曉組讀f母者,不悉注。

(6)通一見系讀開,但影組讀合,如‘翁’uən。

(7)通入明母讀o,如‘木’mo,‘目’mo,其餘幫系字讀u。

E. 同音字表

今調	陰平˨	陽平˨˩	上˧˥˧	陰去˥	陽去˧	入˥
今韵	ï					
廣韵	祭‖脂;之;支‖緝‖質‖職‖昔(均開口)					
p						
p‘						
m						
f						
t						
t‘						
n			你$_2$(n̩)之泥			
ts	之;支‖隻入		子$_1$;只	做$_2$ 模‖致, 至;志;翅		
s	師;思;斯	時	使,始	世‖四;試; 賜‖式入	示;伺心,似, 士、事,市;是	飾識
z		遲	此	滯澄	次清,自;字	澀‖姪‖直 值植,殖禪
tɕ						
ȵ						
ɕ						
ʑ						
k						
ŋ						
x						
○						

今調	陰平˨	陽平˨˩	上˥˧	陰去˥	陽去˧	入˥
今韵	i					
廣韵	魚;虞‖祭;齊‖脂;之;支;微‖薛‖質;迄‖職‖昔;陌三;錫					
p	卑;悲;碑		比;彼	貝;背‖臂		筆必‖逼‖碧;壁
p‘	披		鄙幫,丕平	配,佩並	敝;倍‖備	被去‖撇‖闢
m		梅‖糜上	米			秘泌幫去
f	虛‖灰‖飛	回‖肥	許‖毀;匪	税;廢,肺‖諱	會;彗喻;惠‖睡瑞	
t			底	帝;對;兑定		的
t‘		堤提‖梨;離;累去;彙喻合去	吕;屢去‖禮‖履;李里裏理		例;弟、第,麗隸;隊,内‖地;類	立,泣溪‖栗;律‖力‖笛,歷
n						
tɕ			己;幾	祭;計繼;最‖季脂合見		急,及羣,吸曉‖吉‖積;激
ȵ		魚;愚‖疑;宜;危	女‖你1		藝‖義議	日‖逆
ɕ	須‖西,溪,奚兮匣;攜匣‖希		洗‖璽徙支開心	歲	序‖系‖戲;遂	戌恤‖席‖息
ʑ	妻,棲	徐‖齊‖其期;奇;隨	起	去1溪魚;趣‖器;氣汽;粹心	趣娶,聚‖罪‖技妓企	緝,集‖七;乞,迄曉‖極‖戚,喫
○	衣依	夷;移;遺合	以,矣			噎屑‖楫從,邑‖一,逸‖憶‖亦譯

今調	陰平˨	陽平˩	上˦	陰去˥	陽去˧	入˥
今韵	yi					
廣韵	魚;虞‖祭;齊‖脂;支;微‖術;物‖燭					
k	追,錐,龜;歸			拘平、句‖綴;桂‖貴	跪羣	橘
ŋ						
x						
○	於;樞穿,俱見,區‖威	餘余‖葵,維惟;垂,爲;微,圍	巨羣,與;羽‖委	畏	鋭,衛‖位;未	屈,鬱‖域‖疫役‖玉

今韵	u					
廣韵	模‖尤‖屋;沃					
p						不‖卜
pʻ			譜幫,普		部、步	僕
m						
f	乎$_2$ 匣	胡狐乎$_1$	虎;府,腐奉‖婦奉	付	户;附‖負	福,服伏
k	孤			故		穀;酷溪
ŋ		吾				
x						
○	烏	無	五;武		務‖戊侯明	哭,屋

今調	陰平˨	陽平˩	上˧˩˧	陰去˥˧	陽去˧	入˥
今韵	a					
廣韵	麻‖泰‖合;盍;洽;狎;帖;乏‖曷;鎋;黠;月‖陌二;昔					
p	巴					八‖百$_2$
p‘						拔‖白
m	［媽］	麻	馬			麥$_2$
f		滑入		化	畫;話	法‖髮
t			打			答搭
t‘					大泰	踏;塔‖達
n	拉入	拿				納;臘‖辣
ts				乍		紮
s	沙	蛇				撒;殺‖石
z	差;車					雜;插,閘‖察
k	家					甲,匣匣;挾匣
ŋ			瓦		外	鴨‖謁
x					下	瞎‖嚇赫

今調	陰平˨	陽平˨˩	上˦˧	陰去˥˦	陽去˧	入˥
今韻	ia					
廣韻	麻‖佳‖洽；狎；帖‖鎋‖錫（均開口）					
p						壁
pʻ						
m						
f						
tɕ	家‖佳		假賈			甲；挾匣
ȵ						
ɕ	些1	霞；邪	寫		謝	狹‖瞎
ʑ						恰喫（本作齛）
○	鴉	牙；爺	野也			

今韻	ua					
廣韻	麻‖佳‖鎋；黠（均合口）					
k	瓜			掛		刮
ŋ						
x						
○	蛙		瓦‖舀宵			挖

今調	陰平˨	陽平˩	上˧	陰去˥	陽去˦
今韵	æ				
廣韵	咍;泰;皆;佳;夬‖脂;支				
p				拜	
p‘				派	敗
m		埋	買		
f		懷			
t				帶	
t‘				太泰	待、代
n		來	乃;奶		賴
ts	齋			再;寨牀	
s				帥	
z		柴		菜;蔡‖揣上	在
k	該;皆偕街		改;解	蓋;介界戒,械匣	
ŋ	哀‖[□](祖母)		矮	愛	艾
x	開	孩;鞋		概見,愾	亥;害

今調	陰平˩	陽平˨	上˥	陰去˦	陽去˧
今韵	iæ				
廣韵	佳(開)				
tɕ ȵ ɕ ʑ		 諧			

今韵	uæ				
廣韵	灰;泰;皆;佳;夬(均合口)				
k ŋ x				怪	
○	歪曉		塊去	快	外

今調	陰平˩	陽平˨˩	上˧˥˧	陰去˥	陽去˧
今韵	ɔ				
廣韵	豪;肴;宵				
p	包		保		
pʻ			跑並平		
m					貌‖[冒](没有)
f					
t	朝,昭招		倒	到;照	
tʻ		桃			道;趙
n		牢	繞$_2$ 日		鬧
ts	糟		[找]		
s	稍去審		掃		紹
z			草;炒		皂造
k				告	
ŋ			襖	奥	
x		毫	好		

今調	陰平˨	陽平˩	上˦	陰去˥	陽去˧
今韵	iɔ				
廣韵	肴;宵;蕭‖侯;尤				
p pʻ m f		 苗猫‖謀 	表 某畝 否		
t tʻ n		 燎;條,聊‖頭 	斗,走$_1$精 繞$_1$日;了 	釣 跳 	 漏
tɕ ȵ ɕ ʑ	驕 歐 消,囂;蕭 	 饒;堯 肴淆 朝澄,喬橋‖侯	攪 偶 小;曉 巧‖口	叫‖奏 孝 	 效校 後
○	妖			要	

今調	陰平˨	陽平˨˩	上˦˨˦	陰去˥	陽去˧	入˥
今韵	o					
廣韵	歌;戈‖没‖鐸;覺;藥‖屋					
p	波,坡滂					剥;縛奉
p‘	坡	婆	頗‖剖侯			
m			麼			莫‖没‖木;目
f						
t	多					酌
t‘			妥		舵	託
n		羅;騾	惹麻日			洛
ts			左			作;桌,捉
s			所			縮
z					坐座	
k	歌;鍋		果	個‖[個](=這)		各;角;郭
ŋ		鵝	我			惡
x		何	伙		禍	鶴;確;霍

今韵	io					
廣韵	覺;藥					
t						
t‘						略,虐$_2$疑
n						
tɕ						覺;雀爵嚼從,脚
ȵ						虐$_1$
ɕ						學;削
ʑ						確
○						若,約

今調	陰平˨	陽平˨˩	上˧˩˧	陰去˥	陽去˧	入˥
今韵	uo					
廣韵	戈‖覺					
○	窩					握‖沃沃

今韵	ɤ					
廣韵	魚;虞‖祭‖脂;之;支‖覃;談;咸;鹽‖寒;桓;山;删;仙‖合;盍;葉‖曷;鎋;薛;末‖緝‖質;没‖職‖麥					
p				半		不
p'					伴、叛	勃
m						末
f	歡		緩	喚	换	活‖忽
t	沾		指‖展;短;轉			執‖質
t'	貪	然;團	染‖暖			徹,澈;脱;拙照‖入‖日;突;出
n		南	[□](這兒)		亂	
ts	之$_2$;知$_2$‖專		子$_2$‖纂	佔		卒
s	施‖閂	蟬;船	陝	世‖散;扇;算	是‖善	涉‖舌,設;刷,説‖十‖實,失‖食蝕
z			恥‖慘			姪秩‖直
k	干		感;敢			鴿‖割‖[格](=的)
ŋ	安			暗	岸	厄$_2$
x		含‖寒		去$_2$魚溪‖看,漢		合;盍‖喝
○		如;儒‖而		爾	二貳	

今調	陰平˨	陽平˨˩	上˧˥	陰去˥˧	陽去˧	入˥
今韵	uɤ					
廣韵	桓‖末‖没;物					
k ŋ x	官觀			貫		骨
○		完丸匣	皖匣,碗			闊‖物

今韵	e					
廣韵	戈三‖帖‖薛;屑‖德‖陌二;麥					
p p‘ m f	 靴					北‖百$_1$ 泊鐸‖迫幫,拍,白 滅‖麥$_1$ 穴‖或‖獲
t t‘ n	[爹]		點添	 替齊		得德 帖‖列;鐵;劣‖忒,特 勒
k ŋ x						格;革 月‖厄$_1$ 刻,黑‖赫

今調	陰平˨	陽平˨˩	上˧˨˧	陰去˥	陽去˧	入˥
今韻	ie					
廣韻	麻三‖葉;業;帖‖薛;月;屑‖櫛‖德;職‖陌;麥					
tɕ	嗟					接‖節,結‖則‖責
ȵ						聶;業‖熱,孽;臬;月
ɕ			些$_2$平			脅;協‖薛;歇‖瑟‖色
ʑ				去$_3$魚溪		劫見‖傑;竭;切;絕‖側照,測‖澤宅擇
○			也			葉

今韻	ye					
廣韻	戈三‖薛;月;屑‖德(均合口)					
k						綴;掘;決‖國
ŋ						
x						
○		茄開				缺,閲;越曰

今韻	əu					
廣韻	模;魚;虞‖尤‖屋;沃;燭					
t	都;猪,諸‖周		肚賭;主	著;注		篤;竹;燭囑,觸穿
tʻ		柔	土‖丑	醋;處	杜;柱,住	讀;肉;辱
n		奴‖農冬	努		怒,路	鹿;陸
ts			走$_2$侯	做		
s	蘇;書‖收	殊	鼠暑	素;數	樹‖獸	熟;屬
z	粗;初	除‖愁	楚		助	族,促

今調	陰平˧	陽平˩	上˦	陰去˥	陽去˧	入˥
今韵	iəu					
廣韵	尤;幽‖屋三;燭					
t	[丟]					
tʻ						六;緑
n						
tɕ	糾上		九			菊;足
ȵ		牛	紐			
ɕ	休					肅,畜;續
ʑ	秋,丘	囚,求			就,舅	局
○		由猶,尤	有	幼		育;欲

今調	陰平˨	陽平˨˩	上˧˥	陰去˥˧	陽去˧
今韵	ã				
廣韵	談;咸;銜‖寒;山;删				
p			板	扮	
p‘				盼	辦
m					慢
f		凡	反		飯
t				旦	
t‘		談		歎	
n		藍‖難			
ts			斬		
s	三;衫‖山;删				
z	餐		剷,産審		暫‖棧
k	間				
ŋ			眼		
x		鹹;銜‖閑;還合			陷

今韵	uã				
廣韵	山;删;元(均合口)				
k	鰥;關			慣	
ŋ					
x					
○	彎				萬

今調	陰平˦	陽平˨	上˥˧	陰去˥˩	陽去˧
今韵	ẽ				
廣韵	鹽;添‖仙;先‖痕‖登‖庚;耕				
p	邊‖崩		貶		
pʻ		彭		片	辨;偏幫,辮
m		萌			孟
f		弦匣開;玄			
t			典‖等	店	
tʻ	天‖吞	廉‖連聯;田			戀
n		能$_1$			
k	跟‖耕$_1$			更	
ŋ	恩				
x		恒	懇‖肯		恨

今韵	iẽ				
廣韵	咸;銜;鹽;嚴;添‖山;删;仙;元;先‖侵‖痕;臻‖登‖庚;耕				
tɕ	監‖間;肩‖跟$_2$‖臻‖增‖争,耕$_2$		減‖剪;繭	諫;建;見	
ȵ	研疑平	嚴‖言;年;鉛喻合,元合	軟		驗;念‖硯
ɕ	仙鮮;軒掀;先;宣‖森‖生	嫌‖賢弦	險‖癬	憲	陷‖限;現;縣匣合
ʑ	謙‖千	鉗‖錢;前;全			漸‖件;健;篆
○	煙	延	眼;演	厭‖晏	

今調	陰平˩	陽平˨	上˥	陰去˧˥	陽去˧
今韵	yẽ				
廣韵	仙;元(均合口)				
k			捲	倦羣	
ŋ					
x					
○		緣;園	阮,遠		院

今韵	ən				
廣韵	侵‖真;魂;諄;文‖登;蒸‖庚;耕;清‖東;冬;鍾				
p					
pʻ		朋‖棚彭			
m		門			夢
f	昏;分‖風;封	弘‖横;宏‖紅;馮		奮	份‖奉
t	徵‖貞,偵徵‖東;中$_1$;鍾			頓‖政‖衆	
tʻ	椿,春‖通;充	沉‖陳‖成城‖同;蟲	忍$_1$‖桶;統去		閏‖鄭‖洞
n		倫‖能$_2$ ‖隆;龍	冷攏		論
ts	中$_2$		總;種$_1$	種$_2$	
s	深‖身申‖鬆;松	晨;唇,純‖繩	審	送;宋	盛‖誦
z		臣;存‖誠‖崇;從			
k	公功;弓;恭				
ŋ					硬
x	空		恐		共
○		人$_2$日			

今調	陰平˨	陽平˨˩	上˧˥˧	陰去˥˦	陽去˧
今韵	uən				
廣韵	魂;文‖東				
k ŋ x			滾		
○	坤,温‖翁	聞		困	

今韵	in				
廣韵	侵‖真;欣‖蒸‖庚;耕;清;青‖東;鍾				
p p‘ m f	兵 勳	 貧‖瓶;平 民‖名 	稟 品 敏 	並並 	 命
t t‘ n	丁 	 林‖鄰‖陵‖靈 			 令
tɕ ȵ ɕ ʑ	侵清,今‖津,巾;斤‖京荆;經 心‖新‖星腥;兄‖胸 欽‖輕	 人$_1$,銀‖凝 尋‖旬‖行;形‖熊雄喻 秦‖窮	 忍$_2$ 	晉進‖勁 信‖性姓 	 杏;幸 近‖静
○	音‖因‖鶯;因	仍‖盈‖絨,融	隱;尹合	應	用

今調	陰平˧	陽平˩	上˦	陰去˥	陽去˧
今韵	yin				
廣韵	諄;文‖清;青				
k	均				
ŋ					
x					
○	傾	昀;羣,云‖瓊,營;榮;螢匣	允‖頃;永		孕蒸開

今韵	aŋ				
廣韵	唐;江;陽‖庚;耕;清				
p	邦				
p‘		旁			
m		忙			
f	方	黄;房防		放	
t	張				
t‘	昌	長			蕩‖鄭
n		郎	朗‖冷		讓日
ts	樁;莊				
s	桑;商	常			尚上
z	倉;窗;瘡	牀	撞$_1$澄		撞$_2$;狀
k	綱剛				
ŋ					硬
x					項、巷

今調	陰平˩	陽平˨˩	上˧˥	陰去˥	陽去˧
今韵	iaŋ				
廣韵	江;陽‖庚三;清;青(均開口)				
p					
pʻ		瓶;平			
m					
f					
t	丁				
tʻ			兩1‖嶺	聽	
n					
tɕ	江		講		
ȵ		娘	仰		讓
ɕ	廂;香‖星			姓	像象
ʑ	腔‖輕	詳祥	搶		像邪
○		陽	兩2來(丨個)		樣

今韵	uaŋ				
廣韵	唐;陽‖庚二(均合口)				
k	光				
ŋ					
x					
○	汪	狂,王‖横	往	曠;況曉	旺

F. 音韵特點

1. 聲母

(1)崇陽聲母系統比較不很通常。p,t組雖有送氣音pʻ,tʻ,而ts,tɕ,k組没有ts‘，tɕ‘，k‘。國音的ts‘，tɕ‘，k‘，在崇陽大致是摩擦音z，ʑ，x；但這只是大致如此，實際分配很有出入。（下文凡舉ts，tɕ，或k組時，不含有ts‘，tɕ‘，k‘在内）。

（2）並定兩母平仄聲皆讀送氣清音p‘，t‘，如‘婆’p‘o，‘敝’p‘i，‘伴’p‘ɤ，‘白’p‘e，‘田’t‘ẽ，‘洞’t‘ən，‘達’t‘a。

（3）清從兩母洪音讀z，如‘餐’zã，‘此’zï，‘蔡’zæ，‘促’zəu，‘存’zən，‘坐’zo，‘皂’zɔ，‘雜’za。（但心邪母洪音讀s，如‘斯’sï，‘算’sɤ，‘誦’sən。）細音讀ʑ，如‘妻’ʑi，‘千’ʑiẽ，‘罪’ʑi，‘絶’ʑie，‘秦’ʑin。

（4）溪羣兩母今開口洪音皆讀x，跟曉匣開口洪音混，如‘開’xæ，‘<u>確</u>’xo（＝霍），‘看’xã（＝漢），‘刻’xe（＝黑），‘空’xən，‘共’xən；今開口細音讀ʑ，如‘氣’ʑi，‘恰’ʑia，‘口’ʑiɔ，‘局’ʑiəu；今合口洪細音皆讀無聲母（u-，y-），如‘哭’u（＝屋），‘坤’uən（＝温），‘狂’uaŋ（＝王），‘區’yi（＝於），‘缺’ye（＝越）。

（5）知組及章昌母一部分字讀t等，一部分字讀ts等。讀t等時跟端組混，如‘徵，鍾’tən（＝東），‘政，衆’tən（＝頓），‘出’t‘ɤ（＝突），‘趙’t‘ɔ（＝道）；讀ts等時跟精組洪音混，如‘桌’tso（＝作），‘只’tsï（＝子），‘值’zï，‘車’za。

（6）精莊組洪音皆讀ts等，如‘師’＝‘思’sï，‘捉’＝‘作’tso，‘初’＝‘粗’zəu，‘察’＝‘雜’za；細音讀tɕ等，跟見系開口細音混，如‘祭，最’＝‘計’tɕi，‘則，責’＝‘結’tɕi，‘絶，測’＝‘竭，傑’ʑie。

（7）曉匣兩母一二等合口除今o韵外，皆讀f，跟非敷奉混，如‘户’fu（＝附），‘話’fa，‘活，忽’fɤ，‘或’fe，‘黄’faŋ（＝防）；但今o韵讀x，如‘禍’xo，‘霍’xo；三四等合口除宕通攝外亦讀f，如‘虚’fi（＝飛），‘諱’fi（＝肺），‘靴’fe，‘穴’fe，‘玄’fẽ，‘勳’fin；通攝舒入聲三四等讀ɕ，如‘胸’ɕin，‘畜’ɕiəu。（庚韵兄等準通攝讀ɕin。）

（8）見系開口細音讀tɕ等，跟精組細音混，如‘霞’ɕia（＝邪），‘覺’tɕio（＝爵），‘傑’ʑie（＝切），‘行’ɕin（＝尋）。

（9）見母合口三四等在今y介音前讀k，不讀tɕ，如‘均’kyin，‘句’kyi，‘歸’kyi，‘決’kye，‘捲’kyẽ。

（10）知章母在蟹止攝合口三等讀k，跟見母混（看上條），如‘追，錐’kyi

(＝歸),‘綴’kyi(＝桂)。

(11)泥來兩母一二等開口混,皆讀n,如‘臘’＝‘納’na,‘來’næ,‘奶’næ,‘藍’＝‘難’nã,(但來母在侯韵讀tʻ,如‘漏’)。合口來母大致仍讀n,如‘亂’nɤ,‘論’nən;在蟹攝及山舒讀tʻ,如‘内’tʻi,‘暖’tʻɤ,(在遇攝仍讀n,跟來母同,如‘怒’＝‘路’nəu)。三四等泥來不混,泥母讀ȵ,如‘女’ȵi,‘聶’ȵie,‘紐’ȵiəu,來母在臻舒合口及通舒讀n,如‘倫,龍’nən,在通入讀n或tʻ不定,如‘陸’nəu,但‘六,緑’tʻiəu,在其他各韵皆讀tʻ,如‘梨’tʻi(＝提),‘略’tʻio,‘連’tʻẽ(＝田),‘戀’tʻẽ,‘劣,列’tʻe(＝鐵),‘林,靈’tʻin,‘律’tʻi(＝笛)。

(12)日母今洪音在遇止攝讀○,如‘儒,而’ɤ,其他讀tʻ,如‘入,日’tʻɤ,‘然’tʻɤ,‘柔’tʻəu,‘閏’tʻən(＝洞);今細音在通舒及宕入讀○,如‘若’io,‘絨’in;其餘讀ȵ,如‘熱’ȵie,‘軟’ȵiẽ,‘人’ȵin,‘日’ȵi。

(13)疑影母一等開口在流攝顎化作ȵ,如‘歐’ȵiɔ,‘偶’ȵiɔ,在其他各攝讀ŋ,如‘愛’ŋæ,‘艾’ŋæ,‘安’ŋɤ,‘岸’ŋɤ。開口三四等疑母讀ȵ,影母讀○,如‘逆’ȵi≠憶i,‘虐’ȵio≠‘約’io,‘業’ȵie,‘牛’ȵiəu,‘言’ȵiẽ,‘衣’i,‘幼’iəu,‘煙’iẽ。

2. 開合

(1)端系一等合口在遇蟹臻通變開口,如‘土’tʻəu,‘最’tɕi,‘頓’tən,‘卒’tsɤ,‘洞’tʻən,‘族’zəu。

(2)精泥組合口三四等一律讀開口,如‘女’ȵi,‘吕’tʻi,聚ʑi,‘遂’ɕi,‘戀’tʻẽ,‘全’ʑiẽ,‘劣’tʻe,‘絶’ʑie,‘倫’nən,‘旬’ɕin,‘恤’ɕi,‘誦’sən,‘六’tʻiəu。

(3)莊組三等合口在遇止通攝亦變開口,如‘楚’zəu,‘數’səu,‘帥’sa,‘崇’zən。

(4)通攝舒聲惟一等影母讀合口,如‘翁’uən;其他全讀開口,如‘同’tʻən,‘種’tsən,‘弓’kən,‘空’xən,‘共’xən,‘胸’ɕin,‘用’in。

3. 韵母

(1)遇攝模韵端系及魚虞韵知系讀əu,跟流攝知系混,如‘猪’təu(＝周),‘土’tʻəu(＝丑),‘蘇,書’səu(＝收),‘除’zəu(＝愁)。

(2)遇攝三等精泥組跟見系主要元音皆爲i，如‘須’ɕi，‘趣’ʑi，‘虛’fi，‘區’yi，‘句’kyi，‘羽’yi。

(3)蟹止攝及臻曾入聲開口三等知章組讀ï或ɤ不定，如‘之’tsï，tsɤ，‘世’sï，sɤ，‘直’zï，zɤ，‘姪’zï，zɤ，‘飾’sï，但‘食’sɤ。

(4)蟹止攝合口幫端見系讀i，yi，如‘貝’pi，‘回，肥’fi，‘内，類’tʻi，‘遂’ɕi，‘桂，貴’kyi，‘衛，未’yi。

(5)流攝一等讀iɔ，跟効攝三四等混，如‘某’miɔ，‘否’fiɔ，‘頭’tʻiɔ(＝條)，‘奏’tɕiɔ(＝叫)，‘口’ʑiɔ(＝巧)；三等讀əu，iəu，如‘獸’səu，‘幼’iəu，‘紐’ȵiəu。

(6)咸攝舒聲覃談韵端系不同，覃韵讀ɤ，如‘貪’tʻɤ，‘慘’zɤ，‘南’nɤ；談韵讀ã，如‘談’tʻã，‘藍’nã，‘三’sã。

(7)山攝一等開口端系，舒聲讀ã，入聲讀a，如‘旦’tã，‘難’nã，‘達’tʻa，‘辣’na。見系舒入聲皆讀ɤ，如‘看’xɤ，‘岸’ŋɤ，‘割’kɤ，‘喝’xɤ。一等合口舒入聲皆讀ɤ或uɤ，如‘歡’fɤ，‘團’tʻɤ，‘觀’kuɤ，‘末’mɤ，‘脱’tʻɤ，‘闊’uɤ。

(8)山攝舒聲二等莊組開口舒聲讀ã，如‘山’sã，‘棧’zã，入聲讀a，如‘察’za，‘殺’sa；合口舒入聲皆讀ɤ，如‘閂’sɤ，‘刷’sɤ。

(9)深臻曾攝舒聲，開口一等端見系三等莊組收半鼻音ẽ，iẽ，跟山攝開口三四等幫端見系混，如‘吞’tʻẽ(＝天)，‘跟’kẽ，tɕiẽ(＝肩)，‘等’tẽ(＝典)，‘森’ɕiẽ(＝先)，‘臻’tɕiẽ(＝肩)；三等幫端系知章組及合口一三等則皆收n，如‘稟’pin，‘林，鄰’tʻin，‘斤’tɕin，‘門’mən，‘昏，分’fən，‘沉，陳’tʻən，‘頓’tən。

(10)通攝舒聲收n，如‘風’fən(＝分)，‘奉’fən(＝份)，‘東’tən(＝徵)，‘衆’tən(＝頓)，‘龍’nən(＝倫)，‘翁’uən(＝温)，‘公’kən，‘胸’ɕin(＝心)。

(11)通攝入聲明母讀o，如‘木，目’mo，其他幫系字讀u，如‘僕’pʻu，‘服’fu；端系一等讀əu，如‘讀’tʻəu，‘鹿’nəu，三等讀əu或iəu不定，如‘陸’nəu，‘促’zəu，但‘六，緑’tʻiəu，‘肅’ɕiəu。

4. 聲調

(1)崇陽分陰陽去。古去聲清音今讀陰去，如‘四’，‘閂’，‘意’，‘放’，等。古上聲全濁及去聲濁音今讀陽去,如'柱','序','共','又','戀','孟'等。

(2)有入聲。古入聲無論清濁今仍爲入聲一類,如'必','服','白','甲'等。

G. 會話

57 a：ṇ˦ za˧ tɕi˦ sï˩ xa˧ næ˩ kɤ꜒ lɤ?
ṇ˦(你) 在 幾 時 下 來 格 呢?

57 b：ŋo˦ sï˧ ʑiẽ˩ ȵiẽ˩˧· xa˧ næ˩ kɤ˧·。
我 是 前 年 下 來 格。

a：ʑiẽ˩ ȵiẽ˩ u˥ t'i˦ ȵin˩꜖ xã˩ xɔ˦ pɤ˥ sï˧?
前 年 屋 裏 人 還 好 不 是?

b：u˥ t'i˦ kɤ˧· ȵin˩——ȵin˩ xã˦ xɔ˦。
屋 裏 的 人—— 人 還 好。

a：m̩˩，u˥ t'i˦ ɗ'æ˥(t'a˥) pɤ˥ t'æ˥ p'in˩ ȵi˧·?
嘸，屋 裏 太 不 太 平 呢?

b：u˥ t'i˦ zən˩꜖ ʑiẽ˩꜖ mɤ˧· xɔ˦ to˧ ɗ'əu˦(t'əu˦) vi˦(fi˦) nɔ˧ tɤ˥˧·
屋 裏 從 前 嘍 好 多 土 匪 鬧 得

tɕi˥ tɕiəu˦。ɕiẽ˧ zæ˧ mɤ˧· ie˦ sɔ˦ yi˩꜒ t'æ˥ p'in˩ tẽ˦ tsï˦
最 久。 現 在 嘍 也 少 爲 太 平 點 子

ʑiəu˧ sï˧。
就 是。

a：ṇ˦ u˥ t'i˦ kɤ˧· ku˥ mi˦ kyi˥ le˧·。
ṇ˦ 屋 裏 個 穀 米 貴 了。

b：u˥ t'i˦ kɤ˧· ku˥ mi˦ a˩——na˧ kɤ˧· t'ẽ˩꜖ t'i˧ təu˧ p'i˧ t'əu˦
屋 裏 個 穀 米 阿—— 那 個 田 地 都 被 土

fi˦꜓ na˩ ʑiaŋ˦ mɤ˧· ʑi˥ ʑiəu˧ sɤ˧。ia˦ səu˧ pɤ˥ tɔ˦。ɕiẽ˧
匪 哪 搶 了 去 就 是。也 收 不 倒。現

zæ˧ kyi˥ tɤ˥˦· xa˥ ȵin˨，iəu˦ ʑiẽ˨ təu˧ mæ˦ pɤ˥ tɔ˦。
在 貴 得 嚇 人，有 錢 都 買 不 倒。

a：m̩˨，n̩˦ zæ˧ tɕi˦ sï˨˧ ye˥ tɕiẽ˧ kyi˧˨ sɤ˦·？
嘸，你 在 幾 時 月 間 歸 啥？

b：tsï˦ ko˥˧——ko˥ fi˨ faŋ˥ no˦· fu˥ tɕia˦˦· ʑiəu˧ fi˨。faŋ˥ no˦·
這 個—— 個 回 放 咯 伏 假 就 回。放 咯

fu˥ tɕia˦˧ kẽ˧˨ ȵi˦ xo˦ ʑi˦ kyi˧ xɔ˦ (p)ɤ˥ xɔ˦ ne˧？
伏 假 跟 你 伙 起 歸 好 不 好 吶？

a：ŋo˦ tɕi˦ sï˦˧ næ˨ io˥ n̩˦ xa˧！
我 幾 時 來 約 你 哈！

b：xɔ˦，na˧˥ ie˦ sï˧ faŋ˥ no˦· tɕia˦˨ tsï˧ ʑiɔ˧ tsa˥ io˥ xɔ˦ no˦·。
好，那 也 是 放 咯 假 之 後 再 約 好 咯。

a：n̩˦ tẽ˦——tẽ˦ ŋo˦ i˥ nəu˧ tɔ˥ ʑi˨ tɕia˧˦· p'ən˨ xa˥，ʑi˨ tɕia˧
n̩˦ 等—— 等 我 一 路 到 徐 家 棚 哈，徐 家

p'ən˨ ʑi˥ ta˥ za˧˨；ʑi˨ tɕia˧˦· p'ən˨ ta˥ za˧ tsï˧ ʑiɔ˧ ni˦·——
棚 去 搭 車；徐 家 棚 搭 車 之 後 呢——

tɔ˥ t'ɔ˧ ȵi˦(t'i˦) ʑiɔ˨，t'ɔ˧ ȵi˦(t'i˦) ʑiɔ˨ zæ˥ ʑi˥ ta˥ ʑi˥
到 趙 李 橋，趙 李 橋 再 去 搭 汽

za˧，ta˥ ʑi˥ za˧ tɔ˥ kæ˧ saŋ˧；tɔ˥ kæ˧ saŋ˧ zæ˥ fi˨ (x)ɤ˦·。
車，搭 汽 車 到 街 上；到 街 上 再 回 去。

n̩˦ xɤ˥ n̩˦ xɔ˦ tɕi˥ iəu˦ mo˦· tsï˦· a˦·？
n̩˦ 看 n̩˦ 伙 計 有 麼 子 阿？

b：ŋo˦ kɤ˥ t'i˦ iəu˦ xɤ˥ ʑiɔ˦ ɕio˥ ɕiɔ˧ na˧ t'i˦ iəu˦ ȵin˨ ʑie˥。
我 個 裏 有 漢 口 學 校 那 裏 有 人 去。

a：m̩˨，tsï˦ iɔ˥ kɤ˥ fi˨ ta˥ ʑi˥ za˧ mo˥ ta˥ sɤ˧ a˦·。
嘸，只 要 個 回 搭 汽 車 莫 搭 散 阿。

b：n̩˦ ne˦· u˥ t'i˦ ɕiẽ˧ zæ˧ mo˦ (i)aŋ˧？
n̩˦ 的 屋 裏 現 在 麼 樣？

a：ŋo˦ u˥ ȵi˦(t'i˦) ɕiẽ˧ zæ˧ xã˧˩ xɔ˦，xã˧˩ t'æ˧ p'in˧˩。
我屋裏 現 在 還 好，還 太 平。

b：kyi˥ ɕin˥ mɤǀ· n̩˦?
貴 姓 吶 n̩˦?

a：ŋo˦ ɕiaŋ˥꜔ zæ˥。
我 姓 蔡。

b：zæ˥ mo˦ tsïǀ· niǀ·?
蔡 麽 子 呢?

a：zæ˥ i(n)˧ yin˧˩。
蔡 英 昀。

b：zæ˥ in˧ yin˧˩˧ naǀ·? o˧˩，n̩˦˧ u˥ t'i˦ ɕiẽ˧ zæ˧ iəu˦ mo˦ ȵin˧˩˧
蔡 英 昀 哪? 哦，n̩˦ 屋 裏 現 在 有 麽 人

niǀ·?
呢?

a：ŋo˦ u˥ ȵi˦(t'i˦) ȵin˧˩ to˧，iəu˦ sɤ˥ tɕi˦ ɤ˧ sɤ˥ ko˥。
我 屋 裏 人 多，有 十 幾 二 十 個。

b：o˧˩。
哦。

a：n̩˦ mɤǀ· u˥ t'i˦ǀǀ· ȵin˧˩ xã˧˩ sɤ˧ xɤ˧˩ ʑiɔ˦ t'əu˧ aǀ·，xã˧˩ sɤ˧
n̩˦ 們 屋 裏 人 還 是 漢 口 住 阿，還 是

iəu˦ i˥ b'u˧(p'u˧) vən˧(fən˧) ȵin˧˩ za˧ u˥ ȵi˦(t'i˦) t'əu˧ sa꜔?
有 一 部 份 人 在 屋 裏 住 煞?

b：ŋo˦ t'ɤ˧ u˥ t'i˦ ȵin˧˩——ŋo˦ mɤǀ· mɔ˧˩ za˧ xɤ˥ ʑiɔ˦ t'əu˧。u˥
我 們 屋 裏 人—— 我 們 没 在 漢 口 住。屋

ȵi˦(t'i˦) ȵin˧˩ xã˧˩ iəu˦ (ɕ)ie˧ za˧ǀ· zən˧˩ iɔ̃˦˧(iaŋ˧˩)。xo˦ sï˧
裏 人 還 有 些 在 崇 陽。可 是

ŋo˦ mɤǀ· kɤǀ· faŋ˧˩ tsïǀ· p'i˧ (ɕ)ieǀ· koǀ· pin˧˧˩˧ t'i˧ ŋən˧ tsɤ˧˩
我 們 格 房 子 被 些 個 兵 隊 硬 佔

tɔ˥˧。ɕiẽ˧ zæ˧ ni˦·，t'a˧ t'əu˥˧ fi˥˧ ni˦·，mɔ˧˩ tɤ˥ mɤ˦·，tsï˧˥ kɤ˦·
倒。現 在 呢，大 土 匪 呢，没 得 了，這 個

ɕiɔ˥˧ ɕi(ɔ)˥˧˦· t'əu˥˧ fi˥˧ tsï˥˧ pa˥ t'i˥˧ nəu˧，u˥ t'i˥˧ pu˥ tɤ˥ t'æ˥
小 小 土 匪 只 八 里 路，屋 裏 不 得 太

pin˧˩。——n̩˥˧ u˥ n̩i˥˧(t'i˥˧) sï˧ xɤ˥ ʑi(ɔ)˥˧ t'əu˧ a˧，xã˧˩ sɤ˧
平。——n̩˥˧ 屋 裏 是 漢 口 住 阿，還 是

zən˧˩ iẽ˧˥(iaŋ˧˩) t'əu˧?
崇 陽 住?

a：ŋo˥˧ u˥ n̩i˥˧(t'i˥˧) sï˧ t'əu˧——tən˧ mən˧˩ ŋa˧ ko˥ ka˦· t'iaŋ˥˧
我 屋 裏 是 住—— 東 門 外 葛(?) 家 嶺

t'əu˧。
住。

b：ko˥ ka˦· t'iaŋ˥˧ kɤ˦· t'i˧ faŋ˧ zæ˧ na˥˧ t'i˥˧? ŋo˥˧ xã˧˩ tsɔ˥˧
葛(?) 家 嶺 格 地 方 在 哪 裏? 我 還 找

pu˥ tɔ˥˧ ni˦·?
不 倒 呢?

a：ʑiɔ˧˩ tən˧ mən˧˩ t'ɤ˥ zən˧˩，pi˥ zɤ˥ tɕiɔ˥˧ ka˦· t'iaŋ˥˧ t'i˥˧ tsɤ˥
朝 東 門 出 城，筆 直 走 格 兩 里 這

tsən˥˧ iaŋ˧ tsï˥˧。
種 樣 子。

b：ka˥ zən˧˩ ɕiaŋ˧ t'iaŋ˥˧ t'i˥˧ to˧ nəu˧ a˦·。
隔 城 廂 兩 里 多 路 阿。

a：m̩˩，xɔ˥˧! tsæ˥ tɕiẽ˥!
嘸，好! 再 見!

b：xɔ˥˧—— xa˧ fi˧˩ tsæ˥ sɤ˥ a˦·!
好—— 下 回 再 説 阿!

五八. 蒲圻(羊樓洞)

A. 發音人履歷

發音人	58a	58b
年齡	17 歲	18 歲
原籍	蒲圻羊樓洞	同左
職業	學生	同左
教育程度	初中	同左
幼時語言環境	本地私塾	同左
教師方言	本地話	同左
住過的地方	武昌一年	同左
曾否學國語	未	未
能否說別處話	不能	同左

二十五年五月十六日吴宗濟記音

B. 聲韻調表

1. 聲母

p	巴必	bʻ	怕旁拔	m	馬米	f	飛黄肺唤附
t	多篤的	dʻ	他頭漏梨兩	n	奶暖樓緑龍倫		
ts	左足争	dzʻ	此才初茶			s	斯沙數森山
tʂ	昭衆	dʐʻ	昌蟲成	ɳ	惹柔認熱	ʂ	示唇蟬紹
tɕ	接斤追專	dʑʻ	其秋詳件缺船垂篆	ȵ	娘女疑内日軟月	ɕ	西賢税
k	該格皆	gʻ	快狂殼肯共	ŋ	艾暗晏矮	h	漢鞋禍霍
○	武如衣雨愚閏移而日						

2. 韻母

ï	世師(執石)[①]	i	碑妹李徐最遂(立律)	u	普婦(勃木)	y	猪如巨(疫玉)

a	巴化蛇(納拔伯)	o	波何(鴿殼託)	œ	而(日)	e	社(北活瑟劣厄白)
ia	野牙佳(狹)	io	(覺削略)			ie	也姐(薛澀)
ua	瓜掛(刮)	uo	窩(握)			ue	(闊國)
ya	靴					ye	(拙月)

ai	該拜介鞋帥揣	ei	灰費毀肺	au	包桃掃趙毫紹	ou	杜奴數周斗奏口某(足)
iai	偕鞋			iau	表某頭小狗要	iou	流秋幼(菊)
uai	外怪	uei	桂危未				
		yei	税追				

① 凡入聲均有ʔ尾,兹暫與舒聲同一表,例字以括弧别之,不另立韻。

an	板反南談山旦晏鹹	œn	半算扇等生臻感漢換	ən	門昏橫恨泠旬硬恒
ian	減限	ien	險廉戀全面耕		
uan	關萬慣	uœn	官貫碗	uən	坤問
		yœn	船玄院軟	yən	均椿永閏

		aŋ	争生泠	oŋ	邦黄張窗牀巷	ʌŋ	朋弘奉東中絨
in	林貧京幸	iaŋ	聽命	ioŋ	江想亮羊	iʌŋ	窮兄用
				uoŋ	光往狂王	uʌŋ	公恐共翁

3. 聲調

陰平	陽平	上	陰去	陽去	入
˧	˩˧	˧˩	˨˧	˧	˥
剛天	窮人	古女	蓋世歎	件樹面	竹尺局入

C. 聲韵調描寫

1. 聲母

蒲圻今有二十三聲母，依發音部位，分爲p，t，ts，tʂ，tɕ，k，○七組。

p組p，b‘，m，f。p是比較軟的清塞音，像不帶音的b。b‘的濁音性不大顯。f的摩擦極輕，脣齒作用也不顯明，有時跟xu是變值音位。

t組t，d‘，n三聲母的部位都相當前。t跟d‘都不强。n是n跟l的變值音位，但讀n的機會多。

ts組ts，dz‘，s三聲母都是舌尖稍偏後，摩擦成分較少。dz‘有時讀成z。

tʂ組tʂ，dʐ‘，ɳ，ʂ四聲母是捲舌音。

tɕ組有tɕ，dʑ‘，ȵ，ɕ的部位比北平的tɕ等偏後。尤其是ȵ有時帶點ŋj的色彩。dʑ‘又時作ʑ。

k組k,gʻ,ŋ,h。k,gʻ也不强。gʻ送氣更弱,在合口韵前有時失去聲母。h稍有些摩擦,但部位較其餘都偏後,不在合口韵前出現。

○遇i韵或i介母時摩擦較多,像ji,遇u跟y摩擦不顯明。遇œ時前有一喉閉塞音ʔ。

2. 韵母

ï在蒲圻有兩值:跟ts等聲母配時是ɿ,但不很關。跟tʂ等聲母配時是ʅ,捲舌成分並不强。

i,u,y。i很關,近標準i。u跟y也相關,但有些偏央。

a,ia,ua,ya。a近標準a。

o,io,uo。o近標準o。

œ韵尾略帶r音。

e,ie,ue,ye。e稍開,近似ᴇ。遇合口介母如ue的e就有變ə的傾向,e跟tʂ等聲母配時,唇稍圓,但不像œ。

ai,iai,uai的a近標準a,i尾也相當關,兩元音長短都相仿。

ei,uei,yei的e,i都近標準。uei,yei的u,y都不很短。

au,iau的a近標準,u比較短而不够關,像 ʊ。

ou,iou的o稍偏央,但不到ə的程度,u相當關。

an,ian,uan的a稍前。

œn,uœn,yœn的œ相當圓。uæn跟yœn的u,y較關。

ien的i較關,e稍開。

ən,uən,yən的ə很短,部位平均。n值頗穩。

in的i短而稍鬆,像ɪ。

aŋ的a稍後,但不到ɑ。

oŋ,ion,uoŋ的o很關,但不到 ʊ。

ʌŋ,iʌŋ,uʌŋ。ʌŋ的ʌ稍關。大致遇p,k等組聲母時較關,遇t,ts,tʂ,tɕ等組聲母時較開。

3. 聲調

陰平是半高調(44)但尾略升。今用半高平調號(˦ 44)。

陽平是“半低”升至“中”(23),但有時起首也有微降勢,如(213),寬式用低升調號(˩˧ 13)。

上聲是由“半低”降至“低”(21)現用低降調號(˧˩ 31)。

陰去用中升調號(˨˦ 24),調值相當穩。

陽去調值也穩,用中平調號(˧ 33)。

入聲是短高平調(5),常讀成升調,現用短高平調號(˥ 5)。

D. 與古音比較

1. 聲母

古母今讀 發音方法及影響條件 / 古聲組及影響條件		全清塞	次清塞	全濁塞 平	全濁塞 仄	次濁	清擦	濁擦 平	濁擦 仄
幫組		幫：p	滂：b‘	並：b‘	並：b‘	明：m			
非組						微：u	非、敷：f	奉：f	
端組泥	一二等	端：t	透：d‘	定：d‘	定：d‘	泥：n,ȵ；來：n,d‘			
端組泥	三四等	端：t	透：d‘	定：d‘	定：d‘	泥：n；來：d‘,n;y[1]			
精組	洪	精：ts	清：dz‘	從：dz‘	從：dz‘		心：s	邪：?	邪：s
精組	細	精：tɕ	清：dʑ‘	從：dʑ‘	從：dʑ‘		心：ɕ	邪：dʑ‘,ɕ	邪：dʑ‘,ɕ
莊組	內轉、外轉	莊（照二）：ts	初（穿二）：dz‘	崇（牀二）：dz‘	崇（牀二）：dz‘;s		生（審二）：s		
知組	今開 果宕梗二等韵	知：ts	徹：dz‘	澄：dz‘	澄：dz‘				
知組	今開 其他	知：tʂ	徹：dʐ‘	澄：dʐ‘	澄：dʐ‘				
知組	今合	知：tɕ	徹：dʑ‘	澄：dʑ‘	澄：dʑ‘				
章組	今開	章（照三）：tʂ	昌（穿三）：dʐ‘	船（牀三）：ʂ	船（牀三）：ʂ		書（審三）：ʂ	禪：dʐ‘,ʂ	禪：ʂ
章組	今合	章（照三）：tɕ	昌（穿三）：dʑ‘	船（牀三）：dʑ‘	船（牀三）：ɕ		書（審三）：ɕ	禪：dʑ‘,ɕ	禪：ɕ

古聲組及影響條件 \ 古母今讀 \ 發音方法及影響條件			全清塞	次清塞	全濁塞 平	全濁塞 仄	次濁	清擦	濁擦 平	濁擦 仄
日母	今開	止(附質韻)					日 ○			
		其他					日 ɳ,ȵ			
	今合						日 y,ȵ			
見組曉	開	一等	見 k,tɕ	溪 gʻ,dʑʻ			疑 ŋ,ȵ	曉 h,ɕ	匣 h,ɕ	
		二等	見 k,tɕ	溪 gʻ,dʑʻ			疑 i,ŋ	曉 h,ɕ	匣 h,ɕ	
		三四等	見 tɕ	溪 dʑʻ	羣 dʑʻ	羣 dʑʻ	疑 ȵ	曉 ɕ	匣 ɕ	
	合	一二等	見 k	溪 gʻ	羣 *	羣 *	疑 u	曉 f;h	匣 f;h	
		三四等 蟹止宕	見 k	溪 gʻ	羣 gʻ	羣 gʻ	疑 u	曉 f	匣 f	
		三四等 通舒	見 k	溪 gʻ	羣 dʑʻ	羣 gʻ	疑 ?	曉 ɕ	匣 *	
		三四等 其他	見 tɕ	溪 dʑʻ	羣 dʑʻ	羣 dʑʻ	疑 y,ȵ	曉 ɕ	匣 ɕ	
影組	開	一等	影 ŋ							
		二等	影 ŋ,i;u(2)							
		三四等	影 i				喻 i			
	合	一二等	影 u				*			
		三四等 蟹止宕	影 u				喻 u			
		三四等 通	影 i				喻 i			
		三四等 其他	影 y				喻 y			

2. 韵母

第一表

攝別 \ 呼 等 聲母	開												
	一			二				三四					
	幫系	端系	見系	幫系	泥組	知莊組	見系	幫系	端系	莊組	知章組	日母	見系
果	*	o	o	a	a	a	a,ia	*	ia,ie	*	a,e	e	ia;ie
（遇）	*			*				*					
蟹	*	ai	ai	ai	ai	ai	ai,iai,ia	i	i	*	ï	*	i
止	*			*				i	i;ï	ï	ï	œ	i
効	au	au	au	au	au	au	au,iau	iau	iau	*	au	au	iau
流	u,iau,ou	iau,ou	iau,ou	*				u,iau	iou	ou	ou	ou	iou
咸	*	an	œn	*		an	an,ian	ien	ien	*	œn	œn	ien
山	*	an	œn	an	*	an	an,ian	ien	ien	*	œn	œn	ien
宕	oŋ	oŋ	oŋ	oŋ	*	oŋ	oŋ,ioŋ	*	ioŋ	oŋ	oŋ	oŋ	ioŋ

攝別 \ 聲母 \ 等 \ 呼	開												
	一			二				三四					
	幫系	端系	見系	幫系	泥組	知莊組	見系	幫系	端系	莊組	知章組	日母	見系
深	*			*				in	in	œn	ən	ən	in
臻	*	œn	ən	*				in	in	œn	ən	ən	in
曾	ən, ʌŋ	œn	ən, iən	*				in	in	*	ən	ən	in
梗	*			œn, ʌŋ	aŋ; ən	ən, œn; aŋ[(1)]	ən, in, ien	in; iaŋ	in; iaŋ	*	ən	*	in
（通）	*			*				*					
咸入	*	a^ʔ	o^ʔ	*		a^ʔ	a^ʔ, ia^ʔ	*	e^ʔ; ie^ʔ[(2)]	*	e^ʔ	*	ie^ʔ
山入	*	a^ʔ	o^ʔ	a^ʔ	*	a^ʔ	ia^ʔ	e^ʔ	e^ʔ; ie^ʔ[(2)]	*	e^ʔ	e^ʔ	ie^ʔ
宕入	o^ʔ	o^ʔ	o^ʔ	o^ʔ	*	o^ʔ	o^ʔ, io^ʔ; uo^ʔ[(3)]	*	io^ʔ	*	o^ʔ	o^ʔ	io^ʔ
深入	*			*				*	i^ʔ	ie^ʔ	ï^ʔ	y^ʔ	i^ʔ
臻入	*			*				i^ʔ	i^ʔ	e^ʔ	ï^ʔ	i; œ^ʔ	i^ʔ
曾入	e^ʔ	e^ʔ	e^ʔ	*				i^ʔ	i^ʔ	e^ʔ	ï^ʔ	*	i
梗入	*			e^ʔ, a^ʔ	*	ie^ʔ, e^ʔ	e^ʔ	i^ʔ	i^ʔ	*	ï^ʔ	*	i^ʔ
（通入）	*			*				*					

第二表

攝別＼聲母＼等＼呼	合												
	一			二			三四						
	幫系	端系	見系	幫系	莊組	見系	幫系	泥組	精組	莊組	知章組	日母	見系
果	o	o	o;uo[3]	*		ua,a	*						ya
遇	u	ou	u	*			u	y	i	ou	y	y	y
蟹	i	i	uai,ei	*		ua,uai;ai	ei	*	i	*	yei	*	uei;ei
止	*			*			i;ei,uei[4]	i	i	ai	yei	*	uei;ei
（效）	*			*			*						
（流）	*			*			*						
咸	*			*			an	*					
山	œn	œn	uœn,œn	*	œn	uan;an	an;uan	ien	ien	*	yœn	yœn	yœn
宕	*		uoŋ;oŋ	*			oŋ;uoŋ	*					uoŋ

攝別 \ 呼 等 聲母	合												
	一			二			三四						
	幫系	端系	見系	幫系	莊組	見系	幫系	泥組	精組	莊組	知章組	日母	見系
(深)	*			*			*						
臻	ən	ən	uən;ən	*			ən;uən	ən	ən	*	yən,ən	yən	yən
曾	*		ʌŋ	*			*						
梗	*			*		ən,ʌŋ	*						yən
通	ʌŋ	ʌŋ	uʌŋ;ʌŋ	*			ʌŋ	ʌŋ	ʌŋ	ʌŋ	ʌŋ	ʌŋ	uʌŋ,iʌŋ
咸入	*			*			a^{ʔ}	*					
山入	e^{ʔ}	e^{ʔ}	ue^{ʔ},e^{ʔ}	*	a^{ʔ}	ua^{ʔ};a^{ʔ}	a^{ʔ};ua^{ʔ}	e^{ʔ}	ie^{ʔ}	*	ye^{ʔ}	*	ye^{ʔ}
宕入	*		o^{ʔ}	*			o^{ʔ}	*					
(深入)	*			*			*						
臻入	u^{ʔ}	ou^{ʔ}	u^{ʔ}	*			u^{ʔ}	i^{ʔ}	i^{ʔ}	*	y^{ʔ}	*	y^{ʔ}
曾入	*		ue^{ʔ},e^{ʔ}	*			*						y^{ʔ}
梗入	*			*		ue^{ʔ},e^{ʔ}	*						y^{ʔ}
通入	u^{ʔ}	ou^{ʔ}	u^{ʔ}	*			u^{ʔ}	ou^{ʔ}	ou^{ʔ}	ou^{ʔ}	ou^{ʔ}	ou^{ʔ}	iou^{ʔ};y^{ʔ}

3. 聲調

古類 影響條件 今值 今類		陰平	陽平	上	陰去	陽去	入
平	清	˦					
	濁		˩˨				
上	清			˧˩			
	次濁			˧˩			
	全濁					˧	
去	清				˨˧		
	濁					˧	
入	清						˥
	次濁						˥
	全濁						˥

附注：

聲母：—

(1)來母三等在魚韵讀y，如'吕'y，餘讀d'，n不定。

(2)影二開宕入讀合，如'握'uoˀ。

韵母：—

(1)梗開二知莊組文言讀法不同。知組讀ən，如'撑'dz'ən；莊組讀œn，如'生'sœn，'争'tsœn。白話均讀aŋ，如'生'saŋ。

(2)山入三四等端系來母讀eˀ，如'列'd'eˀ，'劣'd'eˀ；精組讀ieˀ，如'薛'çieˀ，'絶'dʑ'ieˀ。

(3)果合一及宕開二入聲白話見系讀o，但影組讀uo，如'果'ko，'禍'ho，'窩'uo；'確'g'oˀ，'握'uoˀ。

(4)止合幫組讀i，非組讀ei，uei，如'碑'pi，'靡'mi；'肥'fei，'未'uei。

E. 同音字表

今調	陰平˥	陽平˨˦	上˨˩˦	陰去˦˨	陽去˧	入˥
今韵	ï					ï^{ʔ}
廣韵	祭‖脂;之;支‖緝‖質‖職‖昔					
p						
b‘						
m						
f						
t						
d‘						
n			你(ṇ)之泥			
ts	茲		子			卒没
dz‘			此	次;伺心;刺,賜心	自;字	
s	師; 思;斯		死	四	似,士、事; 是2禪	
tʂ	之;知		只	致,至;志;翅審		執‖質‖隻炙
dʐ‘		遲	耻	滯澄	痔	姪秩‖直值 植,殖禪‖擲
ʂ	施	時	矢;使審二, 始	世‖試‖式入	勢審‖示;侍 市;是1	十‖實‖食蝕, 識飾‖石
ɳ						
tɕ						
dʑ‘						
ȵ						
ɕ						
k						
g‘						
ŋ						
h						
○						

今調	陰平˦	陽平˩˧	上˨˩	陰去˧˦	陽去˧	入˥
今韻	i					iˀ
廣韻	魚;虞‖祭;齊;灰;泰‖脂;之;支;微‖緝‖質;迄;術‖職‖昔;陌;錫					
p	卑;悲;碑		比;彼	貝		臂‖畢必‖逼‖碧
b‘	披	皮脾	鄙痞幫，丕平		敝;倍、佩‖被;備	鼻並去‖僻，闢
m		梅	米‖靡		妹	秘泌幫去‖密
f						
t			底	帝;對;兑定		的
d‘		堤提‖梨;離	屢虞去‖禮‖履;李里裏理	累	例;第，麗隸‖地;類;彙喻	立‖栗;律‖力‖笛，歷
n						
tɕ			己;幾	祭;計繼;最‖醉，季合見		急;吸曉，及羣‖吉‖積;激
dʑ‘	妻，棲心‖期羣	齊‖其;奇;圻	起	去魚溪;娶趣‖器;氣;粹心	聚‖罪‖忌;技妓企;悴	緝，集‖七;乞，迄曉‖極‖戚
ȵ		疑;宜	你		藝;内‖義議	日‖逆
ɕ	須‖西，溪溪，奚兮匣‖携匣合‖希	徐‖隨	洗‖喜;徙璽支心	細;歲‖戲	序‖系‖遂	泣溪‖戌恤‖息媳‖惜，席
○	衣依	夷;移;遺合	以，矣	意	易	噎屑‖邑‖一，逸‖憶‖亦

今調	陰平˦	陽平˩˧	上˧˩	陰去˨˧	陽去˧	入˥
今韵	u					$u^{ʔ}$
廣韵	模;虞‖侯;尤‖没;物‖屋;沃					
p						不
bʻ		蒲	譜幫,普	舖	步	勃‖卜幫,撲,僕瀑曝
m			母			木;目
f	呼,乎匣	狐胡糊	虎;府,腐奉‖否		户;附‖婦負	忽‖服
k	箍孤			故固		骨
gʻ			苦			哭;酷
ŋ						
h						
○	烏	吾;無	五;武		務‖戊明	物‖屋

今韵	y					$y^{ʔ}$
廣韵	魚;虞‖緝‖没;術;物‖職‖昔‖燭					
tɕ	猪,諸;拘俱		主	著;句		橘;掘
dʑʻ	樞,區‖吹支合	除		處,去	巨;柱、住	出;屈
ȵ			女			
ɕ	書,虛;輸		暑鼠,許	訴模心	殊平、樹	
○	於;迂	如,魚,餘余;儒,愚	吕,與;雨羽		預	入‖鬱‖疫役‖域‖玉

今調	陰平˦	陽平˩˧	上˨˩	陰去˧˥	陽去˧	入˥
今韵	a					a^ʔ
廣韵	麻‖佳;夬‖合;盍;洽;狎;乏‖曷;鎋;黠;月‖陌二					
p	巴;爸		把			八‖百伯
bʻ		爬		怕	罷	拔
m	[媽]		馬			
f	花			化	畫;話	法‖滑髪;發
t			打庚			答搭
dʻ	他歌				大泰	踏;塔‖達
n	拉入	拿	[哪]			納;臘‖辣
ts					乍	札,軋影
dzʻ	差	茶		岔		雜;插‖察
s	沙		撒$_2$入			撒$_1$;殺;刹穿刷
tʂ	遮					
dʐʻ						
ʂ		蛇	傻審二合			
ɳ			惹			
k	家					
gʻ						
ŋ		[伢]				鴨
h					下	

今調	陰平˦	陽平˨˦	上˨˩	陰去˦˨	陽去˧	入˥
今韵	ia					$ia^{ʔ}$
廣韵	麻‖佳‖洽;狎‖鎋(均開口)					
t	[爹]					
dʻ						
n						
tɕ	家;嗟‖佳		假賈	架		甲;挾帖匣
dʑʻ						恰喫(廣韵作鹹)
ȵ						
ɕ	些	霞;邪	寫		下	狹;匣‖瞎
○	鴉	牙;爺	也野			鴨

今韵	ua					$ua^{ʔ}$
廣韵	麻‖鎋;黠(均合口)					
k	瓜			掛		刮
gʻ						
ŋ						
h		華匣合				
○	蛙‖挖		瓦‖舀宵	[垮]		

今韵	ya					
廣韵	戈三(合)					
tɕ						
dʑʻ						
ȵ						
ɕ	靴					

今調	陰平˦	陽平˩˧	上˨˩	陰去˧˥	陽去˧	入˥
今韵	o					oˀ
廣韵	歌;戈‖合;盍‖曷‖鐸;覺;藥					
p	坡,玻滂			播		剥
b‘	坡	婆				
m			麽			莫
f						縛
t	多					
d‘			妥		舵	託
n		羅;騾				落洛
ts			左			作;桌,捉
dz‘				錯	坐	昨;濁濯
s			所			
tʂ						酌
dʐ‘						
ʂ						
ɳ						若
k	歌;鍋		果	個;過		鴿‖割‖各;郭
g‘			可	課		確殼
ŋ		鵝	我			惡
h		何荷	伙		禍	合;盍‖喝;鶴;霍

今調	陰平˦	陽平˨˦	上˨˩	陰去˧˦	陽去˧	入˥
今韻	io					io?
廣韻	覺;藥(均開口)					
t						
d‘						略
n						
tɕ						覺,角;爵,脚
dʑ‘						雀精,嚼
ȵ						虐
ɕ						學;削
○						約,藥

今韻	uo					uo?
廣韻	戈一‖覺‖沃					
k						
g‘						
ŋ						
h						
○	窩					握‖沃

今調	陰平˥	陽平˩˧	上˨˩	陰去˧˥	陽去˧	入˥
今韵	e					eʔ
廣韵	麻三‖葉‖薛;末‖質;没‖德‖陌					
p						不‖北‖百
bʻ						撇‖泊‖迫幫,拍,白
m						滅;末‖麥
f						活‖或‖獲
t				[這]		得德
dʻ						列;鐵;脱;劣‖忒,特
n			[哪]	[那]		勒
ts						則‖責
dzʻ						側照,測‖宅擇澤1
s					社	瑟‖色
tʂ						
dʐʻ						徹,澈
ʂ						涉‖舌,設‖實
ɳ						熱
k						格;革
gʻ						刻
ŋ						厄
h	[唉]					瞎鍺‖黑‖赫

今調	陰平˧	陽平˩	上˨	陰去˩	陽去˧	入˥
今韵	ie					ie?
廣韵	麻三‖葉;業;帖‖薛;月;屑‖緝‖陌二					
tɕ			姐			接‖節,結
dʑʻ						傑竭;切;絶‖澤₂
ȵ						聶;業‖孽
ɕ	些				謝	脅;協‖薛;血合‖澀
○		爺	也			葉‖謁

今韵	ue					ue?
廣韵	德‖末(均合口)					
k						國
gʻ						闊
ŋ						
h						

今調	陰平˦	陽平˩˧	上˨˩	陰去˨˦	陽去˧	入˥
今韵	ye					yeʔ
廣韵	戈三‖薛;月;屑(均合口)					
tɕ						綴,拙;決
dʑʻ		茄開;瘸				缺
ȵ						月
ɕ						説;穴
○						閲;越曰

今韵	œ					œʔ
廣韵	脂;之;支‖質					
○		而	爾		二貳	日

今調	陰平˥	陽平˩˧	上˨˩	陰去˦	陽去˧
今韵	ai				
廣韵	咍;泰;皆;佳‖脂;支				
p				拜	
b‘				派	敗
m		埋	買		[邁](|下,等一下)
f		懷			
t				載;帶	
d‘				太泰	待、代;<u>大</u>
n		來	乃;奶		賴
ts	齋		[崽]	再	
dz‘		才纔;柴	揣	菜;蔡	在
s				賽;曬‖帥	
k	該;皆街		改;解	概;蓋;介界戒,械匣	
g‘	開				
ŋ	哀		矮	愛	艾
h		鞋‖還刪合			亥;害

今調	陰平˥	陽平˩˧	上˨˩	陰去˧˥	陽去˧
今韵	iai				
廣韵	皆;佳(均開口)				
tɕ dʑ' ȵ ɕ		 偕,諧;鞋			

今韵	uai				
廣韵	灰;泰;皆;夬(均合口)				
k g' ŋ h			 塊去	會(丨計);怪 快	
○	歪曉				外

今韵	ei				
廣韵	灰;祭;廢‖支;微				
p b' m f	 灰‖飛	 回‖肥	 毁	 廢,肺‖費,諱	 會;彗喻;惠

今調	陰平˦	陽平˨˦	上˧˩	陰去˧˦	陽去˧
今韵	uei				
廣韵	祭;齊‖脂;支;微(均合口)				
k	龜;歸			桂‖貴	
gʻ		葵			跪
ŋ					
h					
○	威	維惟;危;微,圍	委	畏	衛‖位;爲;未

今韵	yei				
廣韵	祭‖脂;支(均合口)				
tɕ	追,錐				
dʑʻ		垂			
ȵ					
ɕ				税	睡瑞
○					鋭喻

今調	陰平˥	陽平˩˧	上˨˩	陰去˧˥	陽去˧
今韵	au				
廣韵	豪;肴;宵				
p	包		保		
bʻ			跑		
m		[毛](没有)			帽;貌‖[冒](没有)
f					
t			倒	到	
dʻ		桃			道、悼
n		牢	腦,老		鬧
ts	糟				
dzʻ			草;炒吵		造皂
s			掃		
tʂ	昭招			照	
dʐʻ					趙
ʂ					紹
ɳ		饒			
k	高		稿;攪	告	
gʻ					
ŋ			襖	奧	
h		毫	好		

今調	陰平˥	陽平˨˦	上˧˩	陰去˨˦	陽去˧
今韵	iau				
廣韵	肴;宵;蕭‖侯;尤;幽				
p			表		
b‘			剖		
m	貓明平	貓$_{2}$‖謀	某畝		
f					
t	兜		斗	釣	
d‘		燎;條調跳,聊‖頭	討;了$_{1}$		漏;謬明
n					
tɕ	驕		走$_{2}$,狗	叫	
dʑ‘		喬橋	巧	扣	
ȵ		堯	了$_{2}$來‖偶	嘔	
ɕ	消,囂;蕭	肴淆‖侯	小;曉	孝;笑	效校‖後$_{2}$
○	沃				要

今調	陰平˦	陽平˩˧	上˨˩	陰去˧˦	陽去˧	入˥
今韵	ou					ou^{ʔ}
廣韵	模;魚‖侯;尤‖没‖屋;沃;燭					
p						
b‘						
m			某畝			
f						
t	都		賭肚‖斗	鬥		篤
d‘		塗‖頭$_1$			杜	突‖禿,讀;毒
n		奴‖樓	努		怒,路	鹿;六陸;緑
ts			走$_1$	做‖奏		足
dz‘	粗;初	鋤‖愁	楚	醋	助‖就尤從	族;促
s	蘇‖搜			素;數		肅,縮;續
tʂ	周					竹;燭囑
dʐ‘			丑			觸
ʂ				獸	受	熟;屬
ɳ		柔				肉;辱
k						
g‘			口			
ŋ	歐					
h					後$_1$	

今調	陰平˦	陽平˨˦	上˨˩	陰去˦˨	陽去˧	入˥
今韻	iou					iouʔ
廣韻	尤;幽‖屋;燭					
t	[丟]					
d‘		流				
n						
tɕ	糾上		久			菊
dʑ‘	秋,丘	囚,求			就,舅	局
ȵ		牛	紐			
ɕ	休					畜
○		由猶,尤	有	幼	又	育;欲

今調	陰平˥	陽平˩˧	上˨˩	陰去˧˥	陽去˧
今韵	an				
廣韵	覃;談;咸;銜;凡‖寒;山;删				
p bʻ m f	班 翻	 [蠻](=很) 凡	板 反	扮 盼 	 辦 慢 范
t dʻ n	 貪 	 談 南;藍‖難	膽 	旦 歎 	 難
ts dzʻ s	 餐 三;衫‖山		斬 慘‖鏟,産審 	棧 散	 暫
k gʻ ŋ h		 鹹‖閑;還	 眼 	 晏 	

今調	陰平˦	陽平˨˦	上˨˩˧	陰去˧˥	陽去˧
今韵	ian				
廣韵	咸;銜‖山(均開口)				
tɕ	監‖間		減	諫	
dʑʻ					
ȵ					
ɕ		銜			陷‖限
○			眼		

今韵	uan				
廣韵	山;删;元(均合口)				
k	鰥;關			慣	
gʻ					
ŋ					
h					
○	彎				萬

今調	陰平˥	陽平˩˧	上˨˩	陰去˧˥	陽去˧
今韻	œn				
廣韻	覃;談‖寒;仙;桓‖侵‖痕;臻‖登‖耕				
p				半	
bʻ		盤‖彭			伴,叛
m			滿		
f	歡		緩匣	喚	换
t			短‖等		
dʻ	吞				
n		能	暖		亂
ts	鑽纂上‖臻‖增‖争				
dzʻ		層			
s	閂‖刪刪開;酸‖森‖僧‖生			算	
tʂ	氈		展		
dʐʻ					
ʂ		蟬	陝	扇	善
ɳ		然	染		
k	干		感;敢‖‖[趕]		
gʻ				看	
ŋ	安			暗	岸
h		含‖寒	喊	漢	

今調	陰平˥	陽平˨˦	上˨˩	陰去˨˦	陽去˧
今韵	uœn				
廣韵	桓				
k	官觀		管	貫	
g'					
ŋ					
h					
○		完丸匣	皖匣,碗		

今韵	yœn				
廣韵	仙;元;先(均合口)				
tɕ			轉,捲		
dʑ'	穿	船,權			篆,倦
ȵ		鉛喻	軟		
ɕ		玄			
○		緣,圓;元,阮上,園	遠		院

今調	陰平˧	陽平˩	上˨	陰去˦	陽去˧
今韵	ien				
廣韵	鹽;嚴;添‖仙;先‖登‖庚二;耕				
p	邊		貶	徧;變	
b'		便			辨;片;辦
m		棉	勉		面
f					
t			點‖典	店	
d'	天	廉‖連聯			戀
n					
tɕ	堅‖更庚;耕		剪;繭	建;見	
dʑ'	謙‖千	鉗‖錢;全	肯2		件;健
ȵ	研疑平	嚴‖年			驗;念‖硯
ɕ	仙鮮;軒掀;先;宣	嫌‖賢;旋	險‖癬	憲	漸從‖現;縣匣合
○	煙	延;言疑;沿合	演	厭	

今調	陰平˦	陽平˨˦	上˨˩	陰去˧˥	陽去˧
今韵	in				
廣韵	侵‖真;欣;諄‖蒸‖庚;耕;清;青				
p	兵		稟		
b‘	拚(丨命)	貧‖瓶;平	品		
m		民‖名	敏		命
f					
t	丁		頂		
d‘		林‖鄰‖陵‖零		聽	令;定
n					
tɕ	今‖巾;斤‖京荆;經		緊‖頸	進‖勁	
dʑ‘	侵‖津‖輕;青	秦			盡;近‖静
ȵ		人$_2$,銀‖凝	領來		
ɕ	心,欽‖新‖星腥	尋‖行;形		信‖姓性‖興	杏;幸
○	音‖因‖鶯;英	盈嬴;營合	隱	印‖應	

今調	陰平˧	陽平˩	上˨	陰去˦	陽去˧
今韵	ən				
廣韵	侵‖真;魂;諄;文‖登;蒸‖庚;耕;清				
p	崩				
b‘					
m		門			
f	昏;分	魂‖横		奮	
t				頓	
d‘					
n		倫	冷		論
ts					
dz‘	撑	存			
s		旬			
tʂ	真‖徵‖貞,偵徹,征		整	政正	
dʐ‘		沉‖陳,臣‖成誠			鄭
ʂ	深‖身‖聲	晨;唇合‖繩	審		盛
ɳ		壬‖人1‖仍	忍		認
k	跟根		亘去	更1	
g‘			肯1		
ŋ	恩				硬
h		恒	很		恨

今調	陰平˦	陽平˨˦	上˨˩	陰去˧˦	陽去˧
今韵	uən				
廣韵	魂;文				
k					
gʻ	坤				
ŋ					
h					
○	温	聞	穩		問

今韵	yən				
廣韵	諄;文‖清;庚;青				
tɕ	均				
dʑʻ	椿,春‖傾、頃	羣‖瓊			
ȵ					
ɕ	勳	純	迥匣		
○		云雲‖榮;螢匣	尹允‖永		閏;運

今調	陰平˦	陽平˩˧	上˨˩	陰去˧˥	陽去˧
今韻	aŋ				
廣韻	庚;耕				
p					
b‘					
m	［蒙］				
f					
t					
d‘					
n			冷		
ts	争				
dz‘					
s	生				

今韻	iaŋ				
廣韻	庚三;青				
p					
b‘					
m					命
f					
t					
d‘	聽				
n					

今調	陰平˥	陽平˨˦	上˨˩	陰去˧˦	陽去˧
今韵	oŋ				
廣韵	唐;江;陽				
p	邦‖[□](追)				
b‘		旁			
m		忙			
f	荒;方	黄;房防			
t	當		黨		
d‘		堂			蕩
n		郎	朗		
ts	莊				
dz‘	倉;窗	牀	撞2 澄		撞1;狀
s	桑				上尚
tʂ	張		長		
dʐ‘	昌				
ʂ	商	常			
ɳ	[嚷]				讓
k	剛綱				
g‘					
ŋ					
h		行			項、巷

今調	陰平˥	陽平˩˧	上˨˩	陰去˧˥	陽去˧
今韵	ioŋ				
廣韵	江;陽				
t d' n		 梁良 	 兩 		 量亮
tɕ dʑ' ȵ ɕ	江;將,姜 腔 香	 詳祥 娘 	講 强 仰 想		 像 像
○		羊			様

今韵	uoŋ				
廣韵	唐;陽				
k g' ŋ h	光 	 狂 		 曠;況曉 	
○	汪	王	往		旺

今調	陰平˦	陽平˨˦	上˨˩	陰去˧˥	陽去˧
今韵	ʌŋ				
廣韵	登‖庚;耕‖東;冬;鍾				
p					
b‘		朋		碰	
m		萌			孟‖夢
f	風瘋;封	弘‖宏‖紅‖馮			奉
t	東				
d‘	通	同	桶;統		洞
n		農;隆;龍	攏		
ts	椿江		總		
dz‘		崇;從	寵		誦
s	鬆;嵩;松			送;宋	
tʂ	中;鍾			衆	
dʐ‘	充	蟲			重
ʂ					
ɳ		絨;茸			

今韵	iʌŋ				
廣韵	庚‖東;鍾				
tɕ					
dʑ‘		窮			
ȵ					
ɕ	兄‖胸	熊雄			
○		融;容			用

今調	陰平˥	陽平˨˦	上˨˩	陰去˦˨	陽去˧
今韵	uʌŋ				
廣韵	東;鍾				
k gʻ ŋ h	公工功;弓;恭 空,翁₂		恐		共
○	翁₁				

F. 音韵特點

1. 聲母

(1)次清全濁滂並透定清從徹澄溪羣十母在蒲圻無論平仄一律讀送氣濁音,如'披'bʻi,'步'bʻu,'拔'bʻaˀ,'妥'dʻo,'道'dʻau,'醋'dzʻou,'集'dʑʻiˀ,'丑'dʐʻou,'直'dʐʻïˀ,'奇'dʑʻi,'健'dʑʻien,'坤'gʻuən,'共'gʻuʌŋ。

(2)初崇昌船禪五母今讀塞擦音時亦作送氣濁音,如'差'dzʻa,'楚'dzʻou,'助'dzʻou,'穿'dʑʻyœn,'處'dʑʻy,'船'dʑʻyœn,'垂'dʑʻyei,'成'dʐʻən。但今讀摩擦音時則爲清音,如'事'sï,'晨'ʂən,'蟬'ʂœn,'盛'ʂən。

(3)蒲圻分ts,tʂ。精組洪音一律讀ts等,章組今開口一律讀tʂ等,如'兹'tsï≠'之'tʂï,'思'sï≠'施'ʂï,'作'tsoˀ≠'酌'tʂoˀ,'倉'dzʻoŋ≠'昌'dʐʻoŋ,'算'sœn≠'扇'ʂœn。

(4)莊組無論内外轉一律讀ts等,跟精組洪音混,如'士'='似'sï,'初'='粗'dzʻou,'争'='增'tsœn,'察'='雜'dzʻaˀ,'捉'='作'tsoˀ,'柴'='才'dzʻai,'炒'='草'dzʻau,'衫,山'='三'san,'窗'='倉'dzʻoŋ。

(5)知組今開口,只在果宕梗三攝二等韵讀ts等,如'茶'dzʻa,'椿'tsʌŋ,'撞'dzʻoŋ,'桌'tso,'撑'dzʻən,'宅'dzʻe。其他皆讀tʂ等,如'知'tʂï,'竹'tʂou,'丑'dʐʻou,'鄭'dʐʻən,'中'tʂʌŋ。

(6)不分尖團。精組跟見系細音皆作tɕ等,‘祭’=‘計’tɕi,‘爵’=‘覺’tɕioˀ,‘切’=‘傑’dʑ‘ieˀ,‘剪’=‘繭’tɕien,‘序’=‘系’ɕi。

(7)知章組今合口讀tɕ等,跟見系合口細音混,如‘猪,諸’=‘俱’tɕy,‘説’=‘穴’ɕye,‘篆’=‘倦’dʑ‘yœn,‘椿’=‘傾’dʑ‘yən。

(8)泥母洪音讀n,如‘拿’na,‘乃’nai,‘能’nœn;細音讀ȵ,如‘内’ȵi,‘年’ȵien,‘娘’ȵioŋ,‘聶’ȵie。

(9)來母一二等(除流攝一等)讀n,跟泥母洪音混,如‘臘’naˀ(=納),‘藍’nan(=南),‘冷’nən,naŋ;但流攝一等讀n或d‘不定,如‘樓’nou,但‘漏’d‘iau。三四等在通攝及臻舒合口讀n,如‘龍,隆’nʌŋ,‘六,绿’nou,‘倫’nən,其餘大多數讀d‘,跟透定混,如‘離’d‘i(=提),‘律’d‘iˀ(=笛),‘列,劣’d‘e(=鐵,特),‘略’d‘io,‘戀’d‘ien,‘林,鄰’d‘in。但遇攝‘吕’字讀y,失落聲母。

(10)日母在止攝開口讀○,如‘而’œ,‘爾’œ;在質韵文言讀○,白話讀ȵ,如‘日’œˀ,ȵiˀ;此外今開口洪音讀ɳ,細音讀ȵ,如‘惹’ɳa,‘若’ɳoˀ,‘熱’ɳeˀ,‘柔’ɳou,‘然’ɳœn,‘絨’ɳʌŋ,‘人’ɳən,ȵin;今合口讀○或ȵ,如‘入’yˀ,‘閏’yən,但‘軟’ȵyœn。

(11)曉匣兩母開口洪音讀h,如‘喝’hoˀ,‘害,亥’hai,‘好’hau,‘項’hoŋ。合口洪音,除今○韵外,讀f,與非敷奉不分,如‘回’=‘肥’fei,‘諱’=‘肺’fei,‘昏’=‘分’fən,‘弘’=‘馮’fʌŋ,‘换’fœn,‘化’fa,但今o韵仍讀h,如‘禍’ho,‘合,霍’hoˀ。

(12)見系開口一等大致讀k等,如‘告’kau,‘根’kən,‘開’g‘ai,‘黑’heˀ;但在流攝及曾舒一部分字顎化作tɕ等,一部分字仍作k等,如‘狗’tɕiau,‘扣’dʑ‘iau,‘偶’ȵiau,‘後’ɕiau,(又讀hou),‘肯’dʑ‘ien(又讀g‘ən),‘口’g‘ou,‘恒’hən。

(13)疑母二四等開口讀ȵ,跟泥母細音混,如‘業’ȵie(=聶),‘嚴’ȵien(=年),‘義’ȵi,‘虐’ȵio,‘銀’ȵin,‘仰’ȵioŋ。合口讀ȵ或○不定,如‘月’ȵyeˀ,但‘愚’y。

(14)精組一等開口大致讀ts等,如‘則’tseˀ,‘在’dz‘ai,‘草’dz‘au。但在流攝間或顎化爲tɕ等，如‘走’tɕiau（又讀tsou）。

2. 開合

（1）端系一等合口在遇蟹臻通攝變開口，如‘賭’tou，‘素’sou，‘對’ti，‘內’n̠i，‘存’dzʻən，‘突’dʻouˀ，‘通’dʻʌŋ，‘鹿’nouˀ。

（2）精組三四等合口全變開口，如‘徐’ɕi，‘醉’tɕi，‘罪’dʑʻi，‘宣’ɕien，‘絶’dʑʻieˀ，‘旬’sən，‘恤’ɕiˀ，‘誦’sʌŋ，‘促’dzʻouˀ。

（3）泥組三四等合口在遇攝仍爲合口，如‘女’ȵy，‘吕’y，此外亦變開口，如‘類’dʻi，‘戀’dʻien，‘劣’dʻeˀ，‘倫’nən，‘律’dʻiˀ，‘龍’nʌŋ，‘六’nouˀ。

3. 韵母

（1）遇攝模韵端系魚虞韵莊組讀ou，跟流攝混，如‘賭’tou（＝斗），‘奴’nou（＝樓），‘鋤’dzʻou（＝愁），‘蘇’sou（＝搜），‘素’sou。

（2）流攝端見系一等，讀iau或ou不定，如‘斗’tiau，tou，‘鬥’tou，‘討’dʻiau，‘頭’dʻiau（＝條），dʻou，‘走’tɕiau，tsou，‘侯’ɕiau（＝肴），‘口’gʻou，‘偶’n̠iau，‘歐’ŋou。三等讀iou，如‘流’dʻiou，‘幼’iou。幫系一等讀iau，ou或u，如‘某’miau，mou，‘母’mu，三等讀iau或u，如‘謀’miau，‘否’fu。

（3）蟹止攝幫組字無論開口合口皆讀i，如‘悲，碑’pi，‘敝，倍，備’bʻi，‘梅’mi。非組則讀ei，如‘廢’fei，‘肥’fei。

（4）蟹止攝端系合口字亦皆讀i，如‘對’ti（＝帝），‘最’tɕi（＝祭），‘罪’dʑʻi（＝忌），‘隨’ɕi，‘類’dʻi。

（5）咸山攝舒聲開口見系一等讀œ，如‘敢’kœn，‘看’gʻœn，‘岸’ŋœn，二等讀an或ian，如‘鹹’han，‘晏’ŋan，‘眼’ŋan，ian，‘間’tɕian，‘陷’ɕian。

（6）山攝舒聲一二等幫端系及莊組開口讀an，如‘板’pan，‘慢’man，‘旦’tan，‘散’san，‘棧’tsan；合口讀œn，如‘半’pœn，‘滿’mœn，‘短’tœn，‘暖’nœn，‘算’sœn，‘閂’sœn。

（7）山攝舒聲三等知章組及日母開口讀œn，如‘陝’ʂœn，‘展’tʂœn，‘然’ʐœn，合口讀yœn，如‘專’tɕyœn，‘船’dʑʻyœn，‘軟’ȵyœn。

（8）臻攝舒聲端系一等讀œn，如‘吞’dʻœn，合口讀ən，如‘頓’tən，‘存’dzʻən。

(9)深臻攝舒聲開口三等,莊組讀œn,如'臻'tsœn,'森'sœn,知章組讀ən,如'沉,陳,臣'dʐ'ən,'深,身'ʂən。

(10)梗攝舒聲開口二等泥組白話讀aŋ,文言讀ən,如'冷'naŋ,nən。莊組白話讀aŋ,文言讀œn,如'争'tsaŋ,tsœn,'生'saŋ,sœn。開口三等幫端系白話讀iaŋ,文言讀in,如'命'miaŋ,min,'聽'd'iaŋ,d'in。

(11)宕攝舒聲開口二等知莊組三等莊組讀oŋ,跟一等端系韵母全同,如'撞'dz'oŋ,'莊'tsoŋ,'窗'dz'oŋ(=倉),'牀'dz'oŋ。

(12)入聲皆收喉閉塞ʔ,如'法'faʔ,'七'dʑ'iʔ,'雜'dz'aʔ,'莫'moʔ,'绿'nouʔ,'一'iʔ,'葉'ieʔ,'得'teʔ。

4. 聲調

(1)蒲圻分陰陽去。古去聲清音今爲陰去,如'扇,變,祭,印'等字。古上聲全濁及去聲濁音今爲陽去,如'件,序,定,義'等字。

(2)有入聲。古入聲無論清濁今仍爲入聲,如'執,極,虐,麥'等字。

G. 會話

58 a:ȵ˨˩　kuei˧˥　ɕin˧˥　a꜔·?
ȵ˨˩(你)　貴　姓　阿?

58 b:ŋo˨˩　ɕin˧˥꜔　tʂou˧,　ȵ˨˩　kuei˧˥꜔　ɕin˧˥꜔　a꜔·?
我　姓　周,　ȵ˨˩　貴　姓　阿?

a:ŋo˨˩　ɕin˧˥꜔·　ȵau˧˥。
我　姓　饒。

b:ȵ˨˩　sï˧[①]　(n)a˨˩　d'i˨˩꜔·　(ɳ)ən˧˥　a꜔·?
ȵ˨˩　是　哪　裏　人　阿?

a:ŋo˨˩　sï˧　ioŋ˧˥　nə꜔·(nou˧˥)　d'ʌŋ˧　(ȵə)n˧˥꜔　a꜔·。
我　是　羊　樓　洞　人　阿。

---

① '是'讀s,ʂ不定,後面故事中也是這樣。

b：ioŋ nəǀ·（nou˩˧） d‘ʌŋ˧ na˧˩ g‘uai˧˩ kəǀ·?
羊樓洞哪塊格?

a：ŋo˧˩ sï˧ ioŋ˩˧ nəǀ·（nou˩˧） d‘ʌŋ˧ kai˥ g‘ou˧˩。
我是羊樓洞街口。

b：tsou˩˧ mo˧˩ sœn˥ i˩˧‿a꜔?
做麼生意阿?

a：tsou˩˧꜔ kəǀ· dz‘a˩˧꜖ hoŋ˩˧꜔ sœn˥ i˩˧ǀ·。
做格茶行生意。

b：çien˧ （d)z‘ai˧ kaǀ· dz‘a˩˧ hoŋ˩˧꜔ sœn˥ i˩˧ǀ· hai˩˧ hau˧˩ paǀ·?
現在格茶行生意還好吧?

a：dz‘a˩˧ hoŋ˩˧ sœn˥ i˩˧ǀ· dʑ‘ioŋ˧˩ dʑ‘ioŋ˧˩ǀ· mien˧˩ǀ· mien˧˩。
茶行生意强强勉勉。

b：d‘ai˩˧ b‘in˩˧ǀ· puʔ˥ǀ· d‘e꜔?
太平不呢?

a：çien˧ dz‘ai˧ ioŋ˩˧ n(ou)˩˧ǀ· d‘ʌŋ˧ puʔ˥ǀ· d‘a˧‿(d‘)ai˩˧꜔ b‘in˧˩。
現在羊樓洞不大太平。

b：puʔ˥ d‘a˧‿(d‘)ai˩˧꜔ b‘in˩˧꜖。o˧˩! çien˧ dz‘ai˧ pin˥ hai˩˧ to˥ puʔ˥?
不大太平。哦! 現在兵還多不?

a：pin˥ iou˧˩ in˩˧ pa˧˩ tsï˧˩ǀ· ȵən˩˧。
兵有營把子人。

b：b‘u˩˧ dʑ‘i˩˧ çien˧ ʔœ˩˧ tɕin˥ kəǀ· dʐ‘ou˧ tʂʌŋ˥ǀ· hai˩˧ dz‘ai˧ b‘an˧
蒲圻縣而今格初中還在辦

paǀ·?
吧?

a：ə꜖，——ha(i)˩˧꜖ dz‘ai˧ b‘an˧ nəǀ·。
呃，——還在辦呐。

b：n̩˧˩‿(ʔ)œ˩˧ tɕin˥ǀ· dz‘ai˧ na˧˩ ko˩˧ǀ· çio(ʔ)˥ d‘oŋ˩˧ neǀ·?
n̩˧˩ 而今在哪個學堂呐?

a：ŋ(o)˨ (ʔ)œ˧˥ tɕin˦˨ (ts)ən˧˦ dzʻai˧ tʂʌŋ˦ hua˧˥。
我 而 今 正 在 中 華。

b：n̩˨ mo˨ (s)ï˧˦· tɕiʔ˥ ha˧ nai˧˥ kəʔ˥· a˦·?
n̩˨ 麼 時 節 下 來 的 阿?

a：ŋo˨ ha˧ nai˧˥ hau˨ tɕiou˨，tɕi˨ ko˧˦· n̡yeʔ˥ nə˦·。
我 下 來 好 久， 幾 個 月 了。

b：o˧! n̡i˨ nau˨ n̡in˧˦ gʻəau˥˩(gʻo˨ hau˨) sæ˦·?
哦! 你 老 人 可 好 啥?

a：hau˨!
好!

b：n̡i˨，——n̩˨˦ n̡ioŋ˧˥ ne˦·?
你，—— 你 娘 呐?

a：ŋo˨ n̡ioŋ˧˥ dzʻai˧ uʔ˥ dʻi˨ (n)ə˦·。
我 娘 在 屋 裏 呐。

b：n̡i˨ ɕiʔ˥ fu˧ tsï˨˦· ɕien˧ dzʻai˧ gʻo˦· (i)ou˦· tsai˨ bʻa˦·?
你 媳 婦 子 現 在 可 有 崽 吧?

a：mau˧ ə˦·!
冒 呃!

b：e˩，te˧˦· ko˧˦ ioŋ˧˥ (nou)˧˥ (dʻ)ʌŋ˧ dʑʻyʔ˥ (k)ə˦· dzʻa˧˥ a˦·，
誒，這 個 羊 樓 洞 出 格 茶 阿，

dzʻai˧ sï˧ kai˧˦ soŋ˧ dʑʻyʔ˥ min˧˥ ne˦·?
在 世 界 上 出 名 呢?

a：ei˥˩，sï˧ te˦·。
噯，是 的。

b：te˧˦· ko˧——tɕia˨ sï˨ tʂʌŋ˦ kueʔ˥ kuʌŋ˦ n̡icʔ˥ faʔ˥ dʻaʔ˥˦ tə˦·
這 個—— 假 使 中 國 工 業 發 達 的

fa˧ nə˦·，te˧˦· ko˧˦· puʔ˥ dzʻo˧ dʻe˦·。
話 呐， 這 個 不 錯 呢。

a：puˀ˥ dz'o˨˦—— ioŋ˨˦ n(ou)˨˦ (d')ʌŋ˧ çien˧ dz'ai˧ çiau˥ d'iau˨˦
不 錯—— 羊 樓 洞 現 在 蕭 條

d'iau˨˩˧。
了。

b：çiau˥ d'iau˨˦ d'iau˨˩˧！koˀ˥ b'u˧˦ tsï˨˩˧ kuan˥ mən˨˦ kə˩· to˥。
蕭 條 了！各 鋪 子 關 門 格 多。

a：ə꜓꜕，so˨˩˧ i˨˩˧꜔ d'ai˧˦ puˀ˥ hau˨˩˧ (ȵ)iau˨˩˧——n̩˨˩˧ d'iˀ˥ tçia˥ d'i˨˩˧˩·
呃，所 以 太 不 好 了 ——n̩˨˩˧ 的 家 裏

sï˧ na˨˩˧ d'i˨˩˧꜔？
是 哪 裏？

b：ŋo˨˩˧ sï˧ ioŋ˨˦ n(ou)˨˦ d'ʌŋ˧ a꜓꜕。
我 是 羊 樓 洞 阿。

a：n̩˨˩˧ ia˨˩˧ sï˧ ioŋ˨˦ n(ou)˨˦ d'ʌŋ˧？
n̩˨˩˧ 也 是 羊 樓 洞？

b：ŋo˨˩˧ sï˧ kuœn˥ i(n)˥˩· dʑ'iau˨˦ sə꜔！
我 是 觀 音 橋 啥！

a：n̩˨˩˧ nau˨˩˧ (ȵ)ən˨˦ dz'ai˧ ka˥ mo˨˩˧ d'e˩·？
n̩˨˩˧ 老 人 在 家 麽 呢？

b：ŋo˨˩˧ nau˨˩˧ ȵən˨˦꜔ ka˥——ŋo˨˩˧ ia˨˦ nau˨˩˧ tsï˨˩˧˩· sï˨˩˧ d'iau˨˩˧。
我 老 人 家—— 我 爺 老 子 死 了。

a：n̩˨˩˧ ȵioŋ˨˦ ȵau˨˩˧ ȵən˨˦꜔ nə˩·？
n̩˨˩˧ 娘 老 人 吶？

b：ȵioŋ˨˦ dz'ai˧ uˀ˥ d'i˨˩˧˩·。
娘 在 屋 裏。

a：hai˨˦ iou˨˩˧ çie˥ mo˨˩˧ ȵin˨˦ ne꜔？
還 有 些 麽 人 吶？

b：hai˨˦ iou˨˩˧ ko˥˩· paˀ˥ ia˦꜓꜕。
還 有 個 伯 爺。

a：ɕien˧ dzʻai˧ pa^{ʔ}˥ ia˧˩· dzʻai˧ tʂou˧ mo˩ sï˧ a˩·?
現 在 伯 爺 在 做 麽 事 阿?

b：pa^{ʔ}˥ ia˧˩ mau˧ tsou˧˩· mo˩ sï˧。
伯 爺 冒 做 麽 事。

a：n̩˩ ɕien˧ dzʻai˧ dzʻai˧ na˩ dʻe˩· ne˩·?
n̩˩ 現 在 在 哪 裏 呢?

b：ŋo˩ dzʻai˧ u˩ dzʻoŋ˧ min˧ dʻa^{ʔ}˥ tʂoʌŋ˧˩ ɕio^{ʔ}˥。
我 在 武 昌 民 達 中 學。

a：ə˧——ɕien˧ dzʻai˧ te˧ ko˧˩· sï˧ tɕi^{ʔ}˥ pu^{ʔ}˥ tsau˩ (n̩)iau˩，iau˧
呃—— 現 在 這 個 時 節 不 早 了，要

ɕio^{ʔ}˥ ɕiau˧ dzʻy˧ soŋ˧ gʻo˧，ɕia˧ dzʻï˧ tsai˧˩· tɕien˧。
學 校 去 上 課，下 次 再 見。

北風跟太陽故事

58 b：iu˩ i^{ʔ}˥ fei˧，pe^{ʔ}˥ fʌŋ˧ ta^{ʔ}˥ œ^{ʔ}˥ (dʻ)ioŋ˧ dʻioŋ˩ ko˧˩· ŋən˧
有 一 回，北 風 搭 日 亮 兩 個 人

dzʻai˧ ne˧ dʻi˩· tsaŋ˧ na˩ ko˩· pən˩ sï˧ dʻai˧。pe^{ʔ}˥ fʌŋ˧ ɕye^{ʔ}˥：“ŋo˩
在 那 裏 争 哪 個 本 事 大。北 風 説：“我

(k)o˩· pən˩ sï˧ tin˩ dʻai˧! sï˧˩ kai˧˩· soŋ˧ kə˧ tʌŋ˧˩ ɕi˧ mau˩ tə^{ʔ}˥
個 本 事 頂 大! 世 界 上 格 東 西 毛 得

pu^{ʔ}˥ bʻa˧ ŋo˩ ko˩·，dzʻyœn˧ bʻʌŋ˧ ta^{ʔ}˥ no˩· ŋo˩ dzʻiou˧ iau˧˩· fan˧；
不 怕 我 個，船 碰 着 咯 我 就 要 翻；

u^{ʔ}˥ bʻʌŋ˧ ta^{ʔ}˥ no˩· ŋo˩ dzʻiou˧ iau˧ (gʻ)ua˩；ɕy˧ bʻʌŋ˧ ta^{ʔ}˥ no˩· ŋo˩
屋 碰 着 咯 我 就 要 垮；樹 碰 着 咯 我

dzʻiou˧ iau˧˩· tau˩! mo˩ dʻi˩· miau˧ tsï˩· dʻo˩·，tɕiau˩ dʻo˩·，fa˧ dʻo˩·，
就 要 倒! 麽 地 猫 子 咯，狗 咯，花 咯，

dzʻau˩ dʻo˨·，dʻa˧ dʻi˨· gʻœn˩˧ taˀ˥ no˨· ŋo˩ ye˥ tɕien˧˨· bʻa˩˧ teˀ˥ puˀ˥
草 咯，他 地① 看 着 咯 我 越 見 怕 得 不

teˀ˥ dʻiau˩ dʻiau˨·； n̩˩ iau˧˨· sï˧ tʂən˧ ŋa˩ faˀ˥ ŋo˩ kə˨· bʻi˩˧
得 了 了； n̩˩(你) 要 是 真 惹 發 我 格 脾

dʑʻi˧˦ puˀ˥ dʻə˦？ hõ˦！ ŋo˩ ko˨· bʻi˩˧ dʑʻi˧˦ dzʻai˩˧ dʻai˧ ne˨·！ ŋo˩
氣 不 呢？ 哼！ 我 個 脾 氣 纔 大 吶！ 我

nœn˩˧ dʑʻy˧ teˀ˥ mœn˩˧ dʻien˧ tou˧ sï˧ heˀ˥ yən˩˧，pa˩ n̩˩ ke˨· mien˧
能 吹 得 滿 天 都 是 黑 雲，把 n̩˩ 格 面

miˀ˥ dʑʻiˀ˥˨· tiˀ˥ maŋ˧ dʑʻi˩ nai˩˧，kau˩ teˀ˥ n̩˩ mo˩ tʌŋ˧ ɕi˧ tou˧
密 漆 的 蒙 起 來，攪 得 n̩˩ 麼 東 西 都

gʻœn˩˧ puˀ˥ tɕien˩˧ nə˨·！ sï˧˦ kai˧˦ soŋ˧ pən˩ nai˩˧˨· sï˧ ŋo˩ kə˨· tɕy˩
看 不 見 了！ 世 界 上 本 來 是 我 格 主

ȵin˩˧ mə˨·，n̩˩ ɕiau˩ teˀ˥ po˨·？”
人 嘍，n̩˩ 曉 得 啵？”

œˀ˥˦ dʻioŋ˧ ɕyeˀ˥：“ha˨· ha˧！ n̩˩ na˩ mən˨· te˩˧ mə(n)˨· fu˧˨·
日 亮 說：“哈 哈！ n̩˩ 哪 們 這 們 糊

dʻou˧˨·，na˩ ko˨· tou˧ han˩ ŋo˩ tsou˧˦ nau˩ ie˩˧˨·，sï˧˦ kai˧˦ soŋ˧
塗，哪 個 都 喊 我 做 老 爺，世 界 上

pən˩ nai˩˧ sï˧ ŋo˩ kə˨· tɕy˩ ȵin˧˨· mə˦，na˩ mo˨· sï˧ n̩˩ ko˨· tɕy˩
本 來 是 我 格 主 人 嘍，哪 麼 是 n̩˩ 個 主

ȵin˧˨· ne˨·？ n̩˩ ɕioŋ˩ na˧˦ yən˩˧ nai˩˧˨· dʑʻiou˧ maŋ˧ tə˨·(tau˩) ŋo˩
人 吶？ n̩˩ 想 拿 雲 來 就 蒙 倒 我

ko˨· mien˧ dʑʻy˧，hə˦，tʂən˧ puˀ˥ dʻioŋ˧ dʻiˀ˥！ ȵie˩˧ na˩ mən˨· tsou˩˧
個 面 住，嚇，真 不 量 力！ 那 哪 們 做

teˀ˥ tau˩ o˨·，nau˩ peˀ˥！ n̩˩ te˩˧ ko˨· tɕia˧ ho˩˨·，n̩˩ puˀ˥ ko˩˧ f(e)i˧
得 到 哦，老 北！ n̩˩ 這 個 傢 伙，n̩˩ 不 過 會

① 他地＝他們。

dʑʻy˧˦ pa˧· ȵiau˨! n̩˨ na˨ iou˨ mo˨ pən˨ sï˧?” pe? ˥ fʌŋ˥ ɕye? ˥:
吹 吧 了! n̩˨ 哪 有 麼 本 事?” 北 風 說:

“n̩˨ ne˧·, n̩˨ ke? ˥ pən˨ sï˧ (dzʻai˧) (n)a˨ dʻi˨˧, n̩˨ ie˨ dʑʻy˥ ta? ˥
“n̩˨ 吶, n̩˨ 的 本 事 在 哪 裏, n̩˨ 也 吹 搭

ŋo˨ gʻœn˧ gʻœn˧·! dʑʻy˥ ta? ˥ ŋo˨ dʻiaŋ˥˨ gʻœn˧˦· gʻœn˧·!” œ? ˥ dʻioŋ˧
我 看 看! 吹 搭 我 聽 看 看!” 日 亮

ɕye? ˥: “ŋo˨ pu? ˥ huœn˥ ɕi˨ dʑʻy˧!” pe? ˥ (f)ʌŋ˥˧· ɕye? ˥: “n̩˨ pu? ˥
說: “我 不 歡 喜 吹!” 北 風 說: “n̩˨ 不

huœn˥ ɕi˨ dʑʻy˥ ia˦?” œ? ˥ (dʻ)ioŋ˥ ɕye? ˥: “sï˧ ko˧·, ŋo˨ dzʻʌŋ˧
歡 喜 吹 呀?” 日 亮 說: “是 個, 我 從

nai˧˦ pu? ˥ dʑʻy˧, ŋo˨ dzʻʌŋ˧ nai˧ mau˧˦ dʑʻy˥ ko˧˦·, ŋo˨ a˩,
來 不 吹, 我 從 來 毛 吹 過, 我 阿,

ŋo˨……” œ? ˥ dʻioŋ˧ dʑʻiou˧ tɕie? ˥ tau˨ ɕye? ˥ dʻa˥ kə˧· pən˨ sï˧。
我……” 日 亮 就 接 倒 說 他 格 本 事。

tʂən˧ dzʻai˧ ɕye? ˥ ko˧· sï˧ tɕie? ˥ a˧·, pe? ˥ fʌŋ˥ iou˧ dʑʻi˨ nai˧ ta˨
正 在 說 個 時 節 阿, 北 風 又 起 來 打

dʻa˥ ko˧· dzʻa˧。dʻa˥ dʻi˧˦· dʑʻiou˧ sï˧ n̩˨ i? ˥ tɕy˧ ŋo˨ i? ˥ tɕy˧ dzʻau˨
他 個 岔。他 地 就 是 n̩˨ 一 句 我 一 句 吵

dʑʻi˨ nai˧˦·。
起 來。

tʂən˧ dzʻai˧ dzʻau˨ kə˧· sï˧˦· tɕie? ˥, dzʻau˨ te? ˥ man˧˦ hən˨ kə˧·
正 在 吵 格 時 節, 吵 得 蠻 很 格

sï˧˦ tɕie? ˥, dʻa˥ dʻi˧˦· gʻœn˧ tɕien˧˦· dʻiau˨ i? ˥ ko˧· tɕiau˨ nou˧ kə˧·
時 節, 他 地 看 見 了 一 個 走 路 的

ȵin˧, sən˥ soŋ˧ ne˧·, dʑʻyœn˥ i? ˥ dʑien˧ mien˧ ŋau˨; nau˨ gʻo? ˥
人, 身 上 呢, 穿 一 件 棉 襖; 腦 殼

soŋ˧ tai˧ i? ˥ tin˨ tʂœn˥ mau˧, i? ˥ bʻu˧ i? ˥ bʻu˧ man˧ man˧· tsə˧·
上 戴 一 頂 氈 帽, 一 步 一 步 慢 慢 這

tsʌŋ˧˩ tɕiau˧˩ teʔ˥ nai˨˦⊢。ʔœʔ˥ (dʻ)ioŋ˧ ɕyeʔ˥：“ə̃˥˧，iou˧˩ ȵiau˧˩！ŋo˧˩
種 走 得 來。日 亮 説：“呃，有 了！我

dʻi|· dʑʻiou˧ te˨˦ mən|· pa|·！n̩˧˩ pəʔ˥ sï˧ gʻœn˨˦ tɕien˨˦⊢ ne˨˦ ko|· ȵin˨˦
地[①] 就 這 們 吧！n̩˧˩ 不 是 看 見 那 個 人

dzʻai˧ tɕiau˧˩ nou˧ ma|·？ŋo˧˩ dʻi|· gʻœn˨˦ gʻœn˨˦|· na˧˩ kə|· ɕien˧
在 走 路 嗎？我 地 看 看 哪 格 先

nœ(n)˨˦ pa˧˩ ne˨˦ ko|· ȵin˨˦ kə|· mau˧ tsï˧˩|· taʔ˥|· mien˨˦ ŋau˧˩ dʻeʔ˥ ha˧
能 把 那 個 人 格 帽 子 搭 棉 襖 脱 下

nai˨˦|·，dʑʻiou˧ sï˧‿(n)a˧˩ ko|· in˨˦，dʑʻiou˧ sï˧‿(n)a˧˩ ko|· pən˧˩ sï˧
來，就 是 哪 個 贏，就 是 哪 個 本 事

dʻai˧！n̩˧˩ ɕyeʔ˥ na˧˩ mən˧ ioŋ˧ tsï˧˩|·？” peʔ˥ fʌŋ˧ ɕyeʔ˥：“ha˧|· ha˧！
大！n̩˧˩ 説 哪 們 樣 子？”北 風 説：“哈 哈！

te˨˦ ha(i)˨˦ pəʔ˥ iʌŋ˨˦ i˧！na|· pau˧ kuœn˧˩ ŋo˧˩ in˨˦！” œʔ˥ dʻioŋ˧
這 還 不 容 易！那 包 管 我 贏！”日 亮

ɕyeʔ˥：“ne˨˦ mən|· na˧˩ ko|· taʔ˥|· dʻiau˨˦|· ne|·？ȵoŋ˧ n̩˧˩ taʔ˥|· dʻiau˨˦⊢
説：“那 們 哪 個 搭 頭 呐？讓 n̩˧˩ 搭 頭

iou˧ hau˧˩ ʂïʔ˥ (n)o|· n̩˧˩；ŋo˧˩ taʔ˥ dʻiau˨˦˥，mai˧ ɕia˧ n̩˧˩ ɕy˧ dʻiau˧˩
又 好 實 咯 n̩˧˩；我 搭 頭，邁 下 n̩˧˩ 輸 了

iou˧ saʔ˧ nai˧！” peʔ˥ fʌŋ˧ ɕyeʔ˥：“ə̃˥˧，n̩˧˩ te˨˦ mən|· ʂa˧˩，te˨˦ pən˧˩
又 撒 賴！”北 風 説：“呃，n̩˧˩ 這 們 傻，這 本

nai˨˦|· sï˧ man˨˦˩ iʌŋ˨˦ i˧ kə|· sï˧ mə˥˧，tʂï˧˩ iau˧ dʻioŋ˧˩ ko|· ȵin˨˦ iʔ˥
來 是 蠻 容 易 格 事 嘿，只 要 兩 個 人 一

dʑʻi˨˦ taʔ˥ dʻiau˨˦ dʑʻiou˧ ɕin˨˦ dʻiau˧˩！” œʔ˥ dʻioŋ˧ ɕyeʔ˥：“hau˧˩！
齊 搭 頭 就 行 了！”日 亮 説：“好！

dʑʻiou˧ te˨˦ ioŋ˧ pa|·！” peʔ˥ fʌŋ˧ ɕyeʔ˥：“y˧ bʻi˧！taʔ˥ ʂï˨˦ ʔa|·！ŋo˧˩
就 這 樣 吧！”北 風 説：“預 備！搭 勢 阿！我

---

① 我地＝我們。

tœn˨ n̩˨! moʔ˥ mai˧ çia˧[①] çy˧ n̠iau˨ kuai˦ ŋo˨ puʔ˥ tœn˨ n̩˨! n̩˨
等 n̩˨! 莫 邁 下 輸 了 怪 我 不 等 n̩˨! n̩˨

hau˨ n̠iau˨ ma˦˧?" œʔ˥ (dʻ)ioŋ˧ çyeʔ˥: "tœn˨ iʔ˥ ha˧ tsï˦˧! tœn˨ ŋo˨
好 了 嗎?" 日 亮 說: "等 一 下 子! 等 我

nœn˨ iʔ˥ nœn˨!" peʔ˥ fʌŋ˧ çyeʔ˥: "gʻuai˦ tie(n)˦˧ ne˦˧! hai˦ tœn˨
暖 一 暖!" 北 風 說: "快 點 吶! 還 等

mo˨ sï˧ ne˦˧? hau˨ nə˦˧ mau˧ hau˨?" œʔ˥ dʻioŋ˧ çyeʔ˥: "hau˨
麼 事 吶? 好 了 冒 好?" 日 亮 說: "好

n̠iau˨! n̩˨ ia˨ hau˨ n̠iau˨ ma˦˧?" peʔ˥ fʌŋ˧ çyeʔ˥: "ŋo˨ to˧ tsa(n)˧˦˧
了! n̩˨ 也 好 了 嗎?" 北 風 說: "我 多 暫

hau˨ n̠iau˨! ʔœ˦ tçin˧ taʔ˥ dʻiau˦˧ taʔ˥ ʂï˦ ha˦˧! taʔ˥ dʻiau˦˧!" na˧
好 了! 而 今 搭 頭 搭 勢 哈! 搭 頭!" 他

dʻi˦˧ dʑʻiou˧ iʔ˥ ko˦˧ sai˦, iʔ˥ ko˦˧ dʑʻy˧。
地 就 一 個 晒, 一 個 吹。

peʔ˥ fʌŋ˧ sï˧ ta(u)˨˦˧ dʻa˧ fei˧ dʑʻy˧ kə˦˧ pən˨ sï˧, iʔ˥ dʑʻy˧
北 風 恃 倒 他 會 吹 格 本 事, 一 吹

dʑʻy˧ teʔ˥ œʔ˥ dʻioŋ˧ ta˨ ta(u)˦˧ kə˦˧ heʔ˥ yən˦, tʂe˧ dʑʻy˧ dʻiau˨!
吹 得 日 亮 打 倒 那 黑 雲, 遮 住 了!

tsai˦ iʔ˥ dʑʻy˧ pa˨ ne˦ ko˧˦˧ n̠in˦ kə˦˧ mau˧ tsï˦˧ dʑʻy˧ noʔ˥ dzʻai˧
再 一 吹 把 那 個 人 格 帽 子 吹 落 在

dʻi˧ ha˧ nai˦ n̠iau˨! ne˦ ko˦˧ n̠in˦ tçioŋ˧ tçioŋ˧ poŋ˧ tau˨ dʻa˧ kə˦˧
地 下 來 了! 那 個 人 將 將 poŋ˧ 倒 他 格

mau˧ tsï˨, peʔ˥ fʌŋ˧ iou˧ pa˨ dʻa˧ ŋau˨ soŋ˧ kə˦˧ dʑʻiau˦ tsï˨ dʑʻy˧
帽 子, 北 風 又 把 他 襖 上 格 扣 子 吹

gʻai˧ n̠iau˨! peʔ˥ fʌŋ˧ gʻœn˦ ta(u)˨˦˧ n̠iau˨ man˦ teʔ˥ i˦, dʻa˧
開 了! 北 風 看 倒 了 蠻 得 意, 他

---

① '邁下'謂"等一下"。

dʑʻiou˧ ɕyeˀ˥：“ə˫ hɔ̃˧·！ ia˩ bʻa˧！ ŋo˩ in˩ ȵiau˩！ te˧ hai˧˩ ɕyeˀ˥
就 說：“呃 嚇！也 罷！我 贏 了！這 還 說

ma˧·？ ŋo˩ to˥ tɕiou˩ ɕiau˩ teˀ˥ ŋo˩ iau˧ in˩ mə˧·？” œˀ˥ dʻioŋ˧
嗎？我 多 久 曉 得 我 要 贏 嘍？” 日 亮

dʻiaŋ˥ ta(u)˩ ȵiau˩ hau˩ ɕiau˩。dʻa˧ ɕin˥ dʻi˩ ɕioŋ˩ a˧·：“dʻa˧ tɕi˩
聽 倒 了 好 笑。他 心 裏 想 阿：“他 幾

sï˧˫ in˩ ne˧·？ dʻa˧ pa˩ ne˧ ko˧· ȵin˩ na˩ yən˩ dzʻan˧ sï˩ kai˧ tau˩，
時 贏 呢？他 把 那 個 人 拿 雲 暫 時 蓋 倒，

dʑʻiou˧ sœn˧˫ dʻa˧ in˩ ȵiau˩？ mau˩ teˀ˥ te˧ ko˧· sï˧！” dʻa˧ dʑʻiou˧
就 算 他 贏 了？毛 得 這 個 事！” 他 就

(ŋ)oŋ˩ dʑʻi˩ nai˩˧· ɕyeˀ˥：“ṇ˩ ɕyeˀ˥ mo˩ dʻi˧ a˧·？ ṇ˩ ɕyeˀ˥ ṇ˩ in˩
嚷 起 來 說：“你 說 麼 地 阿？ṇ 說 ṇ 贏

ȵiau˩ a˧·，ṇ˩ in˩ ȵiau˩ a˫，ŋo˩ ma(u)˧˩· gʻœn˧ tau˩，puˀ˥ nœn˧˩·
了 阿，ṇ 贏 了 阿，我 冒 看 倒，不 能

sœn˧！” tʂən˧ dzʻai˧ ɕyeˀ˥ ti˧· sï˩ tɕieˀ˥，ne˧ ko˧˩· ȵin˩ pa˩ mau˧
算！” 正 在 說 的 時 節，那 個 人 把 帽

tsï˩ tai˧ dʑʻi˧˩· nai˩ ȵiau˩；pa˩ ŋau˩ iou˧ dʑʻiau˩ dʑʻi˩ nai˩ ȵiau˩。
子 戴 起 來 了；把 襖 又 扣 起 來 了。

peˀ˥ fʌŋ˥ gʻœn˧ tɕie(n)˧˩· ȵiau˩ ȵiau˩ puˀ˥ ko˧，dʻien˩ moŋ˧˫ ti˧·
北 風 看 見 了 漚 不 過，連 忙 的

na˩ dʑʻi˩ tɕin˧ nai˧˩· bʻin˧ miaŋ˧ kə˧· dʑʻy˧。na˩ ɕiau˩ teˀ˥ ȵyeˀ˥
拿 起 勁 來 拼 命 格 吹。哪 曉 得 越

dʑʻy˧ teˀ˥ hən˩ nə˧·，ne˧ ko˧· ȵin˩ dʑʻiou˧ pa˩，pa˩ ŋau˩ ku˧ teˀ˥
吹 得 很 呢，那 個 人 就 把，把 襖 箍 得

ȵyeˀ˥ tɕin˩；pa˩ mau˧ tsï˩ tai˧ teˀ˥ ȵyeˀ˥ ha˧。tau˩ ɕiau˧ nai˩
越 緊；把 帽 子 戴 得 越 下。到 後 來

dʻien˧ soŋ˧ kə˧· yən˩ ie˩ dʑʻy˧ san˧ ȵiau˩，œˀ˥ dʻioŋ˧ ie˩ dʑʻyˀ˥
天 上 的 雲 也 吹 散 了，日 亮 也 出

nai˩˧˧· ɲiau˧˩。ɲie˩˧ ko˧· ɲin˩˧ hai˩˧ sï˧ ne˩˧ ko꜔ ioŋ˧ tsï˧·。œˀ˥ dʻioŋ˧
來 了。 那 個 人 還 是 那 個 樣 子。日 亮

gʻœn˩˧ tɕie(n)˩˧˧· ɲiau˧˩，dʑʻiou˧ ɕyeˀ˥：“he˧· he˧·！ te˩˧ kə˧· ɲin˩˧ ke˧·
看 見 了， 就 說：“嚇 嚇！這 格 人 格

ŋau˧˩ taˀ˥ mau˧ tsï˧˩ hai˩˧ puˀ˥ sï˧ mau˧˩ dʻeˀ˥ ɕia˧ nai˩˧꜖！ he˧·！ n̩˧˩
襖 搭 帽 子 還 不 是 毛 脫 下 來！ 嚇！n̩˧˩

gʻœn˩˧ dʻa˧ kə˧· mau˧ tsï˧˩ hai˩˧ puˀ˥ sï˧ hau˧˩ saŋ˧ dʻi˧ dʑʻyœn˧
看 他 格 帽 子 還 不 是 好 生 地 穿

ta(u)˧˩˧· dzʻai˧！ na˧˩ ko˧· ɕyeˀ˥ n̩˧˩ in˩˧ dʻia(u)˧· a˧·？ ŋo˧˩ kau˩˧ ɕy˧ n̩˧˩
倒 在！哪 個 說 n̩˧˩ 贏 了 阿？我 告 訴 n̩˧˩

pa˧·！ dʑʻy˧ sï˧ puˀ˥ tʂʌŋ˧ ko˧·， te˩˧ ko˧· sï˧ iau˧ sai˩˧ ko˧·！” ɕyeˀ˥
吧！ 吹 是 不 中 個， 這 個 是 要 晒 個！” 說

uœn˩˧ ɲiau˧˩，dʻa˧ dʑʻiou˧ sai˩˧ dʑʻi˧˩ nai˩˧˧·。
完 了， 他 就 晒 起 來。

te˩˧ ko˧· tɕiau˧˩ nou˧ kə˧· ɲin˩˧ ɕin˧ dʻi˧˩ ɕioŋ˧˩：“fʌŋ˧ iou˧
這 個 走 路 格 人 心 裏 想：“風 又

dʑʻy˧；œˀ˥ (dʻ)ioŋ˧ iou˧ sai˩˧！ dʑʻy˧ dʑʻi˧˩ nai˩˧，naŋ˧˩ teˀ˥˧· iau˧
吹；日 亮 又 晒！ 吹 起 來， 冷 得 要

sï˧˩！ sai˩˧ dʑʻi˧˩ nai˩˧ iou˧ ɳeˀ˥ teˀ˥˧· iau˧ miaŋ˧！ te˩˧ ko˧· dʻien˧ nau˧˩
死！晒 起 來 又 熱 得 要 命！ 這 個 天 老

a˧·，tʂən˧ tiau˧ (ɳ)ən˩˧ ɕien˩˧！ i˧·！ hau˧˩ ɳeˀ˥！ ŋo˧˩ sœn˩˧ (s)œn˩˧˧·
阿，真 兜 人 嫌！ 咦！好 熱！ 我 算 算

gʻœn˧꜔ a˧·——tœn˧˩ ŋo˧˩ sœn˩˧˧· gʻœn˧·，ŋo˧˩ dzʻoˀ˥˧· œˀ˥ tɕiau˧˩ ɲiau˧˩
看 阿—— 等 我 算 看， 我 昨 日 走 了

u˧˩ ʂïˀ˥ dʻi˧˩˧·，tɕin˧ ɲie˧· tɕiau˧˩ ɲiau˧˩ san˧ ʂïˀ˥ dʻi˧˩。ŋ̍˧˩ ʂïˀ˥，u˧˩
五 十 里， 今 日 走 了 三 十 里。ŋ̍˧˩ 十，五

ʂïˀ˥ dʻi˧˩ taˀ˥ san˧ ʂïˀ˥ dʻi˧˩ ʂï˧ paˀ˥ ʂïˀ˥ dʻi˧˩。ɲie˩˧ mə˧· tɕin˧
十 里 搭 三 十 里 是 八 十 里。 那 末 今

d‘ien˧ a˦·，hai˩ iau˧ tɕiau˩ œ˧ ʂïˀ˥ d‘i˩。te˩ mən˦· ȵieˀ˥ kə˦· faˀ˥
天阿，還要走二十里。這們熱格法

tsï˧，puˀ˥ d‘eˀ˥ i˥ na˩ mən˩˧ tsai˧˦· tɕiau˩ teˀ˥ ne˦·? puˀ˥ ko˧˦·——
子，不脱衣哪們再走得呢？不過——

mai˧ ɕia˧˦· hœn˩ ȵiau˩ sə˦·? peˀ˥ iau˧ tɕin˩! ŋo˩ d‘i˩ d‘iau˩ hai˩
邁下寒了啥？不要緊！我裏頭還

dʑ‘yœn˧ ȵiau˩ tɕi˩ dz‘œn˩，puˀ˥ teˀ˦· hœn˩ ko˧，d‘eˀ˥ pa˦·!” œˀ˥
穿了幾層，不得寒個，脱吧！”日

(d‘)ioŋ˧ g‘œn˩ tɕie(n)˩˧ ȵiau˩ man˩ kau˥ ɕin˧。d‘a˥ dʑ‘iou˧ ɕyeˀ˥:
亮看見了蠻高興。他就説：

“n̩˩ g‘œn˧˦· hai˩ sï˧ ŋo˩ kə˦· pən˩ d‘in˩ d‘ai˧! ʔœ˩ tɕin˧˦· n̩˩ in˩
“n̩˩看還是我格本領大！而今n̩˩贏

ȵiau˩˦· hai˩ sï˧ ŋo˩ in˩ ne˦·?”
了還是我贏呐？”

peˀ˥ fʌŋ˥ tʂən˩ dz‘ai˧ ȵiau˧ teˀ˥ hau˩ ɕioŋ˧ iau˧ fʌŋ˥ ioŋ˧，
北風正在漚得好像要瘋樣，

mau˩ teˀ˥ faˀ˥ tsï˩ nai˩ dʑ‘yˀ˥ dʑ‘i˩，fuˀ˥ ȵœn˩ d‘a˥ g‘œn˩ tɕien˧˦·
毛得法子來出氣，忽然他看見

ȵiau˩ te˩ ko˦· ȵin˩ dz‘ai˧ ho˩ pau˥ d‘i˦· sou˥ dʑ‘yˀ˥ pa˩ sœn˩ tsï˩
了這個人在荷包裏搜出把扇子

nai˩˦·，pa˩ sœn˩ nai˦· tʂa˥ (dʑ‘)y˧ œˀ˥ d‘ioŋ˧。d‘a˥ dʑ‘iou˧ ɕyeˀ˥:
來，把扇來遮住日亮。他就説：

“œˀ˥ d‘ioŋ˧，n̩˩ ko˩˦· ɕi˧˦· tien˩ dz‘iou˧ sï˧! ŋo˩ ɕia˧ fei˩ tʂʌŋ˩
“日亮，n̩˩過細點就是！我下回總

iou˩ ta˩ b‘ai˧ n̩˩ kə˦· sï˩ tɕieˀ˥! te˩ fei˩˦· pən˩ nai˩‿a˦· ——kai˥
有打敗n̩˩格時節！這回本來阿——該

ŋo˩ in˩ ko˦·! puˀ˥ (k)o˩ ŋo˩ d‘a˧ i˧˦· tsï˦· tien˩ dz‘ai˩ ɕy˥。y˩ ko˩
我贏個！不個我大意子點纔輸。如果

sï˧ (f)uœn˧ ko˧˦· faˀ˥ tsï˨˩ a˦·, pi˨˩ iˀ˥ fei˨˦‿a˦·, ŋo˨˩ iˀ˥ dʻin˧ iau˧
是 换 個 法 子 阿, 比 一 回 阿, 我 一 定 要

in˨˦! n̩˨˩ hai˨˦ nai˨˦ po˦·!"
赢! n̩˨˩ 還 來 啵!"

五九. 通城(十里市)

A. 發音人履歷

發音人	59a	59b
年齡	29 歲	30 歲
原籍	通城十里市	同左
職業	學生	學生
教育程度	大學	大學
幼時語言環境	本地	本地
教師方言	本地	本地
住過的地方	武昌	武昌
曾否學國語	未	未
能否説別處話	能説武昌話	同左

二十五年五月十二日吴宗濟記音

發音人 59a 跟 59b 雖同一地域,但聲母讀法略有不同。在dz‘,dʐ‘,等聲母,59b 常把閉塞成分失去,但讀z,ʐ,59a 就較清楚得多。59a 不分n,l,但 59b 能分。59a 的一部分l細音都讀成d‘,59b 仍保持l。59a 的g‘合口,如‘葵’g‘ui,‘快’g‘uai等字,59b 就只讀ui,uai,把聲母失去。大致看來,59b 的語音跟崇陽相近,59a 較爲獨立。現用 59a 作標準。

B. 聲韻調表

1. 聲母

p	包邊	b‘	拍盤並	m	門敏	f	飛紅凡户
t	短丁	d‘	塔同定里良	n	南路		
ts	則斬知	dz‘	倉存鄭揣			s	三生常士　z 人
tɕ	諫節增	dʑ‘	巧其静	ȵ	你娘女言	ɕ	孝尋諧
k	敢追	g‘	葵快苦	ŋ	鵝哀外眼	h	開共好恨

○ 野蛙羽絨由而熱入日

2. 韵母

(1)舒聲

ï	鋤滯師	i	旅灰費隨以	u	姑虎戊	y	猪羽而女
		ui	桂虧追未				

a	巴畫惹下	o	坡果舵	e	靴嗟
ia	假佳爺下			ie	邪也去
ua	瓜瓦掛	uo	窩	ue	茄(?)

ai	埋泰街外帥揣	au	包鬧炒昭好	əu	都楚數周
iai	階諧	iau	巧表小歐後奏妖	iəu	秋尤糾
uai	怪會歪外				

an	談間凡板眼	on	貪敢短半	en	點邊生恩善
				ien	監嫌錢臻眼
uan	鰥萬	uon	官碗	yen	船院倦

ən	深臣昏鄭$_1$			in	今貧仍英

uən 坤問

yən 均永頃

aŋ	冷$_{2}$ 硬鄭$_{2}$	oŋ	邦江$_{1}$ 項黃$_{1}$	əŋ	弘風充翁共
iaŋ	平$_{2}$ 丁$_{2}$ 星$_{2}$	ioŋ	江$_{2}$ 良讓	iəŋ	兄窮絨用
uaŋ	橫$_{2}$	uoŋ	光王黃$_{2}$		

(2)入聲

a)	ïʔ	十姪食	aʔ	石	oʔ	剥詫捉學木
	iʔ	及必笛席亦			ioʔ	略學藥
	uʔ	卜哭屋			uoʔ	握沃
	yʔ	竹屬玉	yaʔ	曰		
	eʔ	涉滅$_{1}$ 瑟革赫或			əuʔ	篤陸促
					iəuʔ	六局欲
	ueʔ	國				
b)			al	納察拔甲	ol	鴿末脱喝
	il	立律力歷急吉				
			ual	刮挖	uol	闊
	yl	入橘出役				
	əl	十食不突			el	撇$_{2}$ 滅$_{2}$ 帖劣
					iel	甲聶臬穴謁
	uəl	骨物				
					yel	拙月熱

3. 聲調

陰平	陽平	上	陰去	陽去	入
˨˩˧	˧	˨˩	˨˦	˧	˥
剛知	窮人	古女	蓋世	斷樹	急各局入

C. 聲韵調描寫

1. 聲母

通城聲母今有二十個,依發音部位分爲p,t,ts,tɕ,k,○六組。

p組p,b‘,m,f。b‘的送氣同閉塞都不很强,在快讀時常成爲β。f的部位有時是唇齒的,有時雙唇的。今一律用f。

t組t,d‘,n。d‘的現象同b‘不多,也是送氣同閉塞都不很强,在細音前,帶有l的色彩。

ts組ts,dz‘,s,z。部位遇低元音時偏後,dz‘差不多常常讀成ʐ,遇高元音時偏前,dz‘也常把閉塞成分失去,成z。但z不會讀成dz‘。

tɕ組tɕ,dʑ‘,ȵ,ɕ。部位平均。dʑ‘也常把閉塞成分失去,變ʑ。ȵ有時跟ni换位。遇y韵或y介母前(y嚴式近乎[ʮ])時,這一套聲母,就都帶舌尖成分,讀近tʂ等。

k組k,g‘,ŋ,h。g‘只在今u韵前存在,但常有失落的傾向,如‘垂’g‘ui>ui(‘維’ui,不會變成g‘ui)。h有時會讀成x。這些聲母也跟齊齒韵配,而不轉成tɕ等,如‘歐’ŋiau,‘跟’kien。

遇入聲時,前面都有點喉閉塞的現象。

2. 韵母

(1)舒聲

ï是舌尖前音。i,ui的i近標準i,ui的u很短而關。u近標準u但有些開。y極近ʮ。

a,ia,ua的a都是較後的ɑ。偶爾有一兩個字讀得像ᴀ。ia的i時間跟a相同。ua的u就比較短些。

o,uo的o是較低的o,只限舒聲。

e,ie,ue的e嚴式作可ᴇ。ie的i不十分關。

ai,iai,uai的a比較偏前像æ。i尾比較的關。

au,iau。a偏前,u很不關。嚴式可作æʊ。

əu,iəu的ə短而偏後。u近單元音u。這兩韵只跟t,ts兩組聲母配。

an,uan的a偏近中間ᴀ。n相當穩。

on,uon的o稍偏低,近似ɔ。

en,ien的e稍開。en遇p,t,k各組聲母時,e前微有帶i介母的傾向。ien的i也相當開。大致是ɪ。

ən,uən,yən的ə很短,只是聲母或介母跟n之間的過程音。

in的i是[ɪ]值,但前面没有聲母時,先有個j。

aŋ,iaŋ,uaŋ的a偏後。

oŋ,ioŋ,uoŋ的o比較低,但不到ɔ。

əŋ,iəŋ的ə很開而短,有時跟ʌ相近。

(2)入聲

a)ïˀ,iˀ,uˀ,yˀ。這四韵因收ˀ的關系,韵母比較的關而短。

aˀ,yaˀ的a比較偏前。ya的y稍鬆。

oˀ,ioˀ,uoˀ的o稍開,但不到ɔ。

eˀ,ueˀ的e也都近ᴇ,並且還偏央。

əuˀ,iəuˀ的əu跟舒聲的əu同,不過ə更短些。

b)il,yl。入聲收l的韵都比較鬆。在這裏的i是ɪ,y是ʯ。l不很清楚。

al,ual的a近標準a。

ol,uol的o偏央而短。

əl,uəl的ə很短。

el,iel,yel的e比舒聲e稍開,約在ᴇ,ɛ之間。遇p,t,k等各聲母時,也稍有介音i的傾向。

3. 聲調

陰平是先降後升的調,大致由"半低"降至"低"再升至"半低"。寬式用低降升調號(˨˩˨ 313)。

陽平是半低平調(22),在口語中常常變成升調如(13)。寬式一律用半低平調號(˨ 22)。

上聲是低降調(˨ 31),調值較穩。

陰去是中升調(˧ 24)。

陽去是中平調(˧ 33)。

入聲是短高平調(5),後面帶有ˀ或l尾。常常讀得起點較低,如遇濁音聲母,這種現象更爲顯明,如(35)。寬式一律用短高平調號(˥ 5)。

D. 與古音比較

1. 聲母

古聲組及影響條件 \ 古母今讀 \ 發音方法及影響條件		全清塞	次清塞	全濁塞 平	全濁塞 仄	次濁	清擦	濁擦 平	濁擦 仄
幫組		幫：p	滂：bʻ	並：bʻ	並：bʻ	明：m			
非組						微：u	非、敷：f	奉：f	
端組泥	一二等	端：t	透：dʻ	定：dʻ	定：dʻ	泥：n;ȵ(1)　來：n			
	三四等					泥：ȵ　來：dʻ,n;y(2)			
精組	洪	精：ts	清：dzʻ	從：dzʻ	從：dzʻ		心：s	邪：?	邪：s
	細	tɕ	dʑʻ	dʑʻ	dʑʻ		ɕ	dʑʻ,ɕ	dʑʻ,ɕ
莊組	内轉	莊（照二）：ts;tɕ(3)	初（穿二）：dzʻ	崇（牀二）：dzʻ;dʑʻ(4)	崇（牀二）：dzʻ;s		生（審二）：s		
	外轉	ts	dzʻ	dzʻ	dzʻ				
知組	今開 梗二等韵	知：ts	徹：dzʻ	澄：dzʻ	澄：dzʻ				
	今開 其他								
	今合	tɕ,k	dʑʻ	dʑʻ	dʑʻ				
章組	今開	章（照三）：ts	昌（穿三）：dzʻ	船（牀三）：s	船（牀三）：s		書（審三）：s	禪：dzʻ	禪：s
	今合	tɕ	dʑʻ	dʑʻ	dʑʻ		ɕ	ɕ,gʻ	ɕ

古聲組及影響條件 \ 發音方法及影響條件（古母今讀）			全清塞	次清塞	全濁塞		次濁	清擦	濁擦	
					平	仄			平	仄
日母	開	止（附薛緝質）					日 y			
		其他					z,n,i,y			
	合						i,y,n			
見組曉	開	一等	見 k	溪 h			疑 ŋ	曉 h	匣 h	匣 h
		二等	k,tɕ	h,ɕ			ŋ,i	h,ɕ	h,ɕ	h,ɕ
		三四等	tɕ	dzʻ	羣 dzʻ	羣 dzʻ	ȵ;ŋ	ɕ	ɕ	ɕ
	合	一二等	k	gʻ	*	*	u;ŋ	f	f	f
		三四等 蟹止宕	k	gʻ	gʻ	gʻ	ȵ	f	f	f
		三四等 通	k	h	dzʻ	h	?	ɕ	*	*
		三四等 其他	tɕ	dzʻ	dzʻ	dzʻ	ȵ	ɕ,f	ɕ	ɕ
影組	開	一等	影 ŋ							
		二等	ŋ,i;u[5]							
		三四等	i				喻：i			
	合	一二等	u				*			
		三四等 蟹止宕	u				喻 u			
		三四等 通舒	i				i			
		三四等 其他	y				y			

2. 韵母

第　一　表

攝別＼聲母＼等＼呼	開												
	一			二				三四					
	幫系	端系	見系	幫系	泥組	知莊組	見系	幫系	端系	莊組	知章組	日母	見系
果	*	o	o	a	a	a	a, ia	*	ia	*	a;e	a	ia
（遇）	*			*				*					
蟹	*	ai	ai	ai	ai	ai	ai, iai, ia	i	i	*	ï	*	i
止	*			*				i	i;ï	ï	ï	y	i
效	au	au	au	au	au	au	iau, au	iau	iau	*	au	au	iau
流	iau	iau	iau	*				iau, u	iəu	iau	əu	iəu	iəu
咸	*	on;an(1)	on	*		an	an, ien	en	en;ien(2)	*	en, yen	ien	ien
山	*	an	on	an	*	an	an, ien	en	en;ien(2)	*	en, yen	yen	ien
宕	oŋ	oŋ	oŋ	oŋ	*	oŋ	oŋ, ioŋ	*	ioŋ	oŋ	oŋ	ioŋ	ioŋ

攝別＼呼等聲母	開												
	一			二				三四					
	幫系	端系	見系	幫系	泥組	知莊組	見系	幫系	端系	莊組	知章組	日母	見系
深	*			*				in	in	ien	ən	ən	in
臻	*	en	en	*				in	in	ien	ən	uən	in
曾	en,ən	en;ien,ən[3]	en	*				in	in	*	ən	in	in
梗	*			en,əŋ	ən,aŋ	en,ien,aŋ	en;in,aŋ	in,iaŋ	in,iaŋ	*	ən;aŋ	*	in
(通)	*			*				*					
咸入	*	al	ol	*		al	iel;al	*	el;iel[2]	*	el	*	iel
山入	*	al	ol	al	*	al	al	eˀ,el	eˀ,el;iel[2]	*	yel,eˀ	yel	iel
宕入	oˀ	oˀ	oˀ	oˀ	*	oˀ	oˀ;ioˀ;uoˀ[4]	*	ioˀ	*	oˀ	ioˀ	oˀ
深入	*			*				*	il;iˀ[5]	eˀ	ɿˀ;əl	yl	il,iˀ
臻入	*			*				iˀ	il;iˀ[5]	eˀ	ɿˀ;əl	yl;iˀ	il,iˀ
曾入	eˀ	eˀ	eˀ	*				iˀ	il;iˀ[5]	el	ɿˀ;əl	*	iˀ
梗入	*			eˀ	*	eˀ	eˀ	iˀ	il;iˀ[5]	*	ɿˀ;aˀ	*	iˀ
(通入)	*			*				*					

第　二　表

<table>
<tr><td rowspan="3">攝別＼呼＼等＼聲母</td><td colspan="13">合</td></tr>
<tr><td colspan="3">一</td><td colspan="3">二</td><td colspan="7">三四</td></tr>
<tr><td>幫系</td><td>端系</td><td>見系</td><td>幫系</td><td>莊組</td><td>見系</td><td>幫系</td><td>泥組</td><td>精組</td><td>莊組</td><td>知章組</td><td>日母</td><td>見系</td></tr>
<tr><td>果</td><td>o</td><td>o</td><td>o;uo(6)</td><td colspan="2">*</td><td>ua,a</td><td colspan="6">*</td><td>e</td></tr>
<tr><td>遇</td><td>u</td><td>əu</td><td>u</td><td colspan="3">*</td><td>u</td><td>y,i</td><td>i</td><td>ï,əu</td><td>y</td><td>y</td><td>y</td></tr>
<tr><td>蟹</td><td>i</td><td>i</td><td>i,ai</td><td colspan="2">*</td><td>uai,ua,a</td><td>i</td><td>*</td><td>i</td><td>*</td><td>y</td><td>*</td><td>i;ui</td></tr>
<tr><td>止</td><td colspan="3">*</td><td colspan="3">*</td><td>i;ui</td><td>i</td><td>i</td><td>ai</td><td>ui</td><td>*</td><td>i;ui</td></tr>
<tr><td>（効）</td><td colspan="3">*</td><td colspan="3">*</td><td colspan="7">*</td></tr>
<tr><td>（流）</td><td colspan="3">*</td><td colspan="3">*</td><td colspan="7">*</td></tr>
<tr><td>咸</td><td colspan="3">*</td><td colspan="3">*</td><td>an</td><td colspan="6">*</td></tr>
<tr><td>山</td><td>on</td><td>on</td><td>uon;on</td><td>*</td><td>on</td><td>uan</td><td>an;uan</td><td>en</td><td>ien</td><td>*</td><td>yen</td><td>yen</td><td>yen</td></tr>
<tr><td>宕</td><td colspan="2">*</td><td>uoŋ;oŋ</td><td colspan="3">*</td><td>oŋ;uoŋ</td><td colspan="5">*</td><td>uoŋ</td></tr>
</table>

呼 等 聲母 攝別	合												
	一			二			三 四						
	幫系	端系	見系	幫系	莊組	見系	幫系	泥組	精組	莊組	知章組	日母	見系
（深）	*			*			*						
臻	ən	ən	uən; ən	*			ən; uən	ən	in	*	yən	yən	yən
曾	*		əŋ	*			*						
梗	*			*		ien, əŋ	*						in, yən, iəŋ
通	əŋ	əŋ	əŋ	*			əŋ	əŋ	əŋ	əŋ	əŋ	iəŋ	əŋ, iəŋ
咸入	*			*			al	*					
山入	ol	ol	uol; ol	*	ol	ual	al; ual	el	iel	*	yel	*	yel; ya^{ʔ}
宕入	*		o^{ʔ}	*			o^{ʔ}	*					
（深入）	*			*			*						
臻入	əl	əl	uəl, əl	*			uəl	il	i^{ʔ}	*	yəl	*	yl
曾入	*		ue^{ʔ}, e^{ʔ}	*			*						yl
梗入	*			*		ue^{ʔ}, o^{ʔ}	*						yl
通入	u^{ʔ}; o^{ʔ}(7)	əu^{ʔ}	u^{ʔ}, uo^{ʔ}	*			u^{ʔ}; o^{ʔ}(7)	əu^{ʔ}, iəu^{ʔ}	əu^{ʔ}, iəu^{ʔ}	o^{ʔ}	y^{ʔ}	iəu^{ʔ}	iəu^{ʔ}

3. 聲調

古類 \ 影響條件 \ 今值 \ 今類		陰平	陽平	上	陰去	陽去	入
平	清	˨˩˧					
	濁		˧				
上	清			˧˩			
	次濁			˧˩			
	全濁					˧	
去	清				˨˧		
	濁					˧	
入	清						˥
	次濁						˥
	全濁						˥

附注：

1. 聲母：—

(1)泥母一二等讀n，但‘内’讀ȵi。

(2)來母三四等魚韵讀y，如‘吕’y(但‘旅’d‘i)。

(3)照二内轉大致讀ts，但臻，耕韵讀tɕ，如‘臻’tɕien，‘争’tɕien。

(4)牀二内轉平聲大致讀dz‘，但尤韵讀dʑ‘，如‘愁’dʑ‘iəu。

(5)影開二大致讀ŋ，i，但宕入讀u，如‘握’uoˀ。

2. 韵母：—

(1)咸開一端系覃談分：覃讀on，如‘貪’d‘on，談讀an，如‘藍’nan。

(2)咸山三四等開，端組及來母讀洪，精組及泥母讀細，如‘典’ten，‘廉’d‘en，‘年’ȵien，‘鐵’d‘el，‘接’tɕiel。

(3)曾一開端組及泥組讀洪，精組讀細，如‘等’ten，‘能’nen，‘增’tɕien。

(4)宕開二入見系讀開，但影組讀合，如‘確’hoˀ，‘學’ɕioˀ，‘握’uoˀ。

(5)深臻曾梗開口三四等端系中，來母全讀il，餘讀iˀ。如‘立’d‘il，‘集’

çi^{ʔ}；‘栗’d‘il,‘七’dʑ‘i^{ʔ}；‘力’d‘il,‘息’çi^{ʔ}；‘歷’d‘il(但笛仍讀d‘i^{ʔ}),‘戚’dʑ‘i^{ʔ}。參看合口第二表臻入三四等泥精組。

(6)果合一見系讀開,但影母讀合,如‘窩’uo。

(7)通入幫系明母讀o^{ʔ},如‘木’mo^{ʔ},‘目’mo^{ʔ},餘讀開。

E. 同音字表

今調	陰平˨˦	陽平˨˩	上˥˩	陰去˦˨	陽去˨˩
今韵	ï				
廣韵	模;魚‖祭‖脂;之;支				
p b' m f					
t d' n			你(n̩)泥之		
ts dz' s	茲,之;知 粗;初 私,師;思;斯,施	 鋤‖遲;持 時	子 恥,齒;此 死,矢;使,始	致,至;志;翅審 滯澄‖次;刺,賜心 世勢‖四;試‖式入	 助‖自;字,痔 示;伺,似、寺,事,市;是
z					
tɕ dʑ' ȵ ɕ					
k g' ŋ h		吾(ŋ̍)模疑	五(ŋ̍)模疑		
○					

今調	陰平˧˩˥	陽平˨	上˧˩	陰去˧˥	陽去˧
今韵	i				
廣韵	魚;虞‖祭;齊;灰;泰‖脂;之;支;微				
p	卑;悲;碑		比;彼	貝	
b‘	披		鄙痞幫,丕平		倍;敝;佩‖被
m		梅	米‖靡		妹
f	灰‖飛	回‖肥	毁;匪	廢,肺‖費,諱	會;彗喻;惠‖睡瑞禪
t	低‖錐三		底抵	帝;對;兑定	
d‘		堤提‖梨;離	旅;屢去‖禮‖履;李里理	禿屋	例;第,麗隸;隊,內$_{2}$泥‖地;類;累;彙喻
n					
tɕ			己	祭;計繼;最‖寄;醉,季	
dʑ‘	妻,棲心,溪‖期羣	齊‖其;奇	且麻‖起	趣娶‖器;氣	去;聚‖罪‖忌;技妓企
ȵ		疑;宜			藝;內$_{1}$‖義議
ɕ	須‖西,奚兮‖希	徐‖携齊匣合‖隨	洗‖璽徙支心開	歲‖戲	
k					
g‘					
ŋ					
h					
○	衣依‖[伊](他)	夷;移;遺合	已以,矣	憶職	

今調	陰平˧˩˧	陽平˨	上˨˩	陰去˧˥	陽去˧
今韵	ui				
廣韵	祭‖脂;支;微(均合口)				
k	追,龜;歸			桂‖貴	
g‘		葵;垂			跪
ŋ					
h					
○	虧;威	維惟;爲;微,圍	委	畏	衛‖位;爲;未

今韵	u				
廣韵	模;魚;虞‖侯;尤				
p			補		
b‘			譜幫,普		步
m					
f		胡狐乎	虎;府,腐奉‖婦奉		户;父,附‖負
k	姑孤		股	故	
g‘			苦		
ŋ					
h					
○	烏	無	武		務明‖戊‖[□](和跟)

今調	陰平˨˩˧	陽平˨	上˨˩	陰去˨˦	陽去˧
今韵	y				
廣韵	魚;虞‖祭‖脂;之;支				
tɕ dʑʻ ȵ ɕ	猪,諸;拘 樞,區 書,虛;殊	 除 餘‖危支合 	主 女 暑鼠,許	著;句 處,去 税	 巨;駐,柱、住,俱平 樹
○		如,於,余;儒,于‖而	吕,與;雨羽‖爾		貳二

今韵	a				
廣韵	麻二‖佳;夬				
p bʻ m f	巴 [媽] 花	 爬 麻 華	把(給) 馬 	 怕 化	 畫;話
t dʻ n	 他歌 拉入	 拿	打庚 [哪]	 [那]	
ts dzʻ s	 差 沙‖衫銜	 蛇		乍牀 詫 	
z			惹		
k gʻ ŋ h		 牙 			 下

今調	陰平˨˩˧	陽平˨	上˨˩	陰去˧˦	陽去˧
今韻	ia				
廣韻	麻;佳(均開口)				
t	[爹]				
dʻ					
n					
tɕ	家‖佳		假賈;姐	架	
dʑʻ					謝
ȵ					
ɕ	些₁	霞;邪	些₂ 平、寫		下
○	鴉	爺	也野		

今韻	ua				
廣韻	麻二‖佳(均合口)				
k	瓜			掛	
gʻ					
ŋ					
h					
○	蛙		瓦		

今調	陰平˨˦	陽平˧	上˨˩	陰去˧˥	陽去˧
今韵	o				
廣韵	歌;戈				
p	波,玻滂				
b‘	坡	婆			
m			麼‖母侯		
f					禍
t	多				
d‘			妥		舵
n		羅;騾			
ts			左		
dz‘				錯模	坐
s			所魚		
k	歌;鍋		果	個;過	
g‘					
ŋ		鵝	我		
h		何	可		

今韵	uo				
廣韵	戈				
○	窩				

今調	陰平˧˨˧	陽平˨	上˧˩	陰去˦˧	陽去˧
今韵	e				
廣韵	麻三;戈三				
p					
bʻ					
m					
f	靴				
ts	嗟				
dzʻ					
s				舍,社禪	
k				[□](=這)	
gʻ					
ŋ					
h					

今韵	ie				
廣韵	麻三(開)				
tɕ					
dʑʻ				<u>去</u>魚	謝
ȵ					
ɕ		邪	<u>些</u>		
○			也野		

今調	陰平˨˩˧	陽平˦	上˦˨	陰去˧˥	陽去˧
今韵	ue				
廣韵	戈三(開)				
○		茄(?)			

今韵	ai				
廣韵	咍;泰;皆;佳;夬‖脂;支				
p				拜	
b‘				派	敗
m		埋	買		
f		懷			壞
t				帶	
d‘				太泰	待、代;大
n		來	乃;奶		賴
ts	齋		[仔]	再	
dz‘		柴	揣	菜;蔡	在
s				寨$_{\text{牀}}$‖帥	
k	該;皆街		改;解	蓋;介界戒	
g‘					
ŋ	哀‖[□](祖母)		矮	愛	艾;外
h	開	孩;鞋‖還$_{\text{刪合}}$		概$_{\text{見}}$,愾,械$_{\text{匣}}$‖[□](那個)	亥;害

今調	陰平˧˩˧	陽平˨˧	上˧˥	陰去˦˧	陽去˧
今韵	iai				
廣韵	皆(開)				
tɕ	階				
dʑʻ					
ȵ					
ɕ		偕見,諧			

今韵	uai				
廣韵	灰;泰;皆;佳(均合口)				
k				怪	
gʻ			塊去	會(丨計)見;快	
ŋ					
h					
○	歪曉				外

今調	陰平˨˩˧	陽平˩	上˧˩	陰去˧˥	陽去˧
今韵	au				
廣韵	豪;肴;宵				
p	包		保		
b‘		袍	跑並平		
m		毛;茅			貌‖[冒](没有)
f					
t			到去(坐丨)	到	
d‘		桃			道
n		牢	老		鬧
ts	糟;朝,昭招		早	照	
dz‘		朝	草;炒	造糙	趙
s			掃		紹
z		饒	繞		
k			稿;攪	告	
g‘					
ŋ			襖	奥	
h		毫	好		

今調	陰平˩˧	陽平˨	上˧˩	陰去˧˥	陽去˧
今韵	iau				
廣韵	肴;宵;蕭‖侯;尤;幽				
p			表		
bʻ			剖		
m		苗貓‖謀	某畝		
f			否		
t			斗	釣‖鬥	
dʻ		條調‖頭$_1$;流		跳	調‖豆
n		燎;聊	了		漏;謬明
tɕ	教$_2$;驕		較去‖走	教$_1$;叫‖奏	
dʑʻ		喬‖愁	巧		
ȵ					
ɕ	消,囂;蕭	餚淆	小;曉	孝	校效
k					
gʻ					
ŋ	歐	堯	偶		
h		侯			後
○	妖	摇	舀	要	

今調	陰平˨˩˧	陽平˨	上˦˨	陰去˧˥	陽去˧
今韵	əu				
廣韵	模;魚;虞‖尤				
t	都		賭肚		
d‘		頭$_2$ 侯	土		杜、度
n		奴	努		怒,路
ts	租‖周			做	
dz‘			楚‖丑	醋	
s	蘇			素;數‖獸	受

今韵	iəu				
廣韵	尤;幽				
t	[丟]				
d‘					
n					
tɕ	糾上		九		
dʑ‘	秋,丘	囚,求			就,舅
ȵ		牛	紐		
ɕ					
○		柔,由猶,尤	有	幼	又

今調	陰平˦˨˦	陽平˨	上˧˩	陰去˧˦	陽去˧
今韵	an				
廣韵	談;咸;銜;凡‖寒;山;删;元				
p	班		板	扮	
b‘				盼	辦
m		［蠻］(很也)			慢
f		凡‖煩	反		范‖飯
t			膽	旦	
d‘		談		歎	
n		藍‖難			
ts			斬	棧牀	
dz‘	餐		剷,産審		暫
s	三‖山;删			散	
k	間		減		
g‘					
ŋ			眼		
h		鹹;銜‖閑			

今韵	uan				
廣韵	山;删;元(均合口)				
k	鰥;關			慣	
g‘					
ŋ					
h					
○	彎				萬

今調	陰平˨˩	陽平˧	上˨˦	陰去˧˥	陽去˧
今韵	on				
廣韵	覃;談;鹽‖寒;山				
p				半	
b'		盤		判,叛並	伴
m					
f			緩	喚	换
t			短		
d'	貪				
n		南	暖		亂
ts			纂		
dz'			慘	竄	
s	酸;閂			算	
k	干		感;敢		
g'					
ŋ	安			暗	岸
h		含‖寒		看,漢	

今韵	uon				
廣韵	桓(合)				
k	官觀		管	貫	
g'					
ŋ					
h					
○		完匣;頑刪	皖匣,惋		

今調	陰平˧˩	陽平˧	上˨˩	陰去˦˥	陽去˧
今韻	en				
廣韻	鹽;添‖仙;先‖痕‖登‖庚;耕				
p	邊‖崩		貶	徧;變	
bʻ		彭		片	辨;辮
m		萌			面
f		橫$_1$			
t			點‖典‖等	店	
dʻ	天‖吞	廉‖連聯			戀
n		能$_1$			
ts	增$_1$‖爭$_1$			占	
dzʻ					
s	生		陜	扇	善
k	跟根‖庚;耕		亘去	更	
gʻ					
ŋ	恩				
h		恒	懇,很匣‖肯		恨

今韻	ien				
廣韻	咸;銜;鹽;嚴;添‖山;刪;仙;元;先‖侵‖痕;臻‖登‖耕				
tɕ	監‖間‖臻‖增$_2$‖爭$_2$		剪;繭	諫‖建;見	
dʑʻ	謙‖千	鉗‖錢;全			件
ȵ	研疑平	嚴‖言;年	染‖撚		驗;念
ɕ	仙鮮;軒;先;宣‖森‖僧	嫌‖賢;旋	險‖癬;顯	憲	陷;漸從‖限;現;縣合
○	煙	延;沿合	眼;演	厭‖晏	

今調	陰平˨˩˧	陽平˩˧	上˧˩	陰去˧˥	陽去˧
今韵	yen				
廣韵	仙;元;先				
tɕ	沾鹽‖專		展;轉捲		
dʑ‘		船,權			篆,倦
ȵ		鉛喻;元	軟;阮		硯開
ɕ	掀開;暄	蟬開;玄懸	選		
○		然;丸匣桓;緣,圓員;園	遠		院

今韵	ən				
廣韵	侵‖真;魂;諄;文‖蒸‖庚三;清				
p			本		
b‘					
m		門			
f	昏;分	魂		奮	
t				頓	
d‘					
n		倫‖能$_2$	冷$_1$		論
ts	真‖徵‖貞,偵徹,征			政正	
dz‘		沉‖陳,臣;存‖成誠城			鄭$_1$
s	深‖身申‖聲	晨;唇牀合‖繩	審		盛
z		壬‖人$_1$			任

今調	陰平˧˩˦	陽平˨	上˨˩˧	陰去˧˥	陽去˧
今韵	uən				
廣韵	魂;文(均合口)				
k gʻ ŋ h	 坤$_1$ 				
○	坤$_2$溪,温	聞	忍;穩		問

今韵	yən				
廣韵	諄;文‖清;庚;青(均合口)				
tɕ dʑʻ ȵ ɕ	均;軍 椿,春‖傾 勳	 羣‖瓊 純	 頃 迥匣		
○		云	允‖永		閏;運‖孕蒸開

今調	陰平˨˩˧	陽平˨	上˧˩	陰去˧˥	陽去˧
今韵	in				
廣韵	侵‖真;欣‖蒸‖庚;耕;清;青				
p	兵		稟		
b‘		貧‖瓶;平	品		並
m		民‖名	敏		命
f					
t	丁$_1$				
d‘	聽$_1$	林‖鄰‖陵‖靈			令
n					
tɕ	今‖津,巾;斤‖京荆;經			進晉	
dʑ‘	侵,欽‖輕	情			近‖静
ȵ		人$_2$,銀‖仍$_1$,凝			認
ɕ	心‖新‖星$_1$ 腥	尋‖秦;旬‖行;形		信‖姓$_1$ 性	杏;幸
○	音‖因‖鶯;英	仍$_2$ ‖盈;營$_{合}$	飲‖引;隱;尹$_{合}$	印‖應	

今調	陰平˨˦	陽平˧	上˨˩	陰去˦	陽去˧
今韵	aŋ				
廣韵	庚;耕;清(均開口)				
t					
d‘					
n			冷₂		
ts					
dz‘	撑				鄭₂
s					
k					
ɡ‘					
ŋ					硬
h					

今韵	iaŋ				
廣韵	清;青;庚三(均開口)				
p					
b‘		平₂			
m					
f					
t	丁₂				
d‘	聽₂				
n					
tɕ					
dʑ‘					
ȵ					
ɕ	星₂			姓₂	

今調	陰平˨˦	陽平˨˩	上˧˥	陰去˧˨	陽去˧
今韵	uaŋ				
廣韵	庚(合)				
○		横匣			

今韵	oŋ				
廣韵	唐;江;陽				
p	邦				
b'		旁			
m		忙			
f	方	黄1;房防		況	
t	當		黨		
d'					蕩
n		郎	朗		
ts	椿;張,莊		長		
dz'	倉;窗;昌	牀	撞澄;廠	創	
s	桑;商	常			尚上
k	剛綱;江1		港		
g'					
ŋ					
h				抗	項、巷

今調	陰平˨˩˧	陽平˨	上˧˩	陰去˧˦	陽去˧
今韵	ioŋ				
廣韵	江;陽(均開口)				
t d‘ n		良	兩		
tɕ dʑ‘ ȵ ɕ	江$_2$;將,姜 腔 香鄉	 詳祥,强 娘 	講 仰 	 相	 像 像象
○					讓,樣

今韵	uoŋ				
廣韵	唐;陽(均合口)				
k g‘ ŋ h	光	 狂			
○	汪	黄$_2$ 匣;王	往		旺

今調	陰平˨˦	陽平˨	上˧˩	陰去˧˥	陽去˧
今韻	əŋ				
廣韻	登‖庚二;耕‖東;冬;鍾				
p					
bʻ		朋			
m					孟‖夢
f	風;封	弘‖宏‖紅;馮			奉
t	東				
dʻ	通	同	桶;統去	痛	動、洞
n		農;隆;龍	攏		
ts	中;鍾		總;種	衆	
dzʻ	充	蟲,崇;從	寵		重
s	鬆;嵩;松			送;宋	誦
k	公工功;弓;恭				
gʻ					
ŋ					
h	空,翁影		恐		共

今韻	iəŋ				
廣韻	庚三;青‖東;鍾(均合口)				
tɕ					
dʑʻ		窮			
ȵ					
ɕ	兄‖胸	熊雄喻			
○		榮;螢匣‖絨,融;茸,容			用

今調	入˥
今韻	ïˀ
廣韻	緝‖質‖職‖昔(均開口)
ts	質
dz‘	秩姪‖直值植,殖禪‖擲,赤
s	十‖實‖食蝕‖石

今韻	iˀ
廣韻	緝‖質;迄;術‖職‖昔;陌三;錫
p	畢必‖逼‖碧;壁
b‘	
m	秘泌幫至
f	
t	的
d‘	笛
n	
tɕ	級,吸曉‖積;激
dʑ‘	及‖七;乞,迄曉‖極;戚,喫
ȵ	日‖逆
ɕ	集從,泣溪‖戌恤‖息‖席
○	噎屑‖邑‖一,逸‖亦

今調	入˥
今韻	uˀ
廣韻	屋;沃
p	卜,曝瀑並
b‘	撲,僕
m	
f	服
k	酷溪
g‘	哭
ŋ	
h	
○	屋

今韻	yˀ
廣韻	屋三;燭
tɕ	竹;燭囑1
dʑ‘	觸
ȵ	
ɕ	熟;屬
○	玉疑

今韻	aˀ
廣韻	昔(開)
ts	
dz‘	
s	石

今調	入˥
今韻	yaˀ
廣韻	月(合)
○	曰

今韻	oˀ
廣韻	鐸;覺;藥‖屋
p	剥
bʻ	
m	莫‖木;目
f	霍;縛
t	
dʻ	託
n	洛
ts	作;桌,捉;酌
dzʻ	濁濯
s	縮
k	各;角;郭
gʻ	
ŋ	惡
h	鶴;確,學

今調	入˥
今韻	ioˀ
廣韻	覺;藥
t	
dʻ	略
n	
tɕ	覺;爵,嚼從,脚
dʑʻ	雀精
ȵ	若$_1$蒻,虐
ɕ	學;削
○	若$_2$,約,藥

今韻	uoˀ
廣韻	覺‖沃
○	握‖沃

今調	入˥
今韵	e^{ʔ}
廣韵	葉‖薛；屑‖櫛‖德‖陌；麥
p	泊鐸‖北‖百伯
b‘	撇$_1$‖白
m	滅$_1$‖麥
f	或‖獲
t	得德
d‘	列$_2$‖忒，特
n	月$_2$疑月‖勒
ts	則；側‖責
dz‘	澈‖測‖澤擇宅
s	涉‖舌；血曉合‖瑟
k	格；革
g‘	
ŋ	厄
h	刻，黑‖客，赫

今韵	ue^{ʔ}
廣韵	德（合）
k	國
g‘	
ŋ	
h	

今調	入˥
今韵	əu^{ʔ}
廣韵	屋；沃；濁
t	篤
d‘	讀
n	鹿；陸；緑
ts	嘱$_2$
dz‘	族；促
s	

今韵	iəu^{ʔ}
廣韵	屋三；燭
t	
d‘	六
n	
tɕ	菊；足
dʑ‘	局
ȵ	肉；獄
ɕ	肅，畜；續
○	育；辱，欲

今調	入˥
今韵	il
廣韵	緝‖質;物‖職‖錫
t d‘ n	立‖栗;律‖力‖歷
tɕ dʑ‘ ȵ ɕ	急‖吉

今韵	yl
廣韵	緝‖質;術;物‖職‖昔
tɕ	橘
dʑ‘	出;屈
ȵ	
ɕ	
○	入‖日;鬱‖域‖疫役

今調	入˥
今韵	al
廣韵	合;盍;洽;狎;乏‖曷;鎋;黠
p	八
b‘	拔
m	
f	法‖髮
t	答搭;劄
d‘	塔‖達
n	納;臘‖辣‖[那](刹那)
ts	
dz‘	雜;插‖察
s	撒;刹穿;殺
k	甲
g‘	
ŋ	鴨
h	瞎

今韵	ual
廣韵	鎋;黠(均合口)
k	刮
g‘	
ŋ	
h	
○	挖

今調	入˥
今韵	ol
廣韵	合;盍‖曷;末;鎋;薛
p	
b‘	
m	末
f	活;滑黠合
t	綴
d‘	脱
n	
ts	
dz‘	
s	刷
k	鴿‖割
g‘	
ŋ	
h	合;盍‖喝

今韵	uol
廣韵	末
k	
g‘	闊
ŋ	
h	

今調	入˥
今韵	əl
廣韵	緝‖質;没‖職
p	不
b‘	勃
m	
f	忽
t	
d‘	突
n	
ts	卒
dz‘	
s	十‖實‖食

今韵	uəl
廣韵	没;物
k	骨
g‘	
ŋ	
h	
○	物

今調	入˥
今韵	el
廣韵	帖‖薛;屑
p	
b'	撇2
m	滅2
f	
t	
d'	帖‖列1;鐵;劣
n	

今調	入˥
今韵	yel
廣韵	薛;月;屑
tɕ	拙;掘;決
dʑ'	徹;缺
ȵ	月1
ɕ	設1;説
○	熱;閲;越

今韵	iel
廣韵	洽;狎;葉;業;帖‖薛;月;屑
tɕ	甲;接;劫‖節,結
dʑ'	傑;竭;切;絶
ȵ	聶,業‖孽;臬
ɕ	夾見,恰溪,狹;脅;協挾‖薛;穴匣合
○	匣匣,鴨;葉‖謁

F. 音韵特點

1. 聲母

(1)通城不分ts,tʂ。精組跟知系,今洪全作ts等,如'茲'='之'tsï,'草'='炒'dz'au,'素'='獸'səu,'三'='山'san。

(2)滂並透定清從徹澄無論平仄皆讀濁音送氣,如'坡'b'o,'派'b'ai,

‘伴’b‘on，‘彭’b‘en，‘他’d‘a，‘妥’d‘o，‘談’d‘an，‘蕩’d‘oŋ，‘次’dz‘ï，‘妻’dʑ‘i，‘存’dz‘ən，‘就’dʑ‘iəu，‘丑’dz‘əu，‘趙’dz‘au。

(3)溪羣二母無論平仄今洪音開口皆讀h，如‘開’hai，‘看’hon，‘抗’hoŋ，‘共’həŋ。今洪音合口皆讀g‘，如‘狂’g‘uoŋ，‘跪’g‘ui，‘哭’g‘uʔ。今細音皆讀dʑ‘，如‘其’dʑ‘i，‘忌’dʑ‘i，‘丘’dʑ‘iəu，‘舅’dʑ‘iəu。

(4)穿二三及牀二(除止攝仄聲)無論平仄皆讀濁塞擦送氣；今洪音讀dz‘，今細音讀dʑ‘，如‘初’dz‘ï，‘廠’dz‘oŋ，‘愁’dʑ‘iəu，‘助’dz‘ï，但牀二在止攝仄聲讀清擦音s，如‘士，事’sï。

(5)泥母一二等，除蟹攝合口讀ȵ(‘内’ȵi)外，全讀n，如‘鬧’nau，‘奶’nai；三四等全讀ȵ，如‘紐’ȵiəu，‘念’ȵien，‘娘’ȵioŋ。

(6)來母一二等全讀n，如‘羅’no，‘藍’nan，‘冷’nən，‘亂’non。三四等開口除効攝讀n，如‘燎，聊’niau外，一律讀d‘，跟透定母混，如‘例’=‘第’d‘i，‘列’=‘鐵’d‘el，‘兩’d‘ioŋ，‘連’d‘en，‘立’d‘il。三四等合口在臻通攝舒聲讀n，如‘倫’nən，‘龍，隆’nəŋ；在通入n或d‘不定，如‘緑’nəu，但‘六’d‘iəu；在遇攝d‘或y不定，如‘旅’d‘i，但‘吕’y；在山攝及臻入作d‘，如‘戀’d‘en，‘劣’d‘el，‘律’d‘il。

(7)曉匣合口一二等皆讀f，與非敷奉混，如‘回’=‘肥’fi，‘户’=‘父’fu，‘禍’fo，‘昏’=‘分’fən；合口三四等在蟹止宕攝也讀f，如‘毁’=‘匪’fi，‘惠’fi，‘況’foŋ。開口一等皆讀h，跟溪羣今開口洪音混(參看(3)條)，如‘何’ho，‘好’hau，‘侯’hiau；二等今洪音讀h，如‘鹹’han，‘巷’hoŋ，今細音讀ɕ，如‘杏’ɕin，‘講’tɕioŋ。

(8)疑影兩母開口一二等洪音皆讀ŋ，如‘愛’ŋai，‘艾’ŋai，‘恩’ŋen，‘硬’ŋaŋ。開口三四等，疑母讀ȵ，如‘義’ȵi，‘言’ȵien，‘業，臬’ȵiel，影母讀○，如‘衣’i，‘煙’ien。

2. 開合

(1)端系一等合口在遇蟹臻通攝全變開口，如‘杜’d‘əu，‘素’səu，‘對’ti，‘罪’dʑ‘i，‘内’ȵi，‘頓’tən，‘存’dz‘ən，‘突’d‘əl，‘通’d‘əŋ，‘讀’d‘əuʔ，‘族’dz‘əuʔ，‘鹿’nəuʔ。

(2)精組三四等合口今音全變開口,如‘聚’dʑʻi,‘歲’ɕi,‘隨’ɕi,‘全’dʑʻien,‘旬’ɕin,‘誦’səŋ,‘絶’dʑʻiel,‘恤’ɕiˀ,‘促’dzʻəuˀ,‘肅’ɕiəuˀ。

(3)來母三四等合口,除遇攝外全變開口,如‘類’dʻi,‘戀’dʻen,‘倫’nən,‘農’nəŋ,‘劣’dʻel,‘律’dʻil,‘綠’nəu,‘六’dʻiəu;但在遇攝開合不定,如‘旅’dʻi,‘吕’y。

3. 入聲韵尾

通城入聲有舌尖邊音l及喉閉塞ˀ兩種韵尾,因古音類的不同而分,但没有江西都昌話那樣規則。(江西都昌凡古入-p,-t的都有l尾;凡古入收k的都有一ˀ尾。)雖然這樣,也還有條例可尋。以下的材料是根據發音人 59 a與 59 b兩人的材料而得的。

(1)咸攝都收l。如‘答’tal,‘鴿’kol,‘甲’tɕiel,‘涉’sel。

(2)山攝一二等開合口全收l,如‘達’dʻal,‘曷’hol,‘闊’gʻuol,‘挖’ual。三四等開口幫組,端系,及影組收ˀ或l不定,如‘滅’meˀ,mel;‘撇’bʻeˀ,bʻel;‘列’dʻeˀ,dʻel;其他聲母字皆收l,如‘設’ɕyel,‘傑’dʑiel。三四等合口見系文言收l,白話收ˀ,如‘閲’yel,‘決’tɕyel,但‘曰’yaˀ;其他聲母字皆收l,如‘髮’fal,‘劣’dʻel,‘絶’dʑʻiel。

(3)宕攝全收ˀ,如‘莫’moˀ,‘學’ɕioˀ,‘握’uoˀ,‘縛’foˀ。

(4)深臻今開口幫組,精組,莊組,知章組(文言)及影組都收ˀ。如‘必’piˀ,‘七’dʑʻiˀ,‘澀’seˀ,‘實’sïˀ,‘逸’iˀ。其餘收l,如‘立’dʻil,‘十’səl,‘日’yl,‘吉’tɕil。合口全收l,如‘勃’bʻəl,‘骨’kuəl,‘鬱’yl。

(5)曾梗三四等來母,莊組,知章組(白話,除梗攝)及合口見系都收l,如‘力’dʻil,‘色’sel,‘食’səl,‘役’ylˀ。其餘收ˀ,如‘北’peˀ,‘息’ɕiˀ,‘直’dzʻïˀ,‘獲’feˀ。

(6)通攝全收ˀ,如‘木’moˀ,‘熟’ɕyˀ,‘欲’iəuˀ。

4. 韵母

(1)遇攝模韵端系讀əu,如‘土’dʻəu,‘奴’nəu,‘蘇’səu;魚虞韵莊組讀əu或ï不定,如‘楚’dzʻəu,‘數’səu,但‘粗’dzʻï,‘助’dzʻï。

(2)流攝一等幫端見系全讀iau,如‘某’miau,‘斗’tiau,‘奏’tɕiau,‘後’

hiau，三等莊組亦讀iau，如‘愁’dʑ‘iau；幫系iau或u不定，如‘否’fiau，‘謀’miau，但‘負’fu；知章組讀əu，如‘丑’dz‘əu，‘受’səu；日母及見系讀iəu，如‘柔’iəu，‘九’tɕiəu。

（3）蟹止攝合口幫端見系主要元音皆爲i，如‘貝’pi，‘飛’fi，‘對’ti，‘類’d‘i，‘隨’ɕi，‘歲’ɕi，‘微’ui，‘貴’kui。

（4）咸攝一等端系，談韵讀an，如‘藍’nan，‘三’san；覃韵讀on，如‘南’non，‘慘’dz‘on；一等見系兩韵皆讀on，如‘感’＝‘敢’kon，‘暗’ŋon。

（5）山攝開口一等端系讀an，如‘旦’tan，‘散’san；開口一等見系及合口一等幫端系皆讀on，如‘半’pon，‘干’kon，‘安’ŋon，‘短’ton，‘亂’non。

（6）宕攝舒聲一二等幫端知系，三等知莊章組，皆讀oŋ，如‘旁’b‘oŋ，‘樁，莊，張’tsoŋ，‘倉，窗，昌’dz‘oŋ。

（7）通攝舒聲幫非端知莊章組皆讀əŋ，如‘夢’məŋ，‘風’fəŋ，‘同’d‘əŋ，‘誦’səŋ，‘崇’dz‘əŋ，‘衆’tsəŋ，日母讀iəŋ，如‘絨’iəŋ；見系一等讀əŋ，如‘公’kəŋ，‘紅’fəŋ；三等əŋ或iəŋ不定，如‘弓’kəŋ，但‘窮’dʑ‘iəŋ。

（8）臻曾攝舒聲開口一等見系及端組皆讀en，如‘根’ken，‘肯’hen，‘吞’d‘en，‘等’ten；開口三等知章組皆讀ən，如‘臣’dz‘ən，‘徵’tsən；幫端見系皆讀in，如‘貧’b‘in，‘鄰，陵’d‘in，‘巾’tɕin，‘應’in。

（9）梗攝舒聲二等，知泥組及見系，白話音讀aŋ，如‘撑’dz‘aŋ，‘冷’naŋ，‘硬’ŋaŋ；莊組讀en，ien，如‘生’sen，‘争’tɕien；泥組文言音讀ən，如‘冷’nən；見系文言音讀en或in不定，如‘庚’ken，但‘幸’ɕin。

（10）梗攝舒聲三等，幫端系文言讀in，白話讀iaŋ，如‘平’b‘in，b‘iaŋ，‘丁’tin，tiaŋ，‘星’ɕin，ɕiaŋ，‘姓’ɕin，ɕiaŋ。知章組文言讀ən，白話讀aŋ，如‘成’dz‘ən，‘鄭’dz‘ən，dz‘aŋ。

（11）咸山攝入聲開口一等，端系讀al，如‘答’tal，‘塔，達’d‘al；見系讀ol，如‘鴿，割’kol，‘合，喝’hol。二等見系山入讀al，如‘瞎’hal，咸入白話讀al，文言讀iel，如‘甲’kal，tɕiel，‘鴨’al，iel。

（12）通攝入聲明母讀oʔ，如‘木，目’moʔ，其他幫系字皆讀uʔ，如‘卜’puʔ，‘僕’b‘uʔ，‘服’fuʔ；端系一等讀əuʔ，如‘讀’d‘əuʔ，‘鹿’nəuʔ，‘族’dz‘əuʔ；三

等讀əu,或iəu不定,如'緑,陸'nəu,'促'dz'əu,但'六'd'iəu,'足'tɕiəu。

5. 聲調

(1)通城分陰陽去。古去聲清音今讀陰去,如'致','句','片','相'等字。古去聲濁音及上全濁全讀陽去,如'項'='巷','似'='寺','柱'='住','杜'='度','動'='洞'。

(2)通城有入聲。凡古入聲無論清濁均讀入聲,如'秩,積,服,篤,八,合,納,劣'等字。

G. 會話

59 b：ko˧˥ ui˧ dʑ'in˧˩ tɕiau˧˥˥·?
　　個 位 請 教?

59 a：mau˧˧˨! dʑ'in˧˩ tɕiau˧˥˥ d'e˨·?
　　毛! 請 教 哩?

b：(d)z'aŋ˧。
　　鄭。

a：n̩˧˩ (ɕ)ien˧ dz'ai˧ (d)ʑ'y˧ dz'ai˧ na˧˩ d'e˨· a˨·?
　　n̩˧˩(你) 現 在 住 在 哪 裏 阿?

b：ŋo˧˩ ɕien˧ dz'ai˧ (d)ʑ'y˧ dz'ai˧ u˧˩ dz'oŋ˨˩˧ san˨˩˧ d'au˧˧· kai˨˩˧。
　　我 現 在 住 在 武 昌 三 道 街。

a：dz'ai˧ tsəu˧˥˥ mo˧˩ sï˧ dʑ'in˧‿a˨·?
　　在 做 麽 事 情 阿?

b：ŋo˧˩ dz'ai˧ ko˨· d'e˨· tsəŋ˨˩˧ fa˧˧· d'ai˧ (ɕ)ioʔ˥ d'əuʔ˥ ɕy˨˩˧。mau˧
　　我 在 個 裏 中 華 大 學 讀 書。毛

ɕien˨˩˧˧ sen˨˩˧˧· d'e˨·?
　　先 生 哩?

a：ŋo˧˩ dz'ai˧——kə˨· kə˨· tɕin˨˩˧ n̠ien˧ (ts)ï˧˩ dz'ai˧ uʔ˥ d'i˧˩, ie˧˩
　　我 在 ——個 個 今 年 子 在 屋 裏, 也

dz'ai˧ ko˦· d'əŋ˩ dz'ən˧ çien˧ d'i(l) çiau˩ çio[?]˥ toŋ˩ tçiau˧ u˧
在 個 通 城 縣 立 小 學 當 教 務

tçy˩ zən˧。
主 任。

b：çien˧ dz'ai˧ d'i˦·？
現 在 呢？

a：çien˧ dz'ai˦ in˩ ui˧ u[?]˥ d'i˩˦· kə˦· d'əu˩ fi˩ pə(l)˥ (h)au˩ a˦·，
現 在 因 爲 屋 裏 格 土 匪 不 好 阿，

sï˧ soŋ˧ iəu˩ d'əu˩ fi˩，so˩ i˩ çien˧ dz'ai˧ d'e˦·，pə(l)˥ nən˧
時 常 有 土 匪，所 以 現 在 呢， 不 能

d'əu[?]˥ çy˩ a˦·，foŋ˧ dʑ'i(e)˩ tçiau˧ iəu[?]˥ tçin˩ fi˧˦ ieu˧ pə(l)˥
讀 書 阿，況 且 教 育 經 費 又 不

dz'əŋ˩ tçiəu[?]˥。so˩ i˩ ko˧ d'i˩ sï˧ dʑ'in˧ ma˧ fan˧ d'e˦·。
充 足。 所 以 個 裏 事 情 麻 煩 哩。

b：o˪，çien˧ dz'ai˧ çien˧ d'i˩˦· iəu˩ d'əu˩ fi˩˦·？
哦，現 在 縣 裏 有 土 匪？

a：ŋ˦·，çien˧ d'i˦· iəu˩ d'əu˩ fi˩˦·，dʑ'iəu˧ sï˧ soŋ˧ ko˦· n̥ye(l)˥
嗯，縣 裏 有 土 匪， 就 是 上 個 月

b'a˦·，iəu˧ y˧ tçio[?]˦· b'in˧˩ tçioŋ˩˦ (d)ʑ'on˧ ko˧ nai˧ kə˦· i[?]˥
吧，又 遇 着(?) 平 江 竄 過 來 個 一

ku˩˦· d'əu˩ fi˩，fən˩ tsə(u)˧˦· d'ioŋ˩ ku˩，i[?]˥ ku˩ dʑ'iəu˧
股 土 匪， 分 做 兩 股，一 股 就

dʑ'on˧ tau˧˦· təŋ˩ çioŋ˩，i[?]˥ ku˩ dʑ'on˧ tau˧˦· non˧˩ çioŋ˩˦·，
竄 到 東 鄉， 一 股 竄 到 南 鄉，

hai˧ dz'au˧ ŋo˩ d'ə˦· u[?]˥ d'i˩ mən˧ çia˧ tçin˩ ko˧˦。çin˧ te[?]˥
還 朝 我 的 屋 裏 門 下 經 過。 幸 得

hai˧˩ mau˧˩ tso[?]˥ n̥in˧ dʑ'iəu˧ sï˧。
還 毛 捉 人 就 是。

b：ʔe꜔，ɕien˧ dzʻai˧ dʑʻon˧˦ təŋ˧˩˧ ɕioŋ˧˩˧꜔· ko꜖· dʻəu˧˩ fi˧˩ tau˧꜔ na˧˩
　　呃，現 在 竄 東 鄉 個 土 匪 到 哪

dʑʻi˧꜔ nə꜖· ni꜖·？
去 了 呢？

a：dʑʻon˧˦ təŋ˧˩˧ ɕioŋ˧˩˧꜔· ko꜖· dʻəu˧˩ fi˧˩ tau˧˦ uoŋ˧ bʻa(u)˧꜔· san˧˩˧。
　　竄 東 鄉 個 土 匪 到 黃 袍 山。

b：dʑʻon˧˦ ɕi˧˩˧ ɕioŋ˧˩˧꜔ kə꜖· ni꜖·？
　　竄 西 鄉 個 呢？

a：dʑʻon˧˦ ɕi˧˩˧ ɕioŋ˧˩˧꜔ kə꜖· tau˧꜔——tso˧˩ koŋ˧˩，o˩——ȵio[ʔ]˥ ku˧˩˧꜔·
　　竄 西 鄉 個 到——左 港，哦——蒻 姑

san˧˩˧。
山。

b：m̩˩，ɕien˧ dzʻai˧ ɕien˧ nə[ʔ]꜖·(dʻi˧˩) pau˧˩ ŋon˧˩˧꜔· ti˧ sï˧ pə(l)˥
　　嘸，現 在 縣 裏 保 安 隊 是 不

sï˧ bʻai˧˦ ȵi(n)˧꜔· dʑʻi˧꜔· ta˧˩ nə꜖·？
是 派 人 去 打 呢？

a：ɕien˧ nə[ʔ]꜖·(dʻi˧˩) pau˧˩ ŋon˧˩˧ ti˧ mə꜖·，ŋo˧˩ mən˧˩˧ kə꜖· ɕien˧
　　縣 裏 保 安 隊 嘍，我 們 個 縣

tsoŋ˧˩ a꜖·，sï˧ iəu˧˩ ko˧˦ pau˧˩ ŋon˧˩˧ ti˧。ɕien˧ dzʻai˧ ko꜖· dʻiau˧
長 阿，是 有 個 保 安 隊。現 在 個 調

dʻəŋ˧ pə(l)˥ tɕyen˧˩ ni꜖·——pə(l)˥，pən˧˩ nai˩ dʑʻiəu˧ dʻiau˧
動 不 轉 呢——不，本 來 就 調

dʻəŋ˧ dʻa˧˩˧ pə(l)˥ dʻəŋ˧。so˧˩ i˧˩ ɕien˧ dzʻai˧ kə꜖· dʑʻy˧ tɕyən˧˩˧
動 他 不 動。所 以 現 在 個 駐 軍

a꜖·，sï˧꜔ si[ʔ]˥ ie˧˩ pə(l)꜖ tɕien˧˦ tə[ʔ]˥ zəl˥(səl˥) fən˧˩˧ dʑʻioŋ˩。
阿，事 實 也 不 見 得 十 分 强。

dʻəu˧˩ fi˧˩ tɕin˧˦ nai˧ sï˧，ȵin˧ ʑyən˧ sï˧ dzʻï˧ ʑyən˧˨ ti˧˩
土 匪 進 來 時，仍 然 是 自 然 抵

hoŋ˦，mau˧ teʔ˥ b'an˧ fa(l)˥·。
抗，冒得辦法。

b：mau˧˨ çien˩˧· sen˩˧——çiau˨˩ teʔ˥ ŋo˨˩ (d')ə· uʔ˥ d'i˨˩· kə·
毛先生——曉得我□(們)屋裏個

dʑ'in˧ çin˧ pa·?
情形吧？

a：n̩˨˩ uʔ˥ d'i˨˩ çicn˧ dz'ai˧ hai˧˨ b'in˧，b'ieʔ˥· ko꜔ hai˧˨ hau˨˩
n̩˨˩屋裏現在還並，別個還好

ten˨˩。
點。

b：ŋo˨˩ hai˦ pen˩˧ pi˨˩ tçiau˨˩· hau˨˩ iʔ˥ ten˨˩，mau˧˨ çien˩˧·
我hai(那)邊比較好一點，毛先

sen˩˧ nai˧ u˨˩ dz'oŋ˩˧ dʑ'y˧ hoʔ˥ d'oŋ˧，çien˧ dz'ai˧ i˨˩ tçin˩˧
生來武昌住學堂，現在已經

tçin˦ hoʔ˥ d'oŋ˧ dʑ'ie˦ pa·?
進學堂去吧？

a：i˨˩ tçin˩˧ tçin˦ d'iau˨˩ tsəŋ˩˧ fa˧ d'a˧ çioʔ˥·。
已經進了中華大學。

b：na˧ hai˧ hau˨˩，çien˧ dz'ai˧ dʑ'y˧ dz'ai˧ çioʔ˥ çiau˧ tsəŋ˩˧ ni·，
那還好，現在住在學校中呢，

çioʔ˥ çiau˧ ŋai˧ ni·?
學校外呢？

a：dʑ'y˧ dz'ai˧ uai˧ men˧。na˦ tçiau˦ tsoʔ˥ hua˧˨(fa˧) in˩˧꜔ ȵy˨˩
住在外面。那叫作華英旅

se˧。
社。

b：o꜓，d'ioŋ˧˨ d'au˧ kai˩˧ na˧ ko· hua˧˨(fa˧) in˩˧꜔ ȵy˨˩ se˧。
哦，糧道街那個華英旅社。

a：sï˧ tiˀ˧·。
是 的。

b：hau˩，hau˩，hau˩，ə˦——hua˧(fa˧) in˩ n̠i˩(n̠y˩) se˧ dʑʻy˧
好，好，好，呃——華英旅社住

teˀ˥ hai˧˩ hau˩ pa˧·?
得還好吧？

a：ɕien˧ dzʻai˧ pə(l)˥ ko˧ fo˩ səl˥ pi˩ kiau˦(tɕiau˩) hai˧˩ ho˩
現在不過火食比較還可

i˩。
以。

b：o˦，fo˩ səl˥ hai˧˩ ho˩ i˩。na˧· dʻi˩ dʑʻy˧ ko˧· dʻəŋ˧˩ ɕioˀ˥
哦，火食還可以。那裏住個同學

to˩ pə(l)˥ to˩ a˧·?
多不多阿？

a：uan˧˩ dʑʻien˧ təu˩ sï˧ tsəŋ˩ fa˧ dʻəŋ˧ ɕioˀ˥ ko˧·。
完全都是中華同學個。

b：iəu˩ pə(l)˥ iəu˩ dʻəŋ˩ dzʻən˧ n̠in˧ a˧·?
有不有通城人啊？

a：iəu˩ dʻioŋ˩ ko˧· dʻəŋ˩ dzʻən˧ n̠in˧。
有兩個通城人。

b：hau˩，hau˩，ŋo˩ a˧·，iəu˩ sï˧ a˧·，kai˩ y(l)˥ tsai˧ tɕien˧ pa˧·?
好，好，我阿，有事阿，改日再見吧？

a：hau˩，hau˩！
好，好！

六〇. 監利(城内)

A. 發音人履歷

發音人	60
年齡	16 歲
原籍	監利城内
職業	學生
教育程度	高中
幼時語言環境	本地及河南開封,湖南,浠水等地
教師方言	武昌話
住過的地方	武昌,河南,湖南
曾否學國語	未
能否説别處話	能説武漢話

二十五年五月十七日吴宗濟記音

本發音人年齡尚幼,而住過的地方很多,以致發音不純。但一時無第二監利人可比較,只得用此作根。

B. 聲韵調表

1. 聲母

p	半白	pʻ	怕盤辦敝	m	門敏	f	府肺范		
t	讀到	tʻ	太同社	n	南路紐硯				
ts	最招追濯	tsʻ	倉蟲坐垂船罪			s	散收雖誦	ʐ	柔仍然
tɕ	祭叫極嚼	tɕʻ	秋件就瓊			ɕ	西休諧席		
k	告敢皆	kʻ	開葵共	ŋ	艾奥硬矮	x	毫黑赫鞋		
○	矣彎元云茸而日銀惹								

2. 韵母

ï	茲知執石;ɯ而日	a	巴法殺	o	波合末惡握	ɤ	蛇北擇劣惹
i	西比米移立吉	ia	家瞎鴨	io	略學	ie	嗟也接別絶
u	孤負目物	ua	瓜話挖			uɤ	國獲
y	猪徐疫出曲					ye	靴曰拙

ai	該解戒鞋	ei	敝梅佩内最類	au	包吵趙	ou	某否杜竹卒肉
iai	諧			iau	表孝蕭	iou	流糾幼育
uai	懷快外	uei	雖葵未				

an	板貪敢漢	œn	沾半			ən	真崩硬		
				ien	監邊硯厭			in	侵鄰静幸
uan	門萬	uœn	官專			uən	坤文		
				yen	全軟			yin	均永

aŋ	邦長項	oŋ	馮弘風共翁
iaŋ	江娘樣	ioŋ	兄茸用
uaŋ	莊黄往		

3. 聲調

陰平	陽平	上	陰去	陽去	入
˦	˨˩˨	˧˩	˧˥	˧	˥
剛開	窮娘	古五	蓋放	共近	急各局

C. 聲韵調描寫

1. 聲母

監利有十九個聲母。依發音部位分爲p,t,ts,tɕ,k,○六組。

p組p,pʻ,m,f四聲母。pʻ的送氣不很强。

t組t,tʻ,n三聲母部位平均。n是值音位,在齊齒韵前總是讀n,在別的韵前讀n或l不定。

ts組ts,tsʻ,s,ʐ四聲母。在合口韵前近似tʃ等。ʐ母有時讀作舌尖前音。

tɕ組tɕ,tɕʻ,ʑ三聲母部位都偏前。

k組k,kʻ,ŋ,x四聲母。ŋ母常跟ɣ音變值。

○組只有以i,u,y等元音起的韵母。i,u的前面或帶有喉閉塞音。

2. 韵母

ï;ɯ。ï只舌尖前音一值,ɯ是展唇的高後元音,只跟無聲母配。

i,u,y。i,u比較關,y稍鬆。

a,ia,ua的a是後ɑ。

o,io的o是極圓唇的半高後元音。

ɤ,uɤ的ɤ偏央而關。

ie,ye的e近標準e;i,y兩介母相當的關。

ai,iai,uai的a很前。i尾相當清晰。

ei,uei的e近標準e;i也相當關。

au,iau的a比標準a稍偏央,像ᴀ。u很清晰。

ou，iou的o相當圓，跟其他各縣的əu顯然不同。iou的o雖在i後也保持他的圓唇性。

an，uan。a的部位，在［a］跟［ᴀ］之間。

œn，uœn的œ很闊。

ien，yen的e短而偏央。

ən，uən的ə遇唇音或舌音聲母時偏前，遇舌尖聲母ts等或舌根聲母k等時偏後。

in的i相當闊。

aŋ，iaŋ，uaŋ的a近ᴀ。

oŋ，ioŋ的o近標準o而較短。

3. 聲調

監利發音人60因在外縣時間較長，調值不穩定。不過雖曾住武昌六年，開封四年（這兩處都没有陽去和入聲調類的），而他的陽去跟入聲兩調類還可以辨出，可以推知他的家庭語言環境還純粹，以此斷定其他各調尚有可靠性。

陰平由"半高"升到"高"（45）。寬式用半高平調號（˦ 44）。

陽平是"半低"降到"低"再升到"中"（213），有時甚至不降升而成低平調（11）。寬式用低降升調號（˨˩˧ 313）。

上聲是"半低"降到"低"（21），現用低降調號（˧˩ 31）。

陰去用中升調號（˨˦ 24），調值尚穩。

陽去在"中平"（33）跟"半高平"（44）之間。寬式用中平調號（˧ 33）。

入聲是"半低"升至"高"（25），比起陰去來，不過調域稍寬些，外人有時分不出來。現用高升調號（˧˥ 35）。

D. 與古音比較

1. 聲母

古聲組及影響條件		全清塞	次清塞	全濁塞 平	全濁塞 仄	次濁		清擦	濁擦 平	濁擦 仄
幫組		幫：p	滂：p‘	並：p‘	並：p‘;p(1)	明：m				
非組						微：u		非、敷：f	奉：f	
端組泥	一二等 三四等	端：t	透：t‘	定：t‘	定：t‘;t(1)	泥 n	來：n n;y			
精組	洪 細	精：ts tɕ	清：ts‘ tɕ‘	從：ts‘ tɕ‘	從：ts‘;ts(1) tɕ‘;tɕ(1)			心：s ɕ	邪：s tɕ‘,ɕ	邪：s ɕ
莊組	內轉 外轉	莊（照二）：ts	初（穿二）：ts‘	崇（牀二）：ts‘	崇（牀二）：ts‘;ts;s(1)			生（審二）：s		
知組	今開：梗二等韵 今開：其他 今合	知：ts ts,tɕ	徹：ts‘ ts‘,tɕ‘	澄：ts‘ ts‘,tɕ‘	澄：ts‘;ts(1) ts‘,tɕ‘					
章組	今開 今合	章（照三）：ts ts,tɕ	昌（穿三）：ts‘ ts‘,tɕ‘	船（牀三）：s tɕ‘	船（牀三）：s ɕ			書（審三）：s ɕ	禪：ts‘,s ts‘,ɕ	禪：s s,ɕ

古母今讀 / 古聲組及影響條件 \ 發音方法及影響條件			全清塞	次清塞	全濁塞 平	全濁塞 仄	次濁	清擦	濁擦 平	濁擦 仄
日母	今開	止(附麻質)					日 ○			
		通舒(附藥)					i			
		其他					ʐ			
	今合						y			
見組曉	開	一等	見 k	溪 kʻ			疑 ŋ	曉 x	匣 x	
		二等	k,tɕ	kʻ,tɕʻ			ŋ,i	x,ɕ	x,ɕ	
		三四等	tɕ	tɕʻ	羣 tɕʻ	羣 tɕʻ;tɕ[1]	i,n	ɕ	ɕ	
	合	一二等	k	kʻ	*	*	u	x	x	
		三四等 蟹止宕	k	kʻ	kʻ	kʻ	u	x	x	
		三四等 通舒	k	kʻ	tɕʻ	kʻ	(?)	ɕ	*	
		三四等 其他	tɕ	tɕʻ	tɕʻ	tɕʻ;tɕ[1]	y	ɕ	ɕ	
影組	開	一等	影 ŋ,○							
		二等	i,ŋ,○							
		三四等	i				喻：i			
	合	一二等	u;○[2]				*			
		三四等 蟹止宕	u				喻 u			
		三四等 通	i				i			
		三四等 其他	y				y			

2. 韵母

第 一 表

攝別＼聲母＼等＼呼	開												
	一			二				三四					
	幫系	端系	見系	幫系	泥組	知莊組	見系	幫系	端系	莊組	知章組	日母	見系
果	*	o	o	a	a	a	a,ia	*	i,e	*	ɤ	ɤ	ie
（遇）	*			*				*					
蟹	*	ai	ai	ai	ai	ai	ai,iai,ia	ei,i	i	*	ï	*	i
止	*			*				ei,i	i;ï	ï	ï	ɯ	i
効	au	au	au	au	au	au	au,iau	iau	iau	*	au	au	iau
流	ou	ou	ou	*				ou,u	iou	ou	ou	ou	iou
咸	*	an	an	*		an	an,ien	ien	ien	*	œn	yen	ien
山	*	an	an	an	*	an	an,ien	ien	ien	*	œn	œn	ien
宕	aŋ	aŋ	aŋ	aŋ	*	uaŋ	iaŋ,aŋ	*	iaŋ	uaŋ	aŋ	aŋ	iaŋ

攝別 \ 聲母 \ 等 \ 呼	開												
	一			二				三四					
	幫系	端系	見系	幫系	泥組	知莊組	見系	幫系	端系	莊組	知章組	日母	見系
深	*			*				in	in	ən	ən	ən	in
臻	*	ən	ən	*				in	in	ən	ən	ən	in
曾	ən,oŋ	ən	ən	*				*	in	*	ən	ən	in
梗	*			ən,oŋ	ən	ən	ən,in	in	in	*	ən	*	in
（通）	*			*				*					
咸入	*	a	o	*		a	a,ia	*	ie	*	ɤ	*	ie
山入	*	a	o	a	*	a	ia	ie	ie	*	ɤ	ɤ	ie
宕入	o	o	o	o	*	o	io,o	*	io	*	o	io	io
深入	*			*				*	i	ɤ	ï	y	i
臻入	*			*				i	i	ɤ	ï	ɯ	i
曾入	ɤ	ɤ	ɤ	*				i	i	ɤ	ï	*	i
梗入	*			ɤ	*	ɤ	ɤ	i	i	*	ï	*	i
（通入）	*			*				*					

第 二 表

攝別 \ 聲母 \ 等 \ 呼	合												
	一			二			三四						
	幫系	端系	見系	幫系	莊組	見系	幫系	泥組	精組	莊組	知章組	日母	見系
果	o	o	o	*		ua	*						ye
遇	u	ou	u	*			u	y	y	ou	y	y	y
蟹	ei	ei	uei,uai	*		ua;uai	ei	*	ei	*	uei	*	uei
止	*			*			i,ei,uei	ei	uei	uai	uei,yei	*	uei
(効)	*			*			*						
(流)	*			*			*						
咸	*			*			an	*					
山	œn	œn	uœn	*	uan	uan	an;uan	ien	yen	*	uœn	yen	yen
宕	*		uaŋ	*			aŋ;uaŋ	*					uaŋ

攝別＼聲母＼等＼呼	合												
	一			二			三四						
	幫系	端系	見系	幫系	莊組	見系	幫系	泥組	精組	莊組	知章組	日母	見系
(深)	*			*			*						
臻	ən	ən	uən	*			ən;uən	ən	yin	*	uən,yin	yin	yin
曾	*		oŋ	*			*						
梗	*			*		uən,oŋ	*						yin,ioŋ
通	oŋ	oŋ	oŋ	*			oŋ	oŋ	oŋ	oŋ	oŋ	ioŋ	oŋ,ioŋ
咸入	*			*			a	*					
山入	o	o	o	*	ua	ua	a;ua	ɤ	ie	*	ye,uɤ	*	ye
宕入	*		o	*			o	*					
(深入)	*			*			*						
臻入	u	ou	u	*			u	y	y	*	y	*	y
曾入	*		uɤ	*			*						y
梗入	*			*		uɤ	*						y
通入	u	ou	u	*			u	ou	ou	ou	ou	ou	y;iou[1]

3.聲調

古類＼影響條件＼今值＼今類		陰平	陽平	上	陰去	陽去	入
平	清	˦					
	濁		˨˩˧				
上	清			˨˩			
	次濁			˨˩			
	全濁					˧	
去	清				˨˦		
	濁					˧	
入	清						˦˥
	次濁						˦˥
	全濁						˦˥

附注：

1.聲母：—

(1)並定從崇澄羣等全濁聲母仄聲讀送氣，但入聲讀不送氣。

(2)影母合口一二等在今o韵讀開，如‘窩’o，餘讀合。

2.韵母：—

(1)通三入見系，見組讀y，如‘菊’tɕy，‘局’tɕy；曉影組讀iou，如‘畜’ɕiou，‘欲’iou。

E. 同音字表

今調	陰平˦	陽平˨˩˦	上˧˩	陰去˨˦	陽去˧	入˥˦
今韵	ï,ɯ(○後)					
廣韵	祭‖脂;之;支‖緝‖質‖職‖昔(均開口)					
p						
p'						
m						
f						
t						
t'						
n						
ts	茲,之;知,支‖隻入		子	致,至;置,值植澄,志;翅審‖殖禪入		執‖姪,質‖直‖擲
ts'		遲	耻;此	刺,賜心	滯‖自;字,痔	秩澄
s	師;思;斯,施	時	使,始	四;試‖式入	世審‖示,視;似,士、事,市;是‖蝕入,飾入	十‖實‖食‖釋,石
ʐ						
tɕ						
tɕ'						
ɕ						
k						
k'						
ŋ						
x						
○		而	爾		貳	日

今調	陰平˥	陽平˧˩˧	上˨˩	陰去˧˥	陽去˧	入˦˥
今韵	i					
廣韵	祭;齊‖脂;之;支;微‖緝‖質;迄‖職‖昔;陌三;錫					
p			比;彼			必‖逼‖碧;壁
p‘			鄙幫			弼並‖僻,闢並
m			米	秘泌幫	妹灰	
f						
t			底	帝	第定,隸來	的
t‘		堤提	體		地	笛定
n		梨;離	禮‖履;你,李里裏理		例‖利	立‖栗‖力‖歷
tɕ			己;幾	祭;計繼‖紀上;寄;季合		緝清,楫,急,及,吸曉‖吉;迄曉‖極‖積;激
tɕ‘	妻,棲心,溪‖期羣	齊‖其;奇	起	娶虞‖器;氣	忌;技妓企	七;乞‖戚,喫
ɕ	西,奚兮匣;携匣合‖希		洗‖璽徙支心		系‖戲曉	泣溪‖恤₂術‖息‖席
○	衣依	夷;疑;宜,移;遺合	以,矣	意	藝‖義議,易	噎屑‖邑‖一,逸‖憶‖亦;逆

今調	陰平˧	陽平˩˨	上˨˩	陰去˧˥	陽去˨	入˥
今韵	u					
廣韵	模;虞‖尤‖没;物‖屋;沃					
p						不
pʻ			譜幫,普		部、步	勃並‖卜幫,撲,僕曝瀑並
m						木;目
f			府,腐奉	父‖婦負奉	附	服
k	孤			故固		骨
kʻ			苦			哭;酷
ŋ						
x	呼,乎匣	狐	虎		户	忽
○	烏	吾;無	五;武		侮上、務‖戊侯明	物‖屋

今韵	y					
廣韵	魚;虞‖緝‖術;物‖職‖昔‖屋三;燭					
t						
tʻ						
n			女			律
tɕ	猪,諸		主	著;句		拘見平‖橘‖菊;局
tɕʻ	樞,區	除		處,去;趣	巨;聚,柱	出;屈‖曲
ɕ	書,虛;須,殊禪	徐	暑鼠,許		序;樹‖遂邪脂合	戌恤1 ‖畜
○		如,魚,於影,餘余;儒,愚,于	吕,與;羽		王入	入‖鬱‖域‖疫役

今調	陰平˥	陽平˨˩˦	上˨˩	陰去˧˥	陽去˧	入˦
今韵	a					
廣韵	麻‖合；盍；洽；狎；乏‖曷；鎋；黠					
p	巴		把			八
p‘		爬		怕		拔並
m	［媽］		馬			
f						法‖髮
t			打庚		大定泰	答搭
t‘	他歌					踏；塔‖達定
n	拉入	拿	［哪］	［那］		納；臘‖辣
ts				詐，乍牀		雜；閘‖軋影
ts‘	差			詫		插‖察
s	沙				剎穿入	殺
k						甲
k‘						
ŋ		［伢］				
x					下	

今調	陰平˧	陽平˨˦	上˨˩	陰去˦˨	陽去˧	入˥˦
今韵	ia					
廣韵	麻二‖佳‖洽;狎‖鎋(均開口)					
tɕ	家‖佳		假賈	架		甲;挾匣帖
tɕʻ						恰
ɕ		霞			下	匣;狹‖瞎
○	鴉	牙				鴨

今韵	ua					
廣韵	麻二‖佳;夬‖鎋;黠(均合口)					
ts						
tsʻ						
s						刷
k	瓜			掛		刮
kʻ						
ŋ						
x		華		化	畫;話	滑
○	蛙‖挖入		瓦			

今調	陰平˥	陽平˩˧	上˩	陰去˧˥	陽去˧	入˥
今韵	o					
廣韵	歌;戈‖合;盍‖曷;末‖鐸;覺;藥					
p	波,玻滂					剥;縛奉
pʻ	坡	婆	頗‖剖侯			
m		模	麽			末‖莫
f						
t	多					
tʻ			妥		舵	脱‖託
n		羅;騾				洛
ts			左			作;桌,濯,捉;着,酌
tsʻ					坐	
s			所			
k	歌;鍋		果	個;過		鴿‖割‖各;角,郭
kʻ			可			闊
ŋ						
x		何			禍	合;盍‖喝,遏影;活‖鶴;霍
○	窩	鵝	我			惡;握‖沃沃

今韵	io					
廣韵	覺;藥(均開口)					
t						
tʻ						
n						略
tɕ						覺;爵,嚼
tɕʻ						確;雀精
ɕ						學;削
○						若,虐,約,藥

今調	陰平˥	陽平˩˧	上˨˩	陰去˧˥	陽去˧	入˥˧
今韵	ɤ					
廣韵	麻三‖脂;之;支‖葉‖薛‖質‖德;職‖陌二;麥					
p						北‖伯百,白
pʻ						泊並鐸‖迫幫,拍
m						麥
f						
t						得德
tʻ						忒,特定
n						劣‖勒‖厄影
ts				［這］		則‖擇;摘,責
tsʻ						徹,澈澄‖側照,測‖澤宅澄
s		蛇			社	涉‖舌,設‖澀‖瑟‖色
ʐ						熱
k			<u>給</u>緝			格;革
kʻ				<u>去</u>魚		刻‖客
ŋ						
x						黑‖赫
○			惹			

今調	陰平˥	陽平˨˩	上˧˩	陰去˧˥	陽去˧	入˦˥
今韵	uɤ					
廣韵	薛‖德‖麥(均合口)					
ts						
tsʻ						
s						說$_2$
k						國
kʻ						
ŋ						
x						或‖獲

今韵	ie					
廣韵	麻三;戈‖葉;業;帖‖薛;月;屑					
p						別
pʻ						撇
m						滅
f						
t	[爹]					
tʻ						帖‖鐵
n				[這]		列
tɕ	嗟		姐			接;劫‖傑竭;節,結
tɕʻ		茄	且			切;絶從
ɕ	些	邪	寫		謝	脅;協‖薛血曉合
○			也野			聶泥,葉;業‖孽;臬

今調	陰平˥	陽平˩˧	上˩	陰去˧˥	陽去˧	入˥
今韵	ye					
廣韵	戈三‖薛；月；屑（均合口）					
tɕ tɕʻ ɕ	 靴					綴，拙；掘；決 缺 說$_1$；穴
○						閱；月，越曰

今調	陰平˥	陽平˩˧	上˩	陰去˧˥	陽去˧
今韵	ai				
廣韵	咍；泰；皆；佳；夬				
p pʻ m f		 排 埋 	 買 	拜；敗並 派 	
t tʻ n		 來	 乃；奶	帶 太泰 	[在] 待、代 賴
ts tsʻ s	災；齋 	 材纔；柴 		 菜；蔡 寨牀	在從
k kʻ ŋ x	該；皆 開 哀 	 孩；鞋‖還刪合	改；解 矮 海	蓋；界介戒，械匣 概見，愾 愛 	 艾 亥；害

今調	陰平˥	陽平˨˦	上˨˩	陰去˧˦	陽去˧
今韻	iai				
廣韻	皆				
tɕ tɕʻ ɕ		 偕見,諧			

今韻	uai				
廣韻	灰;泰;皆;夬‖脂;支(均合口)				
ts tsʻ s			 揣 	 帥	
k kʻ ŋ x		 懷	[拐] 塊去 	怪 會(|計)見;快 	
○	歪曉				外

今調	陰平˦	陽平˨˩˧	上˧˩	陰去˧˥	陽去˧
今韵	ei				
廣韵	祭;泰;灰;廢‖脂;支;微				
p	卑;悲;碑			貝;輩‖臂	
pʻ	披;丕			配,佩並	敝;倍‖被
m	[没]	梅‖靡上			昧
f	飛非	肥		肺‖費	廢非
t				對;兑定	
tʻ					
n			屢虞去‖累		内‖類
ts				最	
tsʻ					罪
s				歲	

今韵	uei				
廣韵	灰;泰;祭;齊‖脂;支;微(均合口)				
ts	追,錐				
tsʻ		垂			
s	雖	隨	水	税	
ʐ					鋭喻
k	龜;歸			桂‖貴	
kʻ		葵			跪
ŋ					
x	灰		毁	諱	會;彗喻;惠
○	威	維惟;危,爲$_1$;微,圍	委	爲$_2$;畏	衛‖位;未,彙

今調	陰平˥	陽平˩˧	上˧˩	陰去˧˥	陽去˧
今韻	yei				
廣韻	支(合)				
tɕ					
tɕʻ					
ɕ					瑞睡

今韻	au				
廣韻	豪;肴;宵				
p	包		保		
pʻ		袍;跑			
m					冒;貌
f					
t			倒	到	
tʻ		桃			
n		牢	老		鬧
ts	糟;朝,招			照	
tsʻ			草;炒	造糙	趙
s			掃		紹
ʐ		饒	繞		
k	高		稿攪	告	
kʻ			考		
ŋ			襖	奧	
x		毫	好		

今調	陰平˥	陽平˨˦	上˨˩	陰去˧˥	陽去˧
今韵	iau				
廣韵	肴;宵;蕭				
p			表		
p‘					
m		苗貓	謬幽去		妙
f					
t				釣	
t‘		條調		跳	
n		燎;聊			
tɕ	驕		狡	叫	
tɕ‘		喬	巧		
ɕ	消,囂;蕭	肴淆	小;曉	孝	校効
○	妖	堯	舀	要	

今調	陰平˦	陽平˨˩˧	上˨˩	陰去˧˥	陽去˧	入˦˥
今韵	ou					
廣韵	模;魚;虞‖侯;尤‖屋;燭					
p						
p‘						
m		謀	某畝			
f			否			
t	都		肚賭‖斗	鬥		讀
t‘	偷	頭			杜	突‖禿;篤端
n		奴	努		怒,路‖漏	鹿;六陸;緑
ts	周		走	做‖奏		卒‖竹;足,燭囑
ts‘	粗,初	鋤‖愁	楚‖丑	醋	助	濁澄覺‖族從;促,觸
s	蘇‖收		手	素;數‖獸		肅,縮,熟;續,屬
ʐ		柔				肉;辱
k						
k‘			口			
ŋ	歐		偶			
x		侯			候後	

今調	陰平˦	陽平˨˩˦	上˨˩	陰去˧˥	陽去˧	入˥
今韵	iou					
廣韵	尤;幽‖屋三;燭					
t	［丢］					
t‘						
n		流,牛	紐			
tɕ	糾上		九久			
tɕ‘	秋;丘	囚,求			就,舅	
ɕ	休					
○		由猶,尤	友	幼	又	育;欲

今調	陰平˦	陽平˨˩˧	上˧˩	陰去˨˦	陽去˧
今韻	an				
廣韻	覃;談;咸;銜‖寒;山;删;桓				
p			板		
pʻ				盼;扮幫	辦
m					慢
f		凡‖繁	反		范犯範
t					
tʻ	貪	談		歎	旦端
n		南;藍‖難			
ts			斬	棧澄	暫從
tsʻ	餐		慘‖剷,産審		
s	三;衫‖山		散		
k	干;間		感;敢		
kʻ				看	
ŋ	淹鹽‖安		眼	岸疑	暗影
x		含;鹹‖寒		漢	

今韻	uan				
廣韻	山;删;元(均合口)				
ts					
tsʻ					
s	删開;閂				
○	彎	頑	挽		萬

今調	陰平˦	陽平˨˦	上˨˩	陰去˧˦	陽去˧
今韵	œn				
廣韵	鹽‖仙;桓				
p				半	
pʻ		盤		判,叛並	
m					
f					
t			短		
tʻ		團			
n			暖		亂
ts	沾		展		
tsʻ					
s	酸	蟬	陝	扇;算	
ʐ		然			

今韵	uœn				
廣韵	桓;仙(均合口)				
ts	専		轉,捲見	倦羣	篆澄
tsʻ		船			
s					
k	官棺觀			貫;慣刪	
kʻ					
ŋ					
x			喚曉去		换
○		玩去,完	碗		

今調	陰平˥	陽平˨˩˧	上˩˧	陰去˧˥	陽去˧
今韵	ien				
廣韵	咸；銜；鹽；嚴；添‖山；删；仙；元；先				
p	邊		貶		
p‘				片	偏幫，辨；辯
m					
f					
t			典		
t‘	天	田			店端
n	研疑平	廉‖連聯；年			驗；念‖硯；戀
tɕ	監‖間		減‖簡；諫去；剪；繭	建；見	漸從
tɕ‘	謙‖千	鉗‖錢；前			件
ɕ	仙鮮；先	銜；嫌‖閑；賢	險	憲	陷‖限；現；縣合
○	煙	嚴‖延；言	演‖眼	厭‖晏	

今韵	yen				
廣韵	鹽‖仙；元；先				
tɕ					
tɕ‘		全		勸	
ɕ	掀軒開；宣	弦開；旋；玄	癬開；選		
○		丸(彈｜，肉｜)桓匣；緣沿鉛；元；原、阮上，園	染‖軟；遠		院；願

今調	陰平˦	陽平˨˦	上˨˩	陰去˧˥	陽去˧
今韵	ən				
廣韵	侵‖痕;臻;魂;諄;文‖登;蒸‖庚;耕;清				
p	崩				
pʻ		彭			
m	[們]	門			
f	分			奮	
t			等		
tʻ	吞				頓端
n		倫‖能	冷		論
ts	臻;真‖增,僧心;徵‖争;貞,偵;征		[怎]	政	
tsʻ	撑	沉‖陳,臣;存‖成1城誠			鄭
s	森,深‖身‖生;聲	神,晨‖繩‖成2	審‖省		盛
ʐ		人‖仍	壬平‖忍		任‖認
k	跟‖庚;耕		亘	更	
kʻ			肯去		
ŋ	恩				硬
x		恒	很		恨

今調	陰平 ˥	陽平 ˩˧	上 ˨˩	陰去 ˧˥	陽去 ˧
今韵	uən				
廣韵	魂;諄;文‖庚二(均合口)				
ts ts' s	椿,春				
k k' ŋ x	坤 昏	魂‖横			
○	温	文聞			問

今韵	in				
廣韵	侵‖真;欣‖蒸‖庚;耕;清;青(均開口)				
p p' m f	兵	貧‖瓶;平 民‖名;明	稟 品 敏	並並	命
t t' n	丁 聽	林‖鄰‖陵‖靈零	頂		令
tɕ tɕ' ɕ	侵清,今‖津,巾;斤‖精;京荆;經 欽‖親‖清,輕 心‖新‖星腥	秦‖情 行;形		晉進‖勁 信‖性	盡從 近‖静 杏;幸
○	音‖因‖鶯;英	銀;寅‖凝‖盈;營合	隱	印‖應	

今調	陰平˦	陽平˨˦	上˧˩	陰去˥˧	陽去˧
今韵	yin				
廣韵	諄;文‖清;庚;青(均合口)				
tɕ	均		准		
tɕʻ	傾	羣‖瓊	頃		
ɕ		尋侵‖旬,唇,純	迥匣		
○		云‖螢匣	允尹‖永		閏‖孕蒸開

今韵	aŋ				
廣韵	唐;江;陽				
p	邦				
pʻ		旁			
m		忙			
f	方	房防			
t	當		黨		
tʻ		堂			蕩
n		郎	朗		讓日
ts	張		長		
tsʻ	倉;昌				
s	桑;商	常			上尚
k	剛綱				
kʻ					
ŋ					
x					項、巷

今調	陰平˦	陽平˨˩˧	上˨˩	陰去˧˥	陽去˧
今韵	iaŋ				
廣韵	江;陽(均開口)				
t					
tʻ					
n		娘,良	兩		
tɕ	江;將,姜		講		
tɕʻ	腔	詳祥			像邪
ɕ	香鄉				像象
○			仰		樣

今韵	uaŋ				
廣韵	江;陽;唐				
ts	樁;莊				
tsʻ	窗	牀			撞
s					
k	光				
kʻ		狂		曠;況曉	
ŋ					
x		黄			
○	汪	王	往		旺

今調	陰平˥	陽平˩˧	上˧˩	陰去˧˥	陽去˧
今韵	oŋ				
廣韵	登‖庚;耕二‖東;冬;鍾				
p					
p‘		朋		[碰]	
m		萌			孟‖夢‖木$_{2}$屋
f	風;封	馮			奉
t			懂		
t‘	通	同	桶;統去		動、洞
n		農;隆;龍	攏		
ts	中;鍾		總	衆	
ts‘	充	蟲,崇;從	寵		
s	鬆;嵩;松			送	誦
k	公功;弓;恭		鞏		
k‘	空		恐		共
ŋ					
x		弘‖宏‖紅			
○	翁				

今韵	ioŋ				
廣韵	庚三‖東;鍾(均合口)				
tɕ					
tɕ‘		窮			
ɕ	兄‖胸	雄熊喻			
○		榮‖絨,融;茸,容			用

F. 音韵特點

1. 聲母

(1)古全濁聲母並定從澄羣母仄聲;上去聲在監利今讀清音送氣,如'敝,倍'p'ei,'辨'p'ien,'待'tʻai,'動,洞'tʻoŋ,'自,字'tsʻï,'趙'tsʻau,'忌'tɕʻi,'舅'tɕʻiou;但入聲今讀清音不送氣,如'白'pɤ,'讀'tou,'楫'tɕi,'直'tsï,'極'tɕi,'傑'tɕie。

(2)不分ts,tʂ。精組跟知系洪音皆讀ts等,如'知'='兹'tsï,'桌,酌'='作'tso,'摘'='則'tsɤ,'糟'='招'tsau,'蟲,崇'='從'tsʻoŋ。

(3)不分尖團。精組及見系細音皆讀tɕ等,如'祭'='計'tɕi,'就'='舅'tɕʻiou,'薛'='協'ɕie。

(4)知章組合口在遇攝全讀tɕ等,如'猪'tɕy,'書'ɕy,'樹'ɕy;在止攝及臻舒山入讀ts或tɕ不定,如'垂'tsʻuei,'春'tsʻuən,'説'suɤ,但'瑞'ɕyei,'准'tɕyin,'拙'tɕye;其他今皆讀ts,如'刷'sua,'船'tsʻuœn,'中'tsoŋ。

(5)日母今開口在果止攝,通攝舒聲,及質藥韵,失落聲母,如'惹'ɤ,'而'ɯ,'絨'ioŋ,'日'ɯ,'若'io;其他讀ʐ,如'柔'ʐou,'然'ʐœn,'人'ʐən,'讓'ʐaŋ。今合口皆讀○,如'染'yen,'入'y,'如'y,'閏'yin。

(6)泥來母無論洪細皆混,一律讀n,如'怒'='路'nou,'年'='廉,連'nien,'能'='倫'nən,'農'='隆'noŋ。

(7)影疑兩母開口一等除今o韵外,皆讀ŋ,如'奥'ŋau,'偶'ŋou,'安'ŋan,'暗'ŋan,'恩'ŋən,'硬'ŋən;但今o韵讀無聲母,如'鵝'o,'惡'o。開口三四等影母讀○,如'衣'i,'約'io,'煙'ien,'一'i;疑母讀n或○不定,如'硯'nien,'牛'niou,但'宜'i,'嚴'ien。

(8)見系二等開口在梗攝入聲不顎化,如'格,革'kɤ,'客'kʻɤ,'赫'xɤ;在梗攝舒聲及果蟹咸山宕攝有些字不顎化,有些字顎化爲tɕ等,如'硬'ŋən,'行'ɕin,'下'xa,ɕia,'戒'kai,'諧'ɕiai,'攪'kau,'巧'tɕʻiau,'間'kan,tɕien,'鹹'xan,'陷'ɕien,'巷'xaŋ,'江'tɕiaŋ。

2. 開合

(1)端系一等合口在遇蟹臻攝全變開口，如‘杜’t‘ou，‘路’nou，‘素’sou，‘最’tsei，‘内’nei，‘存’ts‘ən，‘突’t‘ou。

(2)來母三四等合口除今y韵外全變開口，如‘類’nei，‘戀’nien，‘倫’nən，‘龍’noŋ，‘劣’nɤ，‘六’nou，但‘吕’y，‘律’ny。

(3)精組三四等合口在遇止臻攝及山舒仍爲合口，如‘序’ɕy，‘隨’suei，‘全’tɕ‘yen，‘旬’ɕyin，‘恤’ɕy，在蟹攝及山入則讀開口，如‘歲’sei，‘絶’tɕ‘ie。

(4)日母開口在咸舒及深入變合口，如‘染’yen，‘入’y。

3. 韵母

(1)模韵端系魚虞韵莊組讀ou，跟流攝混，如‘賭’=‘斗’tou，‘路’=‘漏’nou，‘楚’=‘丑’ts‘ou，‘素’=‘獸’sou。

(2)流攝幫系一等讀ou，如‘某’mou，三等讀ou或u不定，如‘謀’mou，‘否’fou，但‘婦’fu，‘負’fu。

(3)咸山攝舒聲開口一等讀an，如‘貪’t‘an，‘南’nan，‘散’san，‘看’k‘an；三等知章組讀œn，如‘沾’tsœn，‘扇’sœn。

(4)山攝舒聲一等開口跟合口今讀不同，開口主要元音作a，合口主要元音作œ，如‘歎’t‘an，‘散’san；‘半’pœn，‘短’tœn，‘算’sœn，‘官’kuœn。

(5)通攝入聲幫系讀u，如‘木，目’mu，‘服’fu；端知系及日母皆讀ou，如‘讀’tou，‘續’sou，‘竹，燭’tsou，‘肉’z̩ou。

(6)曾梗攝舒聲除少數字混通攝外，皆收n尾，跟深臻攝舒聲混，如‘增，貞’=‘臻，真’tsən，‘城’=‘沉，陳’ts‘ən，‘省’=‘審’sən，‘仍’=‘人’z̩ən，‘横’=‘魂’xuən，‘陵，靈’=‘林，鄰’nin，‘永’=‘允’yin。

4. 聲調

(1)監利分陰陽去。古上聲全濁，去聲濁音，今讀爲陽去，如‘士，地，坐，又’同讀陽去。古去聲清音今讀爲陰去，如‘鬥，見，印，送’等字。

(2)有入聲。古入聲不論清濁今音仍爲入聲，如‘燭，直，臬，踏’等字。

G. 講話

60 a：ni˧˩ (t)ɕʻien˨˩˧ tʻien˧ nai˨˩˧ nə˧· ti˧· pa˧·? o˧˩ (t)ɕʻien˨˩˧ tʻien˧ o˧˩
你 前 天 來 了 的 吧？我 前 天 我

io˥ i˧· ko˧· tʻoŋ˨˩˧· ɕio˥ ti˧· kən˧ tʻa˧ i˥˦ nou˧ kʻɤ˦˧ uan˨˩˧ ti˧· sï˨˩˧
約 一 個 同 學 的 跟 他 一 路 去 玩 的 時

xou˧ a˧·，kʻan˧˥ tau˨˩˧· na˧˥ ko˧· tsʻən˨˩˧ saŋ˧ kau˧ tʻou˨˩˧· a˧·，sï˧˩ xau˧˩
候 阿，看 倒 那 個 城 上 高 頭 阿，死 好

to˧˦· tsai˧ min˨˩˧ a꜔，tsï˧˥ (ɕ)ie˧· kuœn˧ tsʻai˨˩˧ ni˧·，sei˨˩˧ i˧ mo˧˩ sï˧
多 災 民 阿，這 些 棺 材 呢，隨 意 麽 事

tou˧ xən˧˩ to˧ ti˧·，pʻai˨˩˧ tsa(i)˧ na˧˥ ko˧· tʻi˧ faŋ˧ o˥˩，ie˧˩ pu˥ ɕiau˧˩
都 很 多 的，排 在 那 個 地 方 哦，也 不 曉

te˧· tsɤ˧˥ ko˧· nien˨˩˧ tsʻən˨˩˧ tɕin˧ nien˨˩˧ iou˧ pu˥ (ts)ï˧ mo˧˩ iaŋ˧ a꜔?
得 這 個 年 成 今 年 又 不 知 麽 樣 阿？

o˧˩ mən˧· ɕiaŋ˧ ni˧· ti˧· noŋ˨˩˧ ʐən˨˩˧· a˧· iou˧ sï˧ iau˦˧ tɕʻi˥ kʻu˧˩。
我 們 鄉 裏 的 農 人 阿 又 是 要 喫 苦。

ɕien˧ tsai˧ ŋan˧ tɕʻi˧˩ suei˧˩ nai˨˩˧ iou˧ pu˥ tɤ˧· niau˧˩，kʻan˧˥ tɕiaŋ˧
現 在 淹 起 水 來 又 不 得 了，看 江

ni˧· suei˧˩ o˧·，tsaŋ˧˩ tɤ˥ tɕi˧˩ to˧ ni˧ xai˧ o꜖！tsɤ˧˥ iaŋ˧ tsaŋ˧˩ fa˥，
裏 水 阿，長 得 幾 多 利 害 哦！這 樣 長 法，

o˧˩ mən˧· ti˧· tʻien˨˩˧ iou˧ sï˧ mo˨˩˧ tɤ˥ sou˧ ti˧· a˧·，kʻan˧˥ tsən˧˩ mo˧·
我 們 的 田 又 是 没 得 收 的 阿，看 怎 麽

tɤ˥ niau˧˩ o˧·，xai˨˩˧ sï˧ ɕia˧ sən˧˩ kʻɤ˧˥ a꜔，xai˨˩˧ sï˧ mo˧˩ iaŋ˧ ni˧·?
得 了 阿，還 是 下 省 去 阿，還 是 麽 樣 呢？

kʻɤ˧˥ mou˨˩˧ o˧˩ (t)i˧· sən˧ xo˥˧· kʻɤ˧˥ a꜔，xau˧˩ pu˥ xau˧˩? ni˧˩ mən˧·
去 謀 我 的 生 活 去 阿，好 不 好？你 們

ɕye˥ sï˧ mo˧˩ iaŋ˧ ni˧·? xau˧˩ a˧·，o˧˩ mən˧· i˧ nou˧ kʻɤ˦˧· tɕʻiou˧ sï˧
説 是 麽 樣 呢？好 阿，我 們 一 路 去 就 是

tɤ˥ nə˩·, o˨˩ mən˩· i˥ nou˧ k‘ɤ˦˥ a˧!
得 呐, 我 們 一 路 去 阿!

六一. 石首(城内)

A. 發音人履歷

發音人	61a	61b
年齡	20 歲	20 歲
原籍	石首城内	石首藕池口
職業	學生	學生
教育程度	高中	高中
幼時語言環境	本地	本地
教師方言	本地	本地
住過的地方	武昌	武昌
曾否學國語	未	未
能否説别處話	略能説武昌話	同左

二十五年五月九日吴宗濟記音

發音人 61a 跟 61b 相去三十里,發音無大差别,現根據 61a 的材料。

B. 聲韵調表

1. 聲母

p	巴辮	pʻ	拍婆	m	門名	f	飛馮父虎忽		
t	到道	tʻ	太同	n	怒路年娘人				
ts	左柱	tsʻ	蔡愁丑遲垂成			s	斯森熟商	ʐ	日鋭
tɕ	祭監聚舅	tɕʻ	其恰取囚齊			ɕ	序西險限		
k	告共解	kʻ	開闊客			x	亥毁紅换		
○	哀偶宜烏閲如又絨								

2. 韵母

ï	世子執殖;ɯ而	a	巴法察	o	多作握	ɤ	波莫蛇赫絶
i	妻李畢亦	ia	家瞎	io	略學劣	ie	嗟帖謁
u	狐樹出屋	ua	瓜刷				
y	須隨如句役					ye	茄月

ai	埋解	ei	卑醉隊内歲肺	au	包炒趙	ou	都某手卒畜
iai	諧			iau	孝表妖	iou	秋育
uai	懷揣	uei	灰垂未				

an	半短沾暗凡全			ən	森人鄭分		
		ien	監年硯			in	今鄰平應
uan	官纂萬			uən	坤聞横		
		yen	玄願	yən	均永		

aŋ	邦巷房讓	oŋ	風共宏
iaŋ	江樣娘	ioŋ	兄絨用
uaŋ	光牀往王	uoŋ	翁

3. 聲調

陰平	陽平	上	陰去	陽去	入
˥	˧˥	˨˩˦	˧˥	˧	˦˥
剛妖	窮娘	古五	蓋放	共近食	急各入

C. 聲韵調描寫

1. 聲母

石首有十八個聲母。依發音部位分爲p,t,ts,tɕ,k,○六組。

p組p,p‘,m,f四聲母。f的摩擦比較不甚顯明。

t組t,t‘,n。t‘送氣不强,n是n跟l是變值音位,但讀l的機會較少。

ts組ts,ts‘,s,ʐ四聲母。ts,ts‘,s是舌尖音。ʐ的捲舌程度比北平音稍差。(ʐ聲母只有日鋭兩字,疑非石首本地音。北平音讀ʐ的字,石首大致讀n。)

tɕ組tɕ,tɕ‘,ɕ三聲母,舌面前的接觸部份相當寬,但跟y配時,又有些舌尖面混合音的彩色。

k組k,k‘,x三聲母。x的摩擦不很强。

○組有開口韵母及i,u,y。遇開口韵時前面稍帶摩擦音ɣ,如‘奥’(ɣ)au,‘岸’(ɣ)an。遇i,y韵或介母時,也有些摩擦,像ji,jy。

2. 韵母

ï在石首以讀舌尖前音爲常,只‘日’爲舌尖後音。ɯ只跟○配。

i,u,y。i通常,u稍鬆,y相當關而圓唇。

a,ia,ua的a都偏後,但不到ɑ。

o,io的o近標準o。

ɤ比較低。有時讀得偏央。

ie,ye。ie的e很關。ye的e稍開,像ᴇ。

ai,iai,uai的a很短,i也很關。

ei，uei的e近標準e，i很關。

au，iau的a偏後，u相當關。

ou，iou。ou遇舌尖韵母時，o稍偏央，像eu。

an，uan的a偏前，n相當穩。

ien，yen。ien的ie像上面的ie。yen的ye也跟上面ye相似，e較開。

əu，uən，yən。ən，uən的ə平均。yən的ə很短。

in的i較關。以上三韵的n都穩。

aŋ，iaŋ，uaŋ的a偏前，ŋ很穩。

oŋ，ioŋ，uoŋ的o如o韵，ŋ很鬆。

3. 聲調

陰平由“半高”升至“高”(45)。寬式用高平調號(˥ 55)。

陽平是低升調(13)，有時起首略降，如(213)。現用低升調號(˩˧ 13)。

上聲是降調，有時是(32)有時成(21)。現一律用低降調號(˧˩ 31)。

陰去讀得不穩，有時是(24)；有時像是(13)，跟陽平極近。現用中升調號(˨˦ 24)。

陽去調值相當穩，用中平調號(˧ 33)。

入聲是由“半低”升至“高”(25)，調域很寬。寬式用高升調號(˧˥ 35)。

附注：發音人自稱本地塾師有一種“辨音法”(即辨調法)。如‘衣’字的次序是‘衣，以，義，亦，移’，只有“平，上，去，入，陽平”五類。不承認有陰去，而把它歸入陽平。但經逐字比較，發音人又認爲陰去跟陽平確乎不同，只是相差極微。大概本地塾師宥於四聲之説，而陽平又迥和前四聲不同，只得把陽平放在最後，定爲五類。陰去既和陽平相近，就不另來一類了。

D. 與古音比較

1. 聲母

<table>
<tr><th rowspan="2" colspan="2">發音方法及影響條件
古母今讀
古聲組及影響條件</th><th rowspan="2">全清塞</th><th rowspan="2">次清塞</th><th colspan="2">全濁塞</th><th rowspan="2">次濁</th><th rowspan="2">清擦</th><th colspan="2">濁擦</th></tr>
<tr><th>平</th><th>仄</th><th>平</th><th>仄</th></tr>
<tr><td colspan="2">幫組</td><td>幫：p</td><td>滂：pʻ</td><td>並：pʻ</td><td>並:p</td><td>明：m</td><td colspan="3"></td></tr>
<tr><td colspan="2">非組</td><td colspan="4"></td><td>微：u</td><td>非
敷 f</td><td colspan="2">奉：f</td></tr>
<tr><td rowspan="2">端組
泥</td><td>一二等</td><td rowspan="2">端：t</td><td rowspan="2">透：tʻ</td><td rowspan="2">定：tʻ</td><td rowspan="2">定：t</td><td>泥：n　來：n</td><td rowspan="2" colspan="3"></td></tr>
<tr><td>三四等</td><td>泥：n;y　來：n;y</td></tr>
<tr><td rowspan="2">精組</td><td>洪</td><td>精：ts</td><td>清：tsʻ</td><td>從：tsʻ</td><td>從：ts</td><td rowspan="2"></td><td>心：s</td><td>邪：s</td><td>邪：s</td></tr>
<tr><td>細</td><td>精：tɕ</td><td>清：tɕʻ</td><td>從：tɕʻ</td><td>從：tɕ</td><td>心：ɕ</td><td>邪：tɕʻ,ɕ</td><td>邪：ɕ</td></tr>
<tr><td rowspan="2">莊組</td><td>內轉</td><td rowspan="2">莊：（照二）ts</td><td rowspan="2">初：（穿二）tsʻ</td><td rowspan="2">崇：（牀二）tsʻ</td><td rowspan="2">崇：（牀二）ts;s</td><td rowspan="2"></td><td rowspan="2">生：（審二）s</td><td rowspan="2" colspan="2"></td></tr>
<tr><td>外轉</td></tr>
<tr><td rowspan="3">知組</td><td>今開 梗二等韵</td><td rowspan="2">知：ts</td><td rowspan="2">徹：tsʻ</td><td rowspan="2">澄：tsʻ</td><td rowspan="2">澄：ts</td><td rowspan="3" colspan="4"></td></tr>
<tr><td>今開 其他</td></tr>
<tr><td>今合</td><td>知：ts</td><td>徹：tsʻ</td><td>澄：tsʻ</td><td>澄：ts</td></tr>
<tr><td rowspan="2">章組</td><td>今開</td><td rowspan="2">章（照三）ts</td><td rowspan="2">昌（穿三）tsʻ</td><td>船（牀三）s</td><td rowspan="2">船：（牀三）s</td><td rowspan="2"></td><td rowspan="2">書：（審三）s</td><td rowspan="2">禪：tsʻ,s</td><td rowspan="2">禪：s</td></tr>
<tr><td>今合</td><td>船（牀三）tsʻ,s</td></tr>
</table>

古聲組及影響條件			全清塞	次清塞	全濁塞 平	全濁塞 仄	次濁	清擦	濁擦 平	濁擦 仄
日母	今開	止					日 ○			
		通舒及藥韵					i			
		其他					n			
	今合						y			
見組曉	開	一等	見 k	溪 kʻ			疑 ○	曉 x	匣 x	
		二等	k, tɕ	kʻ, tɕʻ			○, i	x, ɕ	x, ɕ	
		三四等	tɕ	tɕʻ	羣 tɕʻ	羣 tɕ	i	ɕ	ɕ	
	合	一二等	k	kʻ	*	*	u	x; f[(1)]	x; f[(1)]	
		三四等 蟹止宕	k	kʻ	kʻ	k	u	x	x	
		三四等 通舒	k	kʻ	tɕʻ	k	?	ɕ	*	
		三四等 其他	tɕ	tɕʻ	tɕʻ	tɕ	y	ɕ	ɕ	
影組	開	一等	影 ○							
		二等	○, i							
		三四等	i				喻：i			
	合	一二等	u; ○[(2)]				*			
		三四等 蟹止宕	u				喻 u			
		三四等 通	i				i			
		三四等 其他	y				y			

2. 韵母

第 一 表

攝别 \ 聲母 \ 等 \ 呼	開												
	一			二				三四					
	幫系	端系	見系	幫系	泥組	知莊組	見系	幫系	端系	莊組	知章組	日母	見系
果	*	o	o	a	a	a	a,ia	*	ie	*	ɤ	ɤ	ie
（遇）	*			*				*					
蟹	*	ai	ai	ai	ai	ai	ai,iai,ia	i	i	*	ï	*	i
止	*			*				i	i;ï	ï	ï	ɯ	i
効	au	au	au	au	au	au	au,iau	iau	iau	*	au	au	iau
流	u,ou	ou	ou	*				ou,u	iou	ou	ou	ou	iou
咸	*	an	au	*		an	an,ien	ien	ien	*	an	an	ien
山	*	an	an	an	*	an	an,ien	ien	ien	*	an	an	ien
宕	aŋ	aŋ	aŋ	aŋ	*	uaŋ	aŋ,iaŋ	*	iaŋ	uaŋ	aŋ	aŋ	iaŋ

攝別 \ 呼 / 等 / 聲母	開												
	一			二				三四					
	幫系	端系	見系	幫系	泥組	知莊組	見系	幫系	端系	莊組	知章組	日母	見系
深	*			*				in	in	ən	ən	ən	in
臻	*	ən	ən	*				in	in	ən	ən	ən	in
曾	ən, oŋ	ən	ən	*				in	in	*	ən	ən	in
梗	*			ən, oŋ	ən	ən	ən, in	in	in	*	ən	*	in
（通）	*			*				*					
咸入	*	a	o	*		a	a, ia	*	ie	*	ɤ	*	ie
山入	*	a	o	a	*	a	a, ia	ie	ie	*	ɤ	ɤ	ie
宕入	ɤ	o	o	ɤ	*	o	io, o	*	io	*	o	io	io
深入	*			*				*	i	ɤ	ï	y	i
臻入	*			*				i	i	ɤ	ï	ï	i
曾入	ɤ	ɤ	ɤ	*				i	i	ɤ	ï	*	i
梗入	*			ɤ	*	ɤ	ɤ	i	i	*	ï	*	i
（通入）	*			*				*					

第　二　表

呼 / 等 / 聲母 / 攝別	合												
	一			二			三四						
	幫系	端系	見系	幫系	莊組	見系	幫系	泥組	精組	莊組	知章組	日母	見系
果	ɤ	o	o	*		ua	*						ye
遇	u	ou	u	*			u	y	y	ou	u	y	y
蟹	ei	ei	uei,uai	*		uai,ua	ei	*	ei	*	uei	*	uei
止	*			*			ei;uei,i	y	y,ei	uai	uei	*	uei
（効）	*			*			*						
（流）	*			*			*						
咸	*			*			an	*					
山	an	an	uan	*	uan	uan	an;uan	ien	an	*	uan	yen	yen
宕	*		uaŋ	*			aŋ;uaŋ	*					uaŋ

呼 等 聲母 攝别	合												
	一			二			三四						
	幫系	端系	見系	幫系	莊組	見系	幫系	泥組	精組	莊組	知章組	日母	見系
（深）	*			*			*						
臻	ən	ən	uən	*			ən;uən	ən	ən	*	uən	yən	yən
曾	*		oŋ	*			*						
梗	*			*		uən;oŋ	*						yən,ioŋ
通	oŋ	oŋ	oŋ;uoŋ	*			oŋ	oŋ	oŋ	oŋ	oŋ	ioŋ	oŋ,ioŋ
咸入	*			*			a	*					
山入	ɤ	o	o	*	ua	ua	a;ua	io	ɤ	*	ye	*	ye
宕入	*		o	*			ɤ	*					
（深入）	*			*			*						
臻入	u	ou	u	*			u	y	i	*	u	*	y
曾入	*		o	*			*						y
梗入	*			*		o	*						y
通入	u	ou	u	*			u	ou	ou	ou	ou	ou	y,iou

3. 聲調

古類	影響條件	陰平	陽平	上	陰去	陽去	入
平	清	˥					
	濁		˩˨				
上	清			˨˩			
	次濁			˨˩			
	全濁					˧	
去	清				˨˧		
	濁					˧	
入	清						˥˧
	次濁						˥˧
	全濁					˧	

附注：

聲母：—

(1)曉匣合口一二等在今u韵讀f，如‘虎’fu，‘户’fu，‘忽’fu。

(2)影母合口一二等讀合，但在今o韵讀開，如‘窩’o。

E. 同音字表

今調	陰平˥	陽平˩˧	上˨˩	陰去˧˦	陽去˧	入˦˥
今韵	ï;ɯ(○後)					
廣韵	祭‖脂;之;支‖緝‖質‖職‖昔(均開口)					
p p‘ m f						
t t‘ n						
ts	之;知,支‖隻		子,止;只	致,至;翅審	滯‖自;字,置‖姪‖直值植,殖禪	執‖質‖擲澄
ts‘		遲;持	耻;此	次;刺	賜心	秩澄‖赤
s	師;思;斯,施	時	使,始	世‖四	矢審上,示;伺,似,士、事;市;是‖十‖實‖食蝕‖石	
ʐ						日日
tɕ tɕ‘ ɕ						
k k‘ x						
○		而	爾		貳	

今調	陰平˥	陽平˨˦	上˨˩˦	陰去˧˥	陽去˧	入˥
今韵	i					
廣韵	祭;齊‖脂;之;支;微‖緝‖質;迄‖職‖昔;陌三;錫(均開口)					
p			比;彼		敝	畢必‖逼‖碧;壁
pʻ			臂幫去;丕平			弼並‖僻,闢並
m		靡上	米		秘泌幫	
f						
t			底	帝	弟、第,隸來‖地	的
tʻ		堤提			笛	
n		梨;離	禮‖履;你,李里裏理		例‖類2 脂合	立‖栗‖力‖歷
tɕ	雞‖技妓羣去;機		己;幾	祭;計繼‖寄;季合	忌‖極	緝清,楫,急,吸曉‖吉‖積;激
tɕʻ	妻,棲心,溪‖期羣	齊‖其;奇	起	器;氣		七;乞,迄曉‖戚,喫
ɕ	西,奚兮匣;携匣合‖希		洗‖徙支心	戲	系‖席	泣溪‖戌恤‖息‖惜
○	醫;衣依	夷;疑;宜,移;遺合	以,矣	憶入	藝‖義議	噎屑‖邑‖一,逸‖亦;逆

今調	陰平˥	陽平˨˦	上˨˩	陰去˧˦	陽去˧	入˥˦
今韵	u					
廣韵	模;虞‖尤‖没;術;物‖屋;沃					
p					步	不‖卜
pʻ			譜幫,普			勃並‖撲,僕瀑並
m			母			木;目
f	呼,乎匣;敷	狐	虎;府,腐奉‖婦奉	附奉	户;父‖負‖服	忽
ts	猪,諸		主	著	柱	
tsʻ		除				出
s	書;殊禪		暑鼠		樹	術
k	孤			顧		骨
kʻ						哭;酷
x						
○	烏	吾;無	五;武	沃入	務‖戊侯明	物‖屋

今韵	y					
廣韵	魚;虞‖脂;支‖緝‖術;物‖職‖昔‖燭					
tɕ				鋸,巨羣;拘平、句	聚‖集從緝	橘‖菊;局羣
tɕʻ			取			
ɕ	虚;須	徐‖隨	許‖璽支開心		序‖遂	
○		如,魚,於影,餘余;儒,愚	女,吕,與;屢1去,雨羽		預‖類1	入‖律;鬱‖域‖疫役‖欲

今調	陰平˥˧	陽平˩˧	上˨˩	陰去˧˥	陽去˧	入˥
今韻	a					
廣韻	麻‖合;盍;洽;狎‖曷;鎋;黠					
p	巴		把			八,拔並
p‘				怕		
m	[媽]		馬			
f						法‖髮
t			打		大‖[踏](跌)	答搭‖達定
t‘	他				踏定入	塔
n		拿		[那]		納;臘‖辣
ts				乍		雜從;劄
ts‘	差					插‖察
s	沙		撒			剎穿;殺
k						甲
k‘						
x					下	瞎

今韻	ia					
廣韻	麻‖佳‖洽;狎‖鎋(均開口)					
tɕ	家加‖佳		假賈			甲,匣匣
tɕ‘						恰
ɕ		霞			下	狹‖瞎
○	鴉	牙				壓鴨

今調	陰平˥	陽平˧˩	上˨˩	陰去˨˦	陽去˧	入˦˥
今韻	ua					
廣韻	麻‖佳;夬‖鎋;黠(均合口)					
ts						
ts‘						
s						刷
k	瓜			掛		刮
k‘						
x				化	畫;話	滑
○	蛙		瓦‖舀宵			

今韻	o					
廣韻	歌;戈‖合;盍‖曷;末‖鐸;覺;藥‖德‖麥‖薛					
p						
p‘						
m						[没]
f						
t	多				舵	
t‘			妥			脱‖託
n		羅;騾	惹2			洛
ts			左		坐	作;桌;酌
ts‘	初魚					昨牀;濯澄
s			所魚			説
k	歌哥‖鍋		果	個		鴿‖割‖各;郭‖國
k‘	苛匣		可	課		闊
x					禍‖活‖或‖獲	合匣;盍匣‖喝‖霍
○	窩	鵝	我			惡;握

今調	陰平˥	陽平˨˦	上˨˩˧	陰去˧˥	陽去˧	入˦˥
今韵	io					
廣韵	薛‖覺;藥					
t						
t‘						
n						劣‖略
tɕ						覺角;脚
tɕ‘						確;雀
ɕ					學	削
○						若,虐,約,藥

今韵	ɤ					
廣韵	麻三;戈‖葉‖薛;末‖鐸‖德;職‖陌;麥(均開口)					
p	波,玻滂				白	剥;縛奉藥‖北;百
p‘	坡	婆	剖侯	破		泊並‖迫幫,拍
m						末‖莫‖麥
f						
t						得德
t‘						忒,特定
n			惹$_1$			熱‖勒
ts				[這]	絶‖澤擇宅	着藥‖則‖責
ts‘				詫麻二		徹,澈澄‖側照,測
s		蛇			社‖舌	涉‖設‖澀‖瑟‖色
k			給緝			格;革
k‘				去魚		刻‖客
x						黑‖赫
○						厄

今調	陰平˥	陽平˧˥	上˨˩	陰去˦˨	陽去˧	入˥˦
今韵	ie					
廣韵	麻三‖葉;業;帖‖薛;月;屑(均開口)					
p						
p‘						撇
m						滅
f						
t						跌定
t‘						帖‖鐵
n						列;臬疑
tɕ	嗟				傑;竭	接;刧‖節,結
tɕ‘						切
ɕ	些	邪	寫		謝	脅;協挾匣‖薛;血合
○		爺	野也			聶泥,葉;業‖孽;謁

今韵	ye					
廣韵	戈三‖薛;月;屑(均合口)					
tɕ						綴,拙;掘羣;決
tɕ‘		茄開;瘸				缺
ɕ	靴			穴		
○					曰入	閱;月,越

今調	陰平˥	陽平˩˧	上˨˩	陰去˧˥	陽去˧
今韵	ai				
廣韵	咍;泰;皆;佳;夬(均開口)				
p				拜	敗
p‘				派	
m		埋	買		
f					
t				帶	待、代
t‘				太泰	
n		來	乃;奶		賴
ts	齋				在
ts‘		柴		菜;蔡	
s				寨$_{\text{牀}}$	
k	該;皆		改;解	概;蓋;介界	
k‘	開				
x		諧;鞋‖還$_{1}$ 删合			亥;害
○	哀		矮	愛	艾

今韵	iai				
廣韵	皆(開口)				
tɕ					
tɕ‘					
ɕ		偕$_{\text{見}}$,諧			

今調	陰平˥	陽平˧˥	上˨˩˧	陰去˦˨	陽去˧
今韵	uai				
廣韵	灰;泰;皆;夬‖脂,支(均合口)				
ts					
ts‘			揣		
s				帥	
k				怪	
k‘			塊去	快	會(丨計)見
x		懷			
○					外

今韵	ei				
廣韵	灰;泰;祭;廢‖支;脂;微				
p	卑;悲;碑			貝	倍‖被;備
p‘	佩並去‖披				
m		梅			
f	非飛	肥	匪	廢,肺	
t				對	隊;兑
t‘					
n			屢虞去		内‖累去合
ts				最‖醉	罪
ts‘				脆‖悴從,粹心	
s				歲	

今調	陰平˥	陽平˨˦	上˨˩	陰去˧˦	陽去˧
今韵	uei				
廣韵	灰;泰;祭;齊‖脂;支;微(均合口)				
ts	追,錐				
ts‘		垂			
s			水	税	瑞睡
ʐ					鋭喻
k	龜;歸			桂	
k‘					
x	灰	回	毁	諱	會;彗喻;惠‖彙喻
○	威	危,爲	委	畏	衛‖位;爲;未

今韵	au				
廣韵	豪;肴;宵				
p	包		保		
p‘			跑並平		
m		貓			貌
f					
t			倒	到	
t‘		桃			
n		牢;鐃	老		鬧
ts	糟;昭			照	皂造;趙
ts‘			草;炒		
s			掃		紹
k	高		稿;攪	告	
k‘			考		
x		毫	好		
○				奥	

今調	陰平˥	陽平˩˧	上˧˩	陰去˧˥	陽去˧
今韵	iau				
廣韵	肴;宵;蕭				
p			表		
p‘					
m			謬幽去		
f					
t				釣	
t‘		條		跳	
n		燎;聊	了		
tɕ			較去;剿	教;叫	
tɕ‘		喬	巧		
ɕ	消,囂;蕭	肴淆	小;曉	孝	校効
○	妖	堯		要	

今調	陰平˥	陽平˩˧	上˨˩	陰去˧˥	陽去˧	入˦˥
今韻	ou					
廣韻	模‖侯;尤‖没‖屋;沃;燭					
p						
pʻ						
m		謀	某畝			
f			否			
t	都		肚賭‖斗	鬥	杜‖讀定入	
tʻ		頭	土		秃透入	突‖篤
n		奴‖柔	努	路	漏	鹿;陸,肉;緑,辱
ts	周		走	做‖奏	助‖族從入	卒‖竹;足,燭囑
tsʻ		鋤;愁	楚‖丑			捉照覺‖畜;促,觸
s			手	素;數‖獸	熟;續	肅,縮;屬
k						
kʻ			口			
x		侯			候後	
○	歐		偶			

今韻	iou					
廣韻	尤;幽‖屋三					
t	[丢]					
tʻ						
n			紐			
tɕ	糾上		九		就,舅	
tɕʻ	秋	囚,求球				
ɕ	休					
○		牛,由猶,尤	有		幼	育

今調	陰平˥	陽平˨˦	上˨˩	陰去˧˥	陽去˧
今韵	an				
廣韵	覃;談;咸;銜;鹽;凡‖寒;山;删;仙;桓				
p			板	半	辦;扮幫
p‘		彭庚		盼;判,叛並	
m		[蠻](很)			慢
f		凡	反		范
t			短	旦	
t‘	貪	談‖團		歎	
n		南;藍籃‖然	染‖暖	難	亂
ts	沾‖專		斬‖展;轉	棧牀	暫
ts‘	參‖餐	全	慘		
s	三;衫‖山	蟬;旋	陝	扇;算	
k	干;間		感;敢‖[趕]		
k‘				看	
x		含;鹹;銜‖寒;閑;還合		漢	陷
○	安			暗‖晏1	

今韵	uan				
廣韵	桓;山;删;仙;元(均合口)				
ts					篆
ts‘		船			
s	删開;閂				
k	官觀;鰥			貫;慣	
k‘			皖匣		
x	歡	環	緩匣	喚	换
○	彎	完匣;頑	碗		萬

今調	陰平˥	陽平˨˦	上˨˩	陰去˧˥	陽去˧
今韻	ien				
廣韻	咸;銜;鹽;嚴;添‖山;刪;仙元;先				
p	邊		貶	變	辨;偏幫,辯
pʻ				片	
m					
f					
t			典	店	
tʻ	天				
n		廉‖連聯;年			念‖戀
tɕ	監‖間		減‖剪;繭	諫‖建;見	漸‖件
tɕʻ	謙‖掀曉;千	鉗‖錢	癬心,遣		
ɕ	仙鮮;先	嫌‖賢	險	憲	現;縣合
○	研疑平,煙	嚴‖延;言	眼;演	厭;晏2	驗‖硯

今韻	yen				
廣韻	仙;元;先(均合口)				
tɕ	捐喻				倦
tɕʻ					
ɕ	軒開;宣心合;暄	弦開;玄懸	選心合		
○		緣鉛,員圓;元,園	軟;遠	阮上	院;願

今調	陰平˥	陽平˩˧	上˨˩	陰去˦˨	陽去˧
今韵	ən				
廣韵	侵‖痕;臻;真;魂;諄;文‖登;蒸‖庚;耕;清				
p	崩				
p‘					
m		門			
f	分			奮	
t			等	頓	
t‘	吞				
n		人;倫‖能;仍	忍‖冷		任‖認;論
ts	臻‖增;徵‖争;貞,偵徹			政正	鄭
ts‘	撑	沉‖陳,臣;存‖成誠城			
s	森,深‖身申‖升‖生	晨;旬,脣牀合‖繩	審		盛
k	跟‖耕		亘去	更	
k‘			懇‖肯		
x		恒	很匣		恨
○	恩				硬

今韵	uən				
廣韵	魂;諄;文‖庚(均合口)				
ts					
ts‘	椿,春				
s		純			
k					
k‘	坤				
x	昏	横			
○	温	聞	穩		問

今調	陰平˥	陽平˩˧	上˨˩	陰去˨˦	陽去˧
今韻	yən				
廣韻	諄;文‖清;庚三;青(均合口)				
tɕ	均		迥匣		
tɕʻ	傾頃上	羣‖瓊			
ɕ	勳				
○		云‖營;榮;螢匣	允尹‖永		閏;運‖孕蒸開

今韻	in				
廣韻	侵‖真;欣‖蒸‖庚;耕;清;青(均開口)				
p	兵		稟		並
pʻ		貧‖瓶;平	品		
m		民‖名			命
f					
t	丁		頂		定
tʻ	聽	庭			
n		林‖鄰‖陵‖靈齡			令
tɕ	侵清,今‖津,巾;斤‖京荊;經		境警	晉進‖勁	近‖靜
tɕʻ	欽‖親‖清,輕	秦‖情			
ɕ	心‖新‖星腥	尋‖行;形		信‖幸匣;姓性	杏
○	音‖因‖鶯;英	銀‖凝‖盈;迎	隱	印‖應	

今調	陰平˥	陽平˨˦	上˨˩	陰去˦˧	陽去˧
今韵	aŋ				
廣韵	唐;陽				
p	邦				
pʻ		旁			
m		忙			
f	方	房防			放
t	當				蕩
tʻ					
n		郎	朗		讓
ts	張		長1		
tsʻ	倉	長2			
s	桑;商	常			上尚
k	剛綱				
kʻ					
x					項、巷

今韵	iaŋ				
廣韵	江;陽(均開口)				
t					
tʻ					
n		娘	兩		
tɕ	江		講		
tɕʻ		詳祥			
ɕ	香鄉			像邪	象
○		陽	仰		樣

今調	陰平˥	陽平˨˦	上˨˩	陰去˧˥	陽去˧
今韻	uaŋ				
廣韻	江;陽;唐				
ts	樁;莊				
ts‘	窗	牀	撞澄去		
s					
k	光				
k‘		狂			
x		黄			
○	汪	王	往		望,旺

今韻	oŋ				
廣韻	登‖庚二;耕‖東;冬;鍾				
p					
p‘		朋			
m		萌			孟‖夢
f	風;封	馮			奉
t	東				動、洞
t‘	通	同	桶;統去		
n		農;隆;龍	攏		
ts	中;鍾		總	衆	
ts‘	充	崇;從	寵		
s	鬆;嵩;松			送;宋	誦
k	公功攻;弓;恭				共
k‘	空		恐		
x		弘‖宏‖紅			

今調	陰平˥	陽平˩˧	上˨˩	陰去˧˥	陽去˧
今韻	ioŋ				
廣韻	庚三‖東三;鍾(均合口)				
tɕ					
tɕ‘		窮			
ɕ	兄‖胸	熊雄喻			
○		絨,融;茸			用

今韻	uoŋ				
廣韻	東				
○	翁				

F. 音韻特點

1. 聲母

(1)石首不分ts,tʂ。精組洪音跟知系同讀ts等,如‘作’＝‘桌,酌’tso,‘素’＝‘數’sou,‘存’＝‘沉’ts‘ən。

(2)不分尖團。精組細音跟見系細音同讀tɕ等,如‘祭’＝‘寄’tɕi,‘須’＝‘虚’ɕy,‘協’＝‘薛’ɕie。

(3)泥來兩母洪細皆不分,除今y韻均讀無聲母外,一律讀n,如‘禮’＝‘你’ni,‘連’＝‘年’nien,‘龍’＝‘農’noŋ,但‘吕’＝‘女’y,‘類’y,‘律’y。

(4)日母今開口只在止攝,通舒,及藥韻讀無聲母,如‘而’ɯ,‘絨’ioŋ,‘若’io;其餘讀n,跟泥來母混,如‘熱’一‘勒’nɤ,‘饒’＝‘牢’nau,‘肉,辱’＝‘鹿’nou,‘然’＝‘南,藍’nan,‘仍,人’＝‘能,倫’nən。今合口皆讀無聲母,如‘入’y,‘軟’yen。

(5)疑母一律讀○,跟影喻母混,如‘宜’＝‘夷’i,‘逆’＝‘亦’i,‘虐’＝

‘約’io，‘業’＝‘葉’ie，‘硬’ən，‘艾’ai。

(6)見系開口二等在梗入不顎化，如‘格’kɤ，‘客’kʻɤ；其他k，tɕ不定，如‘下’xa，ɕia，‘甲’ka，tɕia，‘耕’kən，‘行’ɕin，‘諧’xai，ɕiai，‘巷’xaŋ，‘江’tɕiaŋ。

(7)曉匣合口洪音在今u韵讀f，跟非敷奉混，如‘虎’＝‘府’fu，‘户’＝‘父’fu，‘忽’fu；其他仍讀x，不跟非等讀f混，如‘回’xuei≠‘肥’fei，‘紅’xoŋ≠‘馮’foŋ。

2. 開合

(1)端系一等合口在遇蟹山臻變開口，如‘肚’tou，‘路’nou，‘素’sou，‘罪’tsei，‘短’tan，‘存’tsʻən。

(2)精組三四等合口，在遇攝仍爲合口，如‘須’ɕy，‘聚’tɕy；在止攝開合不定，如‘隨’ɕy，‘遂’ɕy合口，但‘醉’tsei，‘悴’tsʻei開口。其他皆讀開口，如‘歲’sei，‘全’tsʻan，‘旬’sən，‘絶’tsɤ，‘恤’ɕi。

(3)來母三四等合口，在遇止攝及臻入仍爲合口，如‘吕’y，‘類’y，‘律’y；其他讀開口，如‘戀’nien，‘倫’nən，‘六’nou。

3. 韵母

(1)遇攝模韵端系，魚虞韵莊組讀ou，跟流攝混，如‘賭’＝‘斗’tou，‘圖’＝‘頭’tʻou，‘路’＝‘漏’nou，‘素’＝‘獸’sou。

(2)果攝及山入一等合口幫系皆讀ɤ，如‘波’pɤ，‘婆’pʻɤ，‘末’mɤ；但端見系讀o，如‘妥’tʻo，‘脱’tʻo，‘坐’tso，‘課’kʻo。

(3)止攝合口三四等來母讀y，如‘類’y；精組讀y或ei不定，如‘隨’ɕy，‘遂’ɕy，但‘醉’tsei。

(4)山攝合口三四等精組跟來母韵母不同，舒聲精組讀an，如‘全’tsʻan，‘旋’san，來母讀ien，如‘戀’nien；入聲精組讀ɤ，跟梗入混，如‘絶’＝‘宅’tsɤ，來母讀io，跟宕入混，如‘劣’＝‘略’nio。

(5)臻攝合口三等舒聲精組及來母均讀ən，如‘旬’sən，‘倫’nən，入聲精組讀i，如‘恤’ɕi，來母讀y，如‘律’y。

(6)曾梗攝舒聲除少數字混通攝外，皆收n尾跟深臻舒聲混，如‘能’＝

'倫'nən,'增,貞'='臻'tsən,'升,生'='森,申'sən,'平'='貧'p'in,'京,經'='今,津'tçin,'英,鶯'='音,因'in。

4. 聲調

(1)石首分陰陽去。古去聲清音,今爲陰去,如'祭,個,鬥,厭'等字。古上聲及入聲全濁,跟去聲濁音,今讀陽去,如'辮,序,傑,白,運,用'等字。

(2)有入聲。古入聲清音及次濁今爲入聲,如'質,的,力,若'等字。

G. 會話

61 a：ien˧˥ nin˧˥ǀ· ko˥，xa(i)˧˥ xau˨˩ paǀ·?
延齡哥，還好吧?

61 b：əǀ·，xa(i)˧˥ xau˨˩，xa(i)˧˥ xau˨˩!
呃，還好，還好!

a：n̩˨˩ tçia˥ niǀ· nai˧˥ çin˦ mo˥ǀ· iou˨˩ neǀ·?
n̩˨˩(你) 家裏來信没有吶?

b：tçia˥ niǀ· tsei˦ tçin˧ nai˧˥ nəǀ· çin˦。
家裏最近來了信。

a：sï˧ koǀ· sən˧ iaŋ˧ tsïǀ·‿aǀ·?
是個甚樣子阿?

b：çien˧ tsai˧ tçia˥ ni˨˩ xai˧˥ xau˨˩。
現在家裏還好。

a：o˨˩ mən˥ çio˦ ni˨˩ aǀ·，tau˦ o˨˩ mən˥ pi˦ ie˦ tiǀ· sï˧˥ xou˧ aǀ·，
我們學裏阿，到我們畢業的時候阿，

çien˧ tsai˧ ie˨˩ tsï˨˩ iou˨˩ tç'i˦ koǀ· çin˥ tç'i˥ noǀ·。
現在也只有七個星期咯。

b：sï˧ əǀ·，sï˧ əǀ·! tç'i˦ (tç')i˦ sï˦ sï˧ tçiou˨˩ t'ien˥，ie˨ tsï˨ iou˨
是呃，是呃! 七七四十九天，也只有

sï˦ sï˧ tçiou˨˩ t'ien˥ aǀ·。
四十九天阿。

a：o˩ xai˧˥ iou˨˩ ko˧· ti˧ ti˧· a˧·，t'a˥ tsai˧ çien˧ ni˧· a˧·，iou˨˩ i˥
我 還 有 個 弟 弟 阿，他 在 縣 裏 阿，有 一

ko˧· ts'uən˥ tçi˧˦· yən˧ toŋ˧ xuei˧，t'a˥ ie˨˩ ts'an˥ tçia˥ ti˧·。t'a˥
個 春 季 運 動 會，他 也 參 加 的。他

sï˧ nan˧˥ tç'iou˧˥ ti˧· çyen˨˩ sou˨˩ a˧·。
是 籃 球 的 選 手 阿。

b：o˩，na˧˥ xau˨˩，na˧˥ xau˨˩！
哦，那 好，那 好！

a：t'a˥ mən˧· çien˧ tsai˧ çiau˨˩ çio˧ ti˧· tçiau˧˥ yen˧˥ mən˧· a˧，tou˥
他 們 現 在 小 學 的 教 員 們 阿，都

man˧˥ xuan˥ in˧˥ t'a˥，in˥ uei˧˦· t'a˥ tç'iou˧˥ a˧·，ta˨˩ tɤ˧· xən˨˩
蠻 歡 迎 他，因 爲 他 球 阿，打 得 很

xau˨˩。
好。

b：o˩。
哦。

a：o˨˩ xai˧˥ iou˨˩ ko˧· çioŋ˥ ti˧· a˩，çien˧ tsai˧ t'a˥ t'iau˧˥ kau˥，
我 還 有 個 兄 弟 阿，現 在 他 跳 高，

t'iau˧˥ kau˥ a˩，o˨˩！t'iau˧˥ ti˧· sï˧˥ xou˧ ni˧·，tçio˥ tie˥ i˥ xa˧
跳 高 阿，哦！跳 的 時 候 呢，脚 跌 一 下

tsï˧· a˧·，pa˨˩ ko˧· tçio˥ ta˥ tau˨˩ xa˧。
子 阿，把 個 脚 搭① 倒 下。

b：ʔa˧· ie˨˩！ʔa˧· ie˨˩！
阿 咦！阿 咦！

a：na˧˥ ko˧· çie˥ a˧·，taŋ˥ sï˧˥——o˨˩ fu˧ tç'in˥ a˧·，t'oŋ˧˥ i˥ ko˧˥
那 個 血 阿，當 時——我 父 親 阿，同 一 個

---

① 打傷。

i˥ sən˥，na˧ i˥ sən˥ tɕiau˧ mo˩ sï˧ ni˦·，tɕiau˧——tɕiau˧ ie˥
醫生，那醫生叫麽事呢，叫——叫葉

ta˧ ɕyən˥。na˧ uei˧ ɕien sən˥ t'a˥ xən˩ xau˩，tɕie˥ nai˧ i˩
大勛。那位先生他很好，接來以

xou˧ ni˦·，pa˩ ko˦· io˥ a˦·，fu˥ tau˩ ta˦·，fu˥ tau˩ ta˦·，ko˦·
後呢，把個藥阿，敷倒達，敷倒達，個

ɕie˥ a˦· tɕiou˧ tsï˩ niau˩，i˩ xou˧ a˦·，mei˥ iou˩ ien˧ ts'aŋ˧
血阿就止了，以後阿，没有延長

na˦·，tɕiou˧ xau˩ niau˩。
啦，就好了。

b：ɕien˧ tsai˧ ni˦·?
現在呢?

a：ɕien˧ tsai˧ t'iau˧ kau˥ a˦·，xo˧ ts'oŋ˧ tɕ'ien˧ i˥ ko˦· iaŋ˧。
現在跳高阿，和從前一個様。

b：o˪，o˪!
哦，哦!

六二. 公安(淤泥湖)

A. 發音人履歷

發音人	62a	62b
年齡	22 歲	20 歲
原籍	公安淤泥湖沙口市	同左
職業	學生	學生
教育程度	高中	高中
幼時語言環境	在本鄉讀書	在本鄉讀書
教師方言	本地話	本地話
住過的地方	武昌五六年	武昌三年
曾否學國語	未	未
能否説别處話	不會	不會

二十五年五月十日吴宗濟記音

按:兩人住家相距五里,口音略有差異,下述以 62a 爲準。

B. 聲韵調表

1. 聲母

p	彼伴	pʻ	普皮	m	馬微	f	飛狐	v	烏如物
t	底代	tʻ	通談	n	拿年龍例				
ts	子柱	tsʻ	存産			s	思常		
tɕ	絶家	tɕʻ	切羣			ɕ	心玄		
k	感跪	kʻ	肯狂			x	好灰		
○	惹艾安牛問園								

2. 韵母

ï	字姪	a	拔他沙下	o	脱左國	ɤ	波得蛇而		
i	彼帝乞逆	ia	爹佳鴨	io	略確			ie	滅帖寫
u	步入猪哭	ua	刷掛						
y	律句							ye	靴曰

ai	拜乃災解	ei	廢兑	au	保倒掃毫	ou	某頭初口
				iau	貓聊教	iou	紐囚
uai	帥懷	uei	最毁				

an	扮貪沾干			ən	門等沉耕		
		ien	貶天減憲			in	稟巾丁應
uan	短船唤			uən	春横		
		yen	全	yən	均迥		

aŋ	忙蕩上巷	oŋ	朋同充宏
iaŋ	娘講	ioŋ	兄窮
uaŋ	牀黄		

3. 聲調

陰平	陽平	上	陰去	陽去	入
˥	˨˦	˧˩	˨˦	˧	˦
剛	時	古五	漢	近謝食	急六局

C. 聲韵調描寫

1. 聲母

上表十八聲母可依發音部位分p，t，ts，tɕ，k，○六組。

p組p，p‘，m，f，v。v只在純粹u韵之前出現。

t組t，t‘，n。n是個變值音位，讀n，l或鼻化的l不定；在i之前又偶有讀舌面音ȵ的。

ts組ts，ts‘，s。部位偏前，舌尖差不多抵到齒與齦之間。

tɕ組有tɕ，tɕ‘，ɕ。在開口韵前讀單純的舌面前音，比北平的tɕ等又偏前些；在合口韵前則讀舌尖面混合音。

k組k，k‘，x。讀法與北平音同。

○包括一切以元音起首的音。在開口洪音前有時會有ɣ出現。

2. 韵母

ï只有舌尖前音ʅ一讀。

i很緊。在tɕ組聲母後，聲韵母之間常有帶摩擦性的j出現。

u近標準元音u。

y相當於i的圓唇，不過同時又有些舌尖作用加入。

a，ia，ua。a是後ɑ，在i後略偏前。

o，io。o在k組聲母後或無聲母時，前面總要加上個短短的u音。io的i略帶圓唇性。

ɤ相當於o的開唇。無聲母時讀得很關，差不多可以寫作ɯ。

ie，ye。e是開ᴇ。

ai，uai。a短而i長。介音u在ts組聲母後有時變ɥ。

ei，uei。e短而i長，所以uei就很像ui。u在ts組聲母後有時變ɥ。

au，iau。a同a，ia韵的a。u很緊。

ou，iou。ou在p，t，ts三組聲母後是ŏu；在k組聲母後或無聲母時o變得像ʌ。

an，uan。a普通是前a，只在直接與k組聲母相拼時變得偏後些。介音u在ts組聲母後或變ɥ。韵尾n都很强。

ien，yen。元音與ie，ye韵同。

əu，uən，yən。ə短而n長。在uən與yən中，ə只算由u或y到n中間的過渡音。

in。i開，n長。

aŋ，iaŋ，uaŋ。a同a，ia，ua韵同。

oŋ，ioŋ。oŋ在k組聲母後變成uoŋ。ioŋ的i略帶圓唇性。

3. 聲調

陰平由“半高”升至“高”（45），寬式用高平調號（˥ 55）。

陽平由“半低”降至“低”再升至“中”（213），寬式用低升調號（˩˧ 13）。

上聲是中降調（˧˩ 31）。

陰去是中升調（˨˦ 24）。

陽去是中平調（˧ 33）。

入聲是高升調（˧˥ 35）。

D. 與古音比較

1. 聲母

古聲組及影響條件 \ 發音方法及影響條件（古母今讀）		全清塞	次清塞	全濁塞 平	全濁塞 仄	次濁	清擦	濁擦 平	濁擦 仄
幫組		幫：p	滂：pʻ	並：pʻ	並：p	明：m			
非組						微：m，u；v(1)	非、敷：f	奉：f	
端組、泥	一二等	端：t	透：tʻ	定：tʻ	定：t	泥：n　來：n			
	三四等								
精組	洪	精：ts	清：tsʻ	從：tsʻ	從：ts		心：s	邪：?	邪：s
	細	tɕ	tɕʻ	tɕʻ	tɕ		ɕ	tɕʻ，ɕ	ɕ
莊組	内轉	莊：（照二）ts	初：（穿二）tsʻ	崇：（牀二）tsʻ	崇：（牀二）ts；s		生：（審二）s		
	外轉				ts				
知組	今開 梗二等韵	知：ts	徹：tsʻ	澄：tsʻ	澄：ts				
	今開 其他								
	今合								
章組	今開	章：（照三）ts	昌：（穿三）tsʻ	船：（牀三）s	船：（牀三）s		書：（審三）s	禪：tsʻ，s	禪：s
	今合			tsʻ，s					

古聲組及影響條件			全清塞	次清塞	全濁塞 平	全濁塞 仄	次濁	清擦	濁擦 平	濁擦 仄
日母	今開	止(附薛質藥)					日: ○			
		其他					○;i[2]			
	今合						u;v[3]			
見組曉	開	一等	見: k	溪: k‘			疑: ○	曉: x	匣: x	
		二等	k,tɕ	k‘,tɕ‘			○,i	x;ɕ	x,ɕ	
		三四等	tɕ	tɕ‘	羣: tɕ‘	羣: tɕ	i	ɕ	ɕ	
	合	一二等	k	k‘	*	*	u;v;○[4]	x;f[5]	x;f[5]	
		三四等 蟹止宕	k	k‘	k‘	k	u	x	x	
		三四等 通舒	k	k‘	tɕ‘	k	?	ɕ	*	
		三四等 其他	tɕ	tɕ‘	tɕ‘	tɕ	y	ɕ	ɕ	
影組	開	一等	影: ○							
		二等	○,i							
		三四等	i				喻: i			
	合	一二等	u;v;○[4]				*			
		三四等 蟹止宕	u				喻: u			
		三四等 通	i,y				i,y			
		三四等 其他	y				tɕ			

2.韵母

第 一 表

攝別＼聲母＼等＼呼	開												
	一			二				三四					
	幫系	端系	見系	幫系	泥組	知莊組	見系	幫系	端系	莊組	知章組	日母	見系
果	*	o	o	a	a	a	a,ia	*	ie	*	ɤ	ɤ	ie
（遇）	*			*				*					
蟹	*	ai	ai	ai	ai	ai	ai,ia	i	i	*	ï	*	i
止	*			*				i,ei	i;ï	ï	ï	ɤ	i
效	au	au	au	au	au	au	au,iau	iau	iau	*	au	au	iau
流	ou	ou	ou	*				ou,u	iou	ou	ou	ou	iou
咸	*	an	an	*		an	an,ien	ien	ien	*	an	an	ien
山	*	an	an	an	*	an	an,ien	ien	ien	*	an	an	ien
宕	aŋ	aŋ	aŋ	aŋ	*	uaŋ	aŋ,iaŋ	*	iaŋ	uaŋ	aŋ	aŋ	iaŋ

呼/等/聲母/攝別	開												
	一			二				三四					
	幫系	端系	見系	幫系	泥組	知莊組	見系	幫系	端系	莊組	知章組	日母	見系
深	*			*				in	in	ən	ən	ən	in
臻	*	ən	ən	*				in	in	ən	ən	ən	in
曾	ən,oŋ	ən	ən	*				in	in	*	ən	ən	in
梗	*			ən,oŋ	ən	ən	ən,in	in	in	*	ən	*	in
（通）	*			*				*					
咸入	*	a	o	*		a	a,ia	*	ie	*	ɤ	*	ie
山入	*	a	o	a	*	a	a,ia	ie	ie	*	ɤ	ɤ	ie
宕入	ɤ	o	o	ɤ	*	o	o,io	*	io	*	o	io	io
深入	*			*				*	i	ɤ	ï	u	i
臻入	*			*				i	i	ɤ	ï	ɤ	i
曾入	ɤ	ɤ	ɤ	*				i	i	ɤ	ï	*	i
梗入	*			ɤ	*	ɤ	ɤ	i	i	*	ï	*	i
（通入）	*			*				*					

第 二 表

攝別＼聲母＼等＼呼	合												
	一			二			三四						
	幫系	端系	見系	幫系	莊組	見系	幫系	泥組	精組	莊組	知章組	日母	見系
果	ɤ	o	o	*		ua	*						ye
遇	u	ou	u	*			u	y	y	ou	u	u	y
蟹	ei	ei;uei(1)	uei,uai	*		uai,ua	ei	*	uei	*	uei	*	uei
止	*			*			i,ei,uei	y	y	uai	uei	*	uei
（效）	*			*			*						
（流）	*			*			*						
咸	*			*			an	*					
山	an	uan	uan	*	uan	uan	an;uan	ien	yen	*	uan	uan	yen
宕	*		uaŋ	*			aŋ;uaŋ	*					uaŋ

呼／等／聲母／攝別	合												
	一			二			三四						
	幫系	端系	見系	幫系	莊組	見系	幫系	泥組	精組	莊組	知章組	日母	見系
(深)	*			*			*						
臻	ən	ən	uən	*			ən, uən	ən	yən	*	uən	uən	yən
曾	*		oŋ	*			*						
梗	*			*		uən; oŋ	*						yən, ioŋ
通	oŋ	oŋ	oŋ	*			oŋ	oŋ	oŋ	oŋ	oŋ	ioŋ	oŋ, ioŋ
咸入	*			*			a	*					
山入	ɤ	o	o	*	ua	ua	a, ua	ɤ	ye	*	o	*	ye
宕入	*		o	*			ɤ	*					
(深入)	*			*			*						
臻入	u	ou	u	*			u	y	y	*	u	*	y
曾入	*		o	*			*						y
梗入	*			*		o	*						y
通入	u; ɤ(2)	ou	u	*			u; ɤ(2)	ou	ou	ou	ou	ou	y

3. 聲調

古類	影響條件 \ 今值 \ 今類	陰平	陽平	上	陰去	陽去	入
平	清	˥					
	濁		˩˧				
上	清			˨˩			
	次濁			˨˩			
	全濁					˧	
去	清				˨˦		
	濁					˧	
入	清						˦˥
	次濁						˦˥
	全濁					˧	˦˥

附注：

聲母：—

(1)今u韵(模魚虞没緝屋沃燭)讀v,其他讀m或u-不定。

(2)遇單元音o(宕入通舒)讀i-,其他○。

(3)今u韵讀v,其他u。

(4)今u韵讀v,o韵○,其他u。

(5)今u韵讀f,其他x。

韵母：—

(1)端泥兩組ei,精組uei。

(2)明母ɣ,其他u。

E. 同音字表

今調	陰平˥	陽平˩˧	上˨˩	陰去˧˥	陽去˧	入˥˧
今韵	ï					
廣韵	祭‖脂;之;支‖緝‖質‖職‖昔(均開口)					
p						
p'						
m						
f						
v						
t						
t'						
n						
ts	之;知,支‖隻入		子;只	滯澄‖致,至;志;翅審	自;字,置,痔、治‖姪‖直值植,殖禪	執‖質‖擲
ts'		遲;池	耻;此	次;刺,賜心		秩澄‖赤
s	師;思、伺去;斯,施	時	使,始	世‖四	示;似,士、事,市;是‖十‖實‖蝕食‖石	
tç						
tç'						
ç						
k						
k'						
x						
○						

今調	陰平˥	陽平˩˧	上˨˩	陰去˧˥	陽去˧	入˥
今韵	i					
廣韵	祭;齊‖脂;之;支;微‖緝‖質;迄‖職‖昔;陌三;錫					
p			比;彼		敝‖被	必‖逼‖碧;壁
pʻ		皮	鄙幫	臂幫		弼並‖僻,闢並
m			米‖靡		秘泌幫	
f						
v						
t			底	帝,隸來	第‖地	的,笛
tʻ		堤提				
n		梨;離	禮‖李里理裏		例‖利	立‖栗‖力‖歷
tɕ	雞‖妓技羣上;磯饑		己;幾	祭;濟,計繼‖季合	集	緝清,楫‖急,及,吸曉‖吉‖極‖積,激
tɕʻ	妻,棲心,溪‖期羣	齊‖其;奇	起	器;氣		七;乞,迄曉‖戚,喫
ɕ	西,奚兮匣;携匣合‖稀希		洗‖璽徙支心	戲	系	泣溪‖恤‖息
○	衣依	夷;疑;宜,移;遺合	以,矣已		藝‖異;義議	噎屑‖邑‖一,逸‖亦驛;逆

今調	陰平˥	陽平˩˧	上˧˩	陰去˧˥	陽去˧	入˥
今韵	u					
廣韵	模;魚;虞‖尤‖緝‖没;術;物‖屋;沃					
p					步	不
p‘			譜幫,普			勃並‖卜幫,撲,僕曝瀑並
m						
f		狐乎	虎;府,腐奉	附奉	户‖服	忽
v	烏;巫	吾;如;無,儒	五;武		務‖戊侯明	入‖物‖屋;沃
ts	猪,諸		主	著;駐	柱	
ts‘		除				出
s	書;殊禪		暑鼠		樹	
k	孤			故		骨‖穀
k‘			苦			哭;酷
x						

今韵	y					
廣韵	魚;虞‖脂;支‖術;物‖職‖昔;錫‖屋三;燭(均合口)					
t						
t‘						
n			女‖履脂開		類	律
tɕ				句	巨;聚	橘‖菊;局
tɕ‘	樞,區		取	去		屈‖曲
ɕ	虚;須	徐;隨	許		序‖遂	戌‖畜
○		魚,於影,餘余;愚	吕來,與;羽		預	鬱‖域‖疫役‖玉獄,欲

今調	陰平˥	陽平˩˧	上˧˩	陰去˧˥	陽去˧	入˦˥
今韵	a					
廣韵	麻二‖合;盍;洽;狎;乏‖曷;鎋;黠;月					
p	巴					八
p‘					拔並	
m	[媽]		馬			
f						法‖髮
v						
t			打庚		大泰	答搭‖達
t‘	他歌				踏透入	塔
n	拉入	拿	[哪]		[那]	納;臘‖辣
ts				詐徹,乍牀	雜	閘‖紮札,軋影
ts‘	差					插‖剎;察
s	沙		撒入			殺
k	家					
k‘						
x					下	瞎
○		牙‖[伢]				

今調	陰平˥	陽平˩˧	上˨˩	陰去˧˥	陽去˧	入˧˥
今韵	ia					
廣韵	麻二‖佳‖洽;狎‖鎋(均開口)					
t	[爹]					
t‘						
n						
tɕ	家‖佳		假賈	價		甲,匣匣
tɕ‘						恰
ɕ		霞			下	狹;挾帖‖瞎
○	鴉	牙				鴨

今韵	ua					
廣韵	麻二‖佳;夬‖鎋;黠(均合口)					
ts						
ts‘						
s						刷
k	瓜			掛		刮
k‘						
x				化	畫;話‖滑	
○	蛙		瓦‖舀宵			挖

今調	陰平˥	陽平˩˧	上˨˩˦	陰去˧˥	陽去˧	入˥˦
今韻	o					
廣韻	歌;戈一‖合;盍‖曷;末;薛‖鐸;覺;藥‖德‖陌二					
t	多			舵		
t‘			妥			脱‖託
n		羅;騾				劣‖洛
ts			左		坐	綴,拙‖作,桌,濯濁,捉;酌
ts‘						
s			所魚			説
k	歌;鍋		果	個;過		鴿‖割‖各;角;郭‖國
k‘			可			闊
x		何河			禍‖合‖活	盍‖喝‖鶴;霍‖獲‖或
○	窩	鵝	我			遏‖惡;握

今韻	io					
廣韻	覺;藥(均開口)					
t						
t‘						
n						略
tç						覺;脚
tç‘						確;雀精
ç					學	削
○						若;虐,約

今調	陰平˥	陽平˩˧	上˨˩	陰去˧˥	陽去˧	入˥˦
今韻	ɤ					
廣韻	戈;麻三‖脂;之;支‖葉‖薛;末‖緝‖櫛;質;没‖鐸;覺;藥‖德;職‖陌二;麥‖屋					
p	波,玻滂				白	剥;縛奉‖北‖百
p‘	坡	婆	剖侯			泊並‖迫幫,拍
m						末‖没‖莫‖麥‖木;目
f						
v						
t						得德
t‘					特定入	
n						勒
ts				[這]	擇	則‖摘,責
ts‘	車					徹,澈澄‖側照,測‖澤宅澄
s		蛇			舌	涉‖設‖澀‖瑟‖色
k						格;革
k‘				去魚溪		刻
x						黑‖赫
○		而;兒	惹‖爾		貳二	熱‖日‖厄

今調	陰平˥	陽平˩˦	上˨˩	陰去˧˦	陽去˧	入˦˥
今韵	ie					
廣韵	麻三‖葉;業;帖‖薛;月;屑(均開口)					
p						
pʻ						撇
m						滅
f						
v						
t	[爹]					
tʻ						帖‖鐵
n						列
tɕ	嗟			借		接;刦‖傑;節,結
tɕʻ						切
ɕ	些	邪	寫		席昔	脅;協‖歇;穴合
○		爺	也野			聶娘,謁;業‖謁;臬

今韵	ye					
廣韵	戈三;麻三‖薛;月;屑(均合口)					
tɕ					絶	決
tɕʻ		茄開;瘸			掘羣	缺
ɕ	靴					薛開;雪;血
○						閲;月;越曰

今調	陰平˥	陽平˩˧	上˨˩	陰去˧˥	陽去˧
今韵	ai				
廣韵	咍;泰;皆;佳;夬(均開口)				
p				拜	敗
p‘				派	
m		埋	買		賣
f					
v					
t				帶	待、代
t‘				泰太	
n		來	乃;奶		賴
ts	災;齋			再	在;寨
ts‘		柴		菜;蔡	
s					
k	該;皆		改;解	蓋;介界戒,械匣	
k‘	開			概見,愾	
x		孩;諧;鞋‖還(|有)刪合			亥;害
○	哀		矮	愛	艾

今調	陰平˥	陽平˧˩	上˨˩	陰去˨˧	陽去˧
今韵	uai				
廣韵	泰;皆;佳;夬‖脂,支(均合口)				
ts					
tsʻ			揣		
s				帥	
k				怪	
kʻ			塊去	會(丨計)見;快	
x		懷			
○	歪曉				外

今韵	ei				
廣韵	灰;泰;祭;廢‖脂;支;微				
p	卑;悲;碑				倍;佩;貝幫‖備
pʻ	披		丕平		
m		梅‖微	每		未
f	飛	肥		廢,肺	
v					
t				對	兑
tʻ					
n			屢虞去		内‖類

今調	陰平˥	陽平˩˧	上˨˩	陰去˧˥	陽去˧
今韵	uei				
廣韵	灰;泰;祭;廢;齊‖脂;支;微(均合口)				
ts	追,錐			最	罪
ts‘		垂		脆;悴從;粹心	
s			水	歲,税	瑞睡
k	龜;歸			桂	
k‘	虧				
x	灰	回	毁		會;彗喻;惠‖諱曉
○	威	危,爲	委	畏	鋭,衛‖位;爲;彙

今調	陰平˥	陽平˩˧	上˨˩	陰去˧˥	陽去˧
今韵	au				
廣韵	豪;肴;宵				
p	包		保		
p‘			跑並平		
m		貓$_1$茅			貌
f					
v					
t			倒	到	
t‘		桃			
n		牢勞			鬧
ts	昭			照	趙
ts‘			草;炒		造
s			掃	紹禪	
k			稿;攪	告	
k‘					
x		毫	好		
○		鐃		奥	

今調	陰平˥	陽平˨˦	上˨˩	陰去˧˥	陽去˧
今韻	iau				
廣韻	肴;宵;蕭				
p pʻ m f v		貓₂ 苗			謬幽
t tʻ n		 條;跳 	 了	釣	
tɕ tɕʻ ɕ	教 消,蕭	 喬 	較去;剿 巧 小;曉	叫 孝	嚼[1] 肴淆匣平、校効
○	妖	堯			

(1)集韻'嚼'有去聲一讀,"才笑切",廣韻作'噍',訓'嚼',説文'噍'或作'嚼'。

今調	陰平˥	陽平˩˧	上˩	陰去˧˥	陽去˧	入˥
今韵	ou					
廣韵	模;魚;虞‖侯;尤‖没‖屋;沃;燭					
p						
p‘						
m		謀	某畝			
f			否			
v						
t	都		肚賭‖斗	鬥	杜‖讀	篤
t‘		頭	土			突‖禿
n			努		路‖漏	鹿;陸;緑
ts	周		走	奏	助	卒‖竹;足,燭囑
ts‘	初	鋤‖愁	楚‖丑			族從;促,觸
s			首	素;數‖獸,受禪	熟	肅,縮;續,屬
k	鈎					
k‘			口			
x		侯			後候	
○	歐	柔	偶藕			肉;辱

今調	陰平˥	陽平˩˧	上˨˩	陰去˧˥	陽去˧	入˥˧
今韵	iou					
廣韵	尤;幽					
t	[丢]					
t'						
n			紐			
tɕ	糾上		九		就,舅	
tɕ'	秋	囚,求				
ɕ	休					
○		牛,由猶,尤	有	幼	又	育屋

今調	陰平˥	陽平˨˦	上˨˩	陰去˧˥	陽去˧
今韵	an				
廣韵	覃;談;咸;銜;鹽;凡‖寒;山;删;仙;桓;元				
p			板	扮;半	辦
p'				盼;判,叛並	
m		[蠻]			慢
f		凡	反		范‖飯
v					
t					旦端,但
t'	貪	談		歎	
n		南;藍‖難			難,爛
ts	沾		斬		暫‖棧
ts'	餐	殘	慘‖剷,産審		
s	三;衫‖山	蟬	陝	扇	
k	干;間		感;敢		
k'				看	
x		含;銜;鹹‖寒		漢	陷‖限
○	安	然	染	暗	

今調	陰平˥	陽平˩˧	上˨˩	陰去˧˥	陽去˧
今韵	uan				
廣韵	桓;山;删;仙;元(均合口)				
t			短		
t‘		團			
n			暖,卵		亂
ts	專		轉		篆
ts‘		船			
s	删開;閂			算	
k	官觀;鰥;關			貫;慣	
k‘			皖匣		
x			緩匣	喚	换
○	灣彎	完匣;頑;阮疑仙合上	碗;軟;晚		萬

今調	陰平˥	陽平˩˧	上˨˩	陰去˧˩	陽去˧
今韵	ien				
廣韵	咸;銜;鹽;嚴;添‖山;删;仙;元;先				
p			貶		辯;辨
p‘				徧幫,片	
m					
f					
v					
t					店端
t‘	天				
n	研疑平	廉‖連聯;年			念‖戀
tɕ	間		減‖簡;剪;繭	監‖諫;建;見	件
tɕ‘	謙‖千	鉗‖錢			
ɕ	仙;先	嫌‖賢	險	憲	現;縣合
○	煙	嚴‖言	眼;演		驗,厭影‖晏影;硯

今韵	yen				
廣韵	仙;元;先(均合口)				
tɕ			捲		倦
tɕ‘		全			
ɕ	鮮開;掀軒開;宣	弦開;玄懸	癬開;選		
○		丸(彈|,肉)桓匣;緣沿鉛;元,園	遠		院

今調	陰平˥	陽平˩˧	上˨˩	陰去˧˥	陽去˧
今韵	ən				
廣韵	侵‖痕;臻;真;魂;諄;文‖登;蒸‖庚;耕;清				
p	崩				
pʻ		彭			
m		門;聞			
f	分			奮	
v					
t			等		頓端
tʻ	吞				
n		輪倫‖能	冷		論
ts	臻;真‖徵‖争;偵貞		［怎］	增;證‖政	鄭
tsʻ	村‖撑	沉‖陳,臣;存‖成城誠			
s	森,深‖身‖生;升	晨;唇合‖繩1	審		盛
k	跟‖耕		亘去	更	
kʻ			肯		
x		恒	很匣		恨
○	恩	壬‖人‖仍	忍		認‖硬

今調	陰平˥	陽平˩˧	上˨˩˧	陰去˥˧	陽去˧
今韵	uən				
廣韵	魂；諄‖庚二（均合口）				
ts					
ts'	椿，春				
s		純‖繩$_2$蒸開			
k					
k'	坤			困	
x	昏	横			
○	温		穩		問

今韵	yən				
廣韵	諄；文‖清；庚三；青（均合口）				
tɕ	均				
tɕ'	傾	羣‖瓊	頃		
ɕ	勳	尋侵‖旬	迥匣		
○		雲‖營；螢匣	允尹‖永		運‖孕蒸開

今調	陰平˥	陽平˩˧	上˨˩	陰去˧˥	陽去˧
今韵	in				
廣韵	侵‖真;欣‖蒸‖庚;耕;清;青				
p	兵		稟		並
pʻ		貧‖瓶;平	品		
m		民‖名;明	敏		命
f					
v					
t	丁				
tʻ	聽	庭			
n		林‖鄰‖陵‖零			令
tɕ	侵精,今‖津,巾;斤‖京荆;經		饉	進晉‖勁	近‖静
tɕʻ	欽‖輕	秦‖情			
ɕ	心‖新‖星腥	行;形		信‖性姓	杏;幸
○	音陰‖因‖鶯;英	銀;盈;凝	隱	印‖應	

今調	陰平˥	陽平˩˧	上˨˩	陰去˨˦	陽去˧
今韵	aŋ				
廣韵	唐;江;陽				
p	邦				
p‘		旁			
m		忙			
f		防房			
v					
t	當		黨		蕩
t‘		堂			
n		郎	朗		
ts	張		長		
ts‘	倉;昌				
s	桑;商傷	常			上尚
k	綱剛		講		
k‘					
x					項、巷
○					讓

今調	陰平˥	陽平˩˧	上˨˩	陰去˧˥	陽去˧
今韵	iaŋ				
廣韵	江;陽(均開口)				
t					
tʻ					
n		娘	兩		
tɕ	江		講		
tɕʻ		詳祥	搶		
ɕ	香鄉				像象
○			仰		樣

今韵	uaŋ				
廣韵	江;陽;唐				
ts	樁;莊				撞$_1$;狀
tsʻ	窗	牀	撞$_2$ 澄		
s					
k	光				
kʻ				曠;況匣	
x	荒				
○	汪	王	往		旺

今調	陰平˥	陽平˩˧	上˧˩	陰去˧˥	陽去˧
今韵	oŋ				
廣韵	登‖庚二;耕‖東;冬;鍾				
p					
p‘		朋			
m		萌			孟‖夢
f	風;封				奉
v					
t					洞
t‘	通	同	桶;統去		
n		農;隆;龍	攏		弄
ts	中;鍾		總;種	衆	
ts‘	充	崇;從	寵		
s	鬆;嵩;松			送;宋	誦
k	公功;弓;恭				共
k‘	空		恐		
x		弘‖宏‖紅			
○	翁				

今韵	ioŋ				
廣韵	庚三‖東三;鍾(均合口)				
tɕ					
tɕ‘		窮			
ɕ	兄‖胸兇	雄熊喻			
○		絨,融;茸			用

F. 音韵特點

1. 聲母

(1)tʂ與ts不分,精組洪音與知系字全讀ts等,如'增'tsən,'色'se,'政'tsən,'猪'tsu。

(2)不分尖團,精組細音與見系細音混,全讀tɕ等,如'七'='乞'tɕ'i,'宣'ɕyen,'玄'ɕyen。

(3)見系二等開口在蟹攝與梗攝入聲中不顎化,如'解'kai,'厄'ɤ;在其他各攝中不定,如'硬'ən,'杏'ɕin,'講'tɕiaŋ,'巷'xaŋ。

(4)曉匣兩母在今u韵中讀f,如'忽'fu,'户'fu。

(5)微母讀m或u-(純u韵v)不定,如'聞'mən,'問'uən,'微'mei,'萬'uan。

(6)泥來兩母洪細音全混,如'南'='藍'nan,'年'='連'nien。

(7)日母字今全失聲母(純u韵v),如'饒'au,'若'io,'軟'uan,'而'ɤ。

(8)疑影兩母開口洪音全無聲母,如'艾'ai,'恩'ən。

(9)疑母三四等開口讀○,與泥不混,如'嚴'ien,'業'ie,'凝'in。

2. 開合

(1)蟹攝合口一等端系字,端泥兩組讀開,如'兑'tei,'内'nei;精組讀合,如'最'tsuei。

(2)山攝舒聲合口一等端系字全讀合,如'短'tuan,'暖'nuan,'算'suan。

(3)臻攝舒聲合口一等端系字全讀開,如'頓'tən,'論'nən,'存'ts'ən。

(4)精組三四等(除通攝)字全讀合,如'序'ɕy,'歲'suei,'隨'ɕy,'絶'tɕye,'旬'ɕyən。

(5)來母三四等字除在今純y韵(遇止及臻入)保持合口外,其他全讀開,如'戀'nien,'劣'nɤ,'倫'nən,'六'nou。

3. 韵母

(1)戈韵幫系字讀ɤ,如'婆'p'ɤ。入聲鐸覺末諸韵同,如'莫'mɤ,'剥'

pɤ,‘末’mɤ。今o韵無幫系字。

(2)模韵端系與魚虞兩韵的莊組字讀ou,與流攝字同韵,如‘路’=‘漏’nou,‘楚’=‘丑’tsʻou。(入聲没屋沃燭諸韵同。)

(3)魚虞兩韵的知見系字分,如‘柱’tsu≠‘巨’tɕy,‘暑’su≠‘許’ɕy,‘如’vu≠‘餘’y。

(4)蟹攝合口一三等的幫組端系字讀ei,如‘倍’pei,‘對’tei,‘歲’suei。止攝合口的端系字則讀y,如‘類’ny,‘隨’ɕy。

(5)止攝日母字讀ɤ,不捲舌,如‘爾’ɤ。

(6)咸山舒聲元音在i與y之後變e,如‘店’tien,‘院’yen。

(7)山入合口知系字讀o(開口ɤ),如‘説’so,‘拙’tso。

(8)深臻曾梗舒聲混,全收n尾,如‘稟’pin,‘敏’min,‘能’nən,‘冷’nən。

(9)曾梗入聲合口一二等見系字讀o(開口ɤ),如‘國’ko,‘獲’xo。

(10)通入明母字讀ɤ,如‘木’mɤ。(看第一條。)

(11)通三入見系字全讀y,如‘菊’tɕy,‘畜’ɕy,‘欲’y。

4. 聲調

(1)分陰陽去,如‘四’sï꜄≠‘士’sï꜄=‘事’sï꜅。

(2)入聲獨立,但全濁一部分歸陽去,如‘讀’tou꜅,‘食’sï꜅。

G. 會話

62 a: ni˨˩ tsɤ˨˧ xuei˩˧ tɕie˥˧ tau˧· tɕia˥ ni˧· ɕin˨˧ sï˧ tsən˨˩ mɤ˧· iaŋ˧
你 這 回 接 到 家 裏 信 是 怎 麽 様

so˥˧, ni˨˩ vu˥˧ ni˧· sï˧ so˥˧ ti˧· sən˧· mɤ˧· sï˧ ne˧·?
説, 你 屋 裏 是 説 的 什 麽 事 嘞?

62 b: in˥ uei˧· tɕia˥ ni˧· ni˧·, ɕien˧ tsai˧ pi˨˩ tɕiau˨˩ xau˨˩ niau˧·,
因 爲 家 裏 呢, 現 在 比 較 好 了,

ɕien˧ tsai˧ tʻou˨˩ fei˨˩ ni˧·, pi˨˩ tɕiau˨˩ xau˨˩ ta˧·。
現 在 土 匪 呢, 比 較 好 達。

a：ɕien˧ tsai˧ t'ou˩ fei˩ xau˩ ɕie˥ ma˦·?
現 在 土 匪 好 些 嗎?

b：ɕien˧ tsai˧ t'ou˩ fei˩ pi˩ i˩ tɕ'ien˩ sï˧ xau˩ ɕie˦· nə˦·，in˥
現 在 土 匪 比 以 前 是 好 些 了，因

uei˦· tsɤ˦· ko˦· pau˩ an˥ t'uan˩ tɕiau˩ ti˦·。
爲 這 個 保 安 團 剿 的。

a：ɕien˧ tsai˧ o˩ mən˦· ɕien˧ ni˦· sï˧ pu˦· sï˦· tsu˩ tsa˥ tau˦·
現 在 我 們 縣 裏 是 不 是 駐 紮 倒

tɕyən˥ t'uan˩ tsaŋ˩ a˦·?
軍 團 長 阿?

b：sï˧ tsu˩ tsa˦· ko˦· tɕyən˥ t'uan˩，tɕyən˥ t'uan˩ tsaŋ˩。
是 駐 紮 個 軍 團，軍 團 長。

a：ni˩ tɕin˥ nien˩ su˩ tɕia˩ xuei˩ pu˦· xuei˩ tɕia˥ a˦·?
你 今 年 暑 假 回 不 回 家 阿?

b：tɕin˥ nien˩ su˩ tɕia˩ y˧ pei˧ xuei˩ tɕia˥。ni˩ tɕin˥ nien˩
今 年 暑 假 預 備 回 家。你 今 年

xuei˩ pu˦· xuei˩ tɕia˥ ni˦·?
回 不 回 家 呢?

a：o˩ xuei˩ tɕ'y˩，o˩ xuei˩ tɕ'y˦· ti˦·。
我 回 去，我 回 去 的。

b：xuei˩ tɕ'y˩ o˩ mən˦· i˥ nou˧ xuei˩ tɕ'y˩。
回 去 我 們 一 路 回 去。

a：xau˩，i˥ nou˧ xuei˩ tɕ'y˩。
好，一 路 回 去。

b：ni˩ ti˦· tɕia˥ ni˦· tɕ'in˩ ɕin˩ sï˧ vu˩ xo˩ ne˦·?
你 的 家 裏 情 形 是 如 何 嘞?

a：o˩ ti˦· tɕia˥ ni˦· tɕ'in˩ ɕin˩ ne˦·，ɕien˧ tsai˧ xai˩ k'o˩ ti˦·，pu˥
我 的 家 裏 情 形 嘞，現 在 還 可 的，不

ko˦ sï˧ vu˥ ni˧· tɕin˥ tɕi˦ k'uən˥ nan˧˥，tɕia˥ ni˧· mɤ˥ iou˨˩
過是屋裏經濟困難，家裏没有

tɕ'ien˧˥ ɕie˧·，xai˧˥ k'o˨˩ i˨˩ ko˦ tɕiou˧ sï˧。
錢些，還可以過就是。

b：k'o˨˩ i˨˩ ko˦ tau˧·。na˧ ko˧· ɕin˧˥ no˧˥ ti˧·，ɕien˧ tsai˧ sï˧ tsai˧
可以過倒。那個姓羅的，現在是在

na˨˩ ni˧· tɕiau˥ su˥ ne˧·？
哪裏教書呐？

a：t'a˥ tɕin˥ nien˧˥ tsai˧ no˧˥ ka˥ ts'ən˥ tɕiau˥ su˥。
他今年在羅家村教書。

b：t'a˥ ti˧· ɕio˧ sən˥ iou˨˩ xau˨˩ to˥ ni˧·？
他的學生有好多呢？

a：t'a˥ ɕio˧ sən˥ iou˨˩ i˥ ɤ˧ sï˧ ko˧· ən˧˥。
他學生有一二十個人。

b：ɤ˧ sï˧ ko˧· ən˧˥？
二十個人？

a：e˩，t'a˥ ɕien˧ tsai˧——ɕien˧ tsai˧ t'a˥ tɕiou˧ sï˧ nau˧˥ k'u˨˩ tɤ˧·
誒，他現在——現在他就是勞苦得

xən˨˩ nə꜔。
很了。

b：ɕin˧˥ uaŋ˧˥ ti˧· uaŋ˧˥ ɕien˥ sən˥ iou˨˩ mo˥ iou˨˩ sï˧ ni˧·？
姓王的王先生有没有事呢？

a：t'a˥ ɕien˧ tsai˧ tsai˧ sa˥ xo˧˥ sï˧。
他現在在沙河市。

b：t'a˥ ti˧· tɕia˥ t'in˧˥ tɕ'in˧˥ ɕin˧˥ vu˧˥ xo˧˥ ne˧·？
他的家庭情形如何呐？

a：t'a˥ tɕia˥ t'in˧˥ ti˨˩ a˧·，ɕien˧ tsai˧ t'a˥ mən˧· tɕia˥ t'in˧˥ nau˧
他家庭底阿，現在他們家庭鬧

ti|· ɕi˥ nan˧ niau|·。 tʻa˥ ti|· i˦ ko|· ta˧ tʻai˩˧ pʻɤ˩˧ kən˥ tʻa˥ ti|·
的 稀 爛 了。 他 的 一 個 大 太 婆 跟 他 的

ta˧ pʻɤ˩˧ pʻɤ|· ɕiau˧˩ pʻɤ˩˧ pʻɤ|· niaŋ˧˩ ko|· ən˩˧ nə|· tsai˧ vu˦ ni|·
大 婆 婆 小 婆 婆 兩 個 人 嘞 在 屋 裏

ta˧˩。 ɕien˧ tsai˧ ɕioŋ˥ tɤ|· xən˧˩， tʻa˥ ti|· ɤ˩˧ tsï|· tsai˧ ko˩˧ ɕi˥
打。 現 在 兇 得 很， 他 的 兒 子 在 ？ ？

tou˧ su˥ ti|· xua˧， tɕien˧˩ tsï˧ tou˥ tou˧ pu|· an˥。 ɕien˧ tsai˧
讀 書 的 話， 簡 直 都 讀 不 安。 現 在

tsʻa˥ pu|· to˥ tʻa˥ ti|· ɤ˩˧ tsï|· kən˥ fu˧ tɕʻin˥ niaŋ˧˩ ko|· tʻo˦ ni˩˧
差 不 多 他 的 兒 子 跟 父 親 兩 個 脱 離

tɕia˥ tʻin˩˧ kuan˥ nien˧ niau˥˧。
家 庭 關 聯[①] 了。

b：xau˧˩， tsai˩˧ tʻan˩˧ pa|·， tsai˩˧ xuei˧ a|·。
好， 再 談 吧， 再 會 阿。

---

① “關聯”，‘聯’字是陽去調，不是陽平調，集韵‘聯’字有去聲一讀，連彦切，訓“不絶也”。

六三. 松滋(楊林市)

A. 發音人履歷

發音人	63a	63b
年齡	18 歲	16 歲
原籍	松滋楊林市	同左
職業	學生	學生
教育程度	高中	初中
幼時語言環境	本地及湖南	同左
教師方言	本地及湖南	同左
住過的地方	湖南湖北	同左
曾否學國語	未	未
能否説別處話	能説湖南話	同左

二十五年五月十一日吴宗濟記音

發音人 63a 跟 63b 是兄弟。

B. 聲韵調表

1. 聲母

p	半瓣	p‘	怕盤	m	門米	f	飛方肺府户忽
t	到道	t‘	太同	n	南路年連		
ts	糟招坐	ts‘	倉蟲			s	散書
tɕ	節姜聚忌	tɕ‘	秋其全			ɕ	小囚詳兄行戲
k	蓋共	k‘	開葵可			x	亥灰好魂
○	日惹而壬疑我艾歐云域物往						

2. 韵母

ï 滯師食;ɯ日	a 巴法殺	o 婆歌合酌惡	ɤ 蛇北熱而	
i 米其立吉亦	ia 家甲瞎	io 略約		ie 些別結
u 狐豬骨不讀	ua 瓜話刷			
y 女遂疫局				ye 靴缺曰

ai 埋鞋戒諧	ei 卑廢内對	au 保牢昭奥	ou 某漏周偶
		iau 表叫妖	iou 流秋幼
uai 懷外揣帥	uei 追歲灰未		

an 凡南山限		ən 森門政杏仍	
	ien 邊天減晏		in 兵林京隱
uan 暖船貫萬		uən 村坤問	
	yen 全院		yin 均旬永

aŋ 邦張讓方	oŋ 孟通崇紅絨
iaŋ 娘江樣	ioŋ 兄窮用
uaŋ 牀光王	

3. 聲調

陰平	陽平	上	去	入
˧˦	˧˥	˨˩	˦	˥
剛天	窮人	古五	蓋共近漏	急局

C. 聲韵調描寫

1. 聲母

松滋有聲母十七個，依部位分爲p，t，ts，tɕ，k，〇六組。

p組p，p‘，m，f。f的摩擦很弱。

t組t，t‘，n。n是[n]跟[l]的變值音位，跟i韵或i介母配時有時偶然讀成ȵ。

ts組ts，ts‘，s部位偏後。

tɕ組tɕ，tɕ‘，ɕ三聲母，常帶舌尖面混合音的色彩。

k組k，k‘，x三聲母。x有時近似h音。

〇在今洪開口韵時，元音前總帶着相當清晰的ɣ的音。i，u，y都讀得很緊。i前似乎有個j勢，u前有v勢。y的摩擦也相當清楚。

2. 韵母

ï只是相當關的ʅ。只跟ts等字配。ɯ是較開的ɯ，很近ɤ。前面不帶聲母。

i，u，y。i，u都關，結果韵母前帶擦音，像ji，vu。y的後面稍有i尾，嚴式當作y^{i}。

a，ia，ua。a近標準a。ia，ua的前介音都關。

o，io的o近標準o。

ɤ是比較高的ɤ，但與ɯ仍有分別。

ie，ye的e都有點開，像ᴇ。

ai，uai的a相當短，i尾相當長。

ei,uei的e很關,也比較短。i尾稍開,像ɪ。

au,iau的a短,u很關。

ou,iou的o有些偏央近ɵ。遇唇及舌尖聲母時,尤顯明。

an,uan的a偏前而短。

ien,yen的e是很開的e,像ε。

ən,uən的ə較高。

in,yin的i都關。以上四組的n都很强。

aŋ,iaŋ,uaŋ的a稍高而短。ŋ穩定。

oŋ的o遇舌尖聲母時較關,遇唇聲母時較開。ioŋ的o近ʊ。

3. 聲調

陰平是由"中"升至"半高"的升調(34)。寬式用中升調號(˨˦ 24)。

陽平是微升調,由"低"升至"半低"(12),現用低升調號(˩˧ 13)。

上聲是微降調,由"半低"降至"低"(21)。寬式用低降調號(˧˩ 31)。

去聲是半高平調(˦ 44)。

入聲由"半高"升至"高"(45)。寬式用高平調號(˥ 55)。

D. 與古音比較

1. 聲母

<table>
<tr><th colspan="3" rowspan="2">古母今讀
發音方法及影響條件
古聲組及影響條件</th><th rowspan="2">全清塞</th><th rowspan="2">次清塞</th><th colspan="2">全濁塞</th><th rowspan="2">次濁</th><th rowspan="2">清擦</th><th colspan="2">濁擦</th></tr>
<tr><th>平</th><th>仄</th><th>平</th><th>仄</th></tr>
<tr><td colspan="3">幫組</td><td>幫：p</td><td>滂：pʻ</td><td>並：pʻ</td><td>並：p</td><td>明：m</td><td colspan="3"></td></tr>
<tr><td colspan="3">非組</td><td colspan="4"></td><td>微：u</td><td>非、敷：f</td><td colspan="2">奉：f</td></tr>
<tr><td rowspan="2">端組
泥</td><td colspan="2">一二等</td><td rowspan="2">端：t</td><td rowspan="2">透：tʻ</td><td rowspan="2">定：tʻ</td><td rowspan="2">定：t</td><td rowspan="2">泥：n　來：n</td><td rowspan="2" colspan="3"></td></tr>
<tr><td colspan="2">三四等</td></tr>
<tr><td rowspan="2">精組</td><td colspan="2">洪</td><td>精：ts</td><td>清：tsʻ</td><td>從：tsʻ</td><td>從：ts</td><td rowspan="2"></td><td>心：s</td><td>邪：s</td><td>邪：s</td></tr>
<tr><td colspan="2">細</td><td>tɕ</td><td>tɕʻ</td><td>tɕʻ</td><td>tɕ</td><td>ɕ</td><td>ɕ</td><td>ɕ</td></tr>
<tr><td rowspan="2">莊組</td><td colspan="2">內轉</td><td rowspan="2">莊（照二）：ts</td><td rowspan="2">初（穿二）：tsʻ</td><td rowspan="2">崇（牀二）：tsʻ</td><td>崇（牀二）：ts；s</td><td rowspan="2"></td><td rowspan="2">生（審二）：s</td><td rowspan="2" colspan="2"></td></tr>
<tr><td colspan="2">外轉</td><td>ts</td></tr>
<tr><td rowspan="3">知組</td><td rowspan="2">今開</td><td>梗二等韵</td><td rowspan="3">知：ts</td><td rowspan="3">徹：tsʻ</td><td rowspan="3">澄：tsʻ</td><td rowspan="3">澄：ts</td><td rowspan="3" colspan="4"></td></tr>
<tr><td>其他</td></tr>
<tr><td colspan="2">今合</td></tr>
<tr><td rowspan="2">章組</td><td colspan="2">今開</td><td rowspan="2">章（照三）：ts</td><td rowspan="2">昌（穿三）：tsʻ</td><td>船（牀三）：s</td><td rowspan="2">船（牀三）：s</td><td rowspan="2"></td><td rowspan="2">書（審三）：s</td><td rowspan="2">禪：tsʻ，s</td><td rowspan="2">禪：s</td></tr>
<tr><td colspan="2">今合</td><td>tsʻ，s</td></tr>
</table>

古聲組及影響條件 \ 古母今讀 \ 發音方法及影響條件			全清塞	次清塞	全濁塞 平	全濁塞 仄	次濁	清擦	濁擦 平	濁擦 仄
日母	今開						日：○			
日母	今合						u			
見組曉	開	一等	見：k	溪：k‘			疑：○	曉：x	匣：x	
	開	二等	k,tɕ	k‘,tɕ‘			○,i	x,ɕ	x,ɕ	
	開	三四等	tɕ	tɕ‘	羣：tɕ‘	羣：tɕ	i,n	ɕ	ɕ	
	合	一二等	k	k‘	*	*	u	x;f(1)	x;f(1)	
	合	三四等 蟹止宕	k	k‘	k‘	k	u	x	x	
	合	三四等 通舒	k	k‘	tɕ‘	k	?	ɕ	*	
	合	三四等 其他	tɕ	tɕ‘	tɕ‘	tɕ	y	ɕ	ɕ	
影組	開	一等	影：○							
	開	二等	○,i							
	開	三四等	i				喻：i			
	合	一二等	u;○(2)				*			
	合	三四等 蟹止宕	u				喻：u			
	合	三四等 通	i				i			
	合	三四等 其他	y				y			

2. 韵母

第　一　表

攝別 \ 聲母 \ 等 \ 呼	開												
	一			二				三四					
	幫系	端系	見系	幫系	泥組	知莊組	見系	幫系	端系	莊組	知章組	日母	見系
果	*	o	o	a	a	a	ia	*	ie	*	ɤ	ɤ	ie
(遇)	*			*				*					
蟹	*	ai	ai	ai	ai	ai	ai,ia	ei,i	i	*	ï	*	i
止	*			*				ei,i	i;ï	ï	ï	ɤ	i
效	au	au	au	au	au	au	iau,au	iau	iau	*	au	au	iau
流	ou	ou	ou	*				ou,u	iou	ou	ou	ou	iou
咸	*	an	an	*		an	an,ien	ien	ien	*	an	uan	ien
山	*	an	an	an	*	an	an,ien	ien	ien	*	an	an	ien
宕	aŋ	aŋ	aŋ	aŋ	*	uaŋ	aŋ,iaŋ	*	iaŋ	uaŋ	aŋ	aŋ	iaŋ

攝別＼呼＼等＼聲母	開												
	一			二				三四					
	幫系	端系	見系	幫系	泥組	知莊組	見系	幫系	端系	莊組	知章組	日母	見系
深	*			*				in	in	ən	ən	ən	in
臻	*	ən	ən	*				in	in	ən	ən	ən	in
曾	ən, oŋ	ən	ən	*				in	in	*	ən	ən	in
梗	*			ən, oŋ	ən	ən	ən, in	in	in	*	ən	*	in
（通）	*			*				*					
咸入	*	a	o	*		a	a, ia	*	ie	*	ɤ	*	ie
山入	*	a	o	a	*	a	ia	ie	ie	*	ɤ	ɤ	ie
宕入	o	o	o	o	*	o	o, io	*	io	*	o	o	io
深入	*			*				*	i	ɤ	ï	u	i
臻入	*			*				i	i	ɤ	ï	ɯ	i
曾入	ɤ	ɤ	ɤ	*				i	i	ɤ	ï	*	i
梗入	*			ɤ	*	ɤ	ɤ	i	i	*	ï	*	i
（通入）	*			*				*					

第 二 表

攝別＼聲母＼等＼呼	合											
	一			二			三四						
	幫系	端系	見系	幫系	莊組	見系	幫系	泥組	精組	莊組	知章組	日母	見系
果	o	o	o	*		ua	*						ye
遇	u	u	u	*			u	y	y	u	o	u	y
蟹	ei	ei;uei[1]	uei,uai	*		uai,ua	ei	*	uei	*	uei	*	uei
止	*			*			ei,i;uei	ei	uei	uai	uei	*	uei
（效）	*			*			*						
（流）	*			*			*						
咸	*			*			an	*					
山	an	uan	uan	*	uan	uan	an;uan	ien	yen	*	uan	uan	yen
宕	*		uaŋ	*			aŋ;uaŋ	*					uaŋ

呼	合												
等	一			二			三四						
攝別 \ 聲母	幫系	端系	見系	幫系	莊組	見系	幫系	泥組	精組	莊組	知章組	日母	見系
(深)	*			*			*						
臻	ən	ən	uən	*			ən;uən	ən	yin	*	uən	ən	yin
曾	*		oŋ	*			*						
梗	*			*		uən,oŋ	*						yin,ioŋ
通	oŋ	oŋ	oŋ	*			oŋ	oŋ	oŋ	oŋ	oŋ	oŋ	oŋ,ioŋ
咸入	*			*			a	*					
山入	o	o	o	*	ua	ua	a;ua	ɤ	ye	*	o	*	ye
宕入	*		o	*			o	*					
(深入)	*			*			*						
臻入	u	u	u	*			u	y	y	*	u	*	y
曾入	*		o	*			*						y
梗入	*			*		o	*						y
通入	u	u	u	*			u	u	u	u	u	u	y

3. 聲調

古類 \ 影響條件 \ 今值 \ 今類		陰平	陽平	上	去	入
平	清	˧˦				
	濁		˩˧			
上	清			˨˩		
	次濁			˨˩		
	全濁				˦	
去	清				˦	
	濁				˦	
入	清					˥
	次濁					˥
	全濁					˥

附注：

聲母：—

(1)曉組合口均讀x，但在今u韵讀f，如‘户’fu，‘忽’fu。

(2)影組一等在通攝讀開，如‘翁’oŋ。

韵母：—

(1)蟹合一端系：端泥組讀ei，如‘對’tei，‘内’nei；精組讀uei，如‘罪’tsuei，‘最’tsuei。

E. 同音字表

今調	陰平˧˥	陽平˩˧	上˨˩	去˥	入˥˧
今韵	ï;ɯ(○後)				
廣韵	祭‖脂;之;支‖緝‖質‖職‖昔(均開口)				
p pʻ m f					
t tʻ n					
ts	之;知,支‖隻入		子;只	致,自,至;字,置;翅審	執‖姪,質‖直值植,殖禪
tsʻ		遲	恥;此	滯澄‖次;伺心;刺,賜心	秩澄‖赤
s	師;思;斯,施	時	矢;使,始	世‖四,示;似,士、事,試,市;是‖式入	十‖實‖食蝕,識飾‖石
tɕ tɕʻ ɕ					
k kʻ x					
◌̄					日

今調	陰平˧˥	陽平˩˧	上˨˩	去˧	入˥
今韵	i				
廣韵	祭;齊‖脂;之;支;微‖緝‖質;迄‖職‖昔;陌三;錫				
p			比;彼	臂	鼻去‖必,弼‖逼‖碧;壁
p‘			鄙痞幫		僻,闢並
m			米‖靡	秘泌幫	
f					
t			底抵	帝,第,隸來‖地	的,笛
t‘		提堤	體		
n		梨;離	禮‖你,李里理	例	立‖栗‖力‖歷
tɕ			己;幾	祭;計繼‖忌;寄,妓技;季合	緝清,集楫,急,及,吸曉‖吉‖極‖積;激
tɕ‘	妻,棲心,溪‖欺,期羣	齊‖其;奇	起	去魚‖器;氣	七,乞,迄曉‖戚,喫
ɕ	西,兮奚匣;攜合‖希		洗‖璽徙支心	系‖戲	泣溪‖恤術‖息‖惜,席
○	醫;依衣	夷;疑;宜,移;遺合	以,矣	藝‖義議	噎屑‖邑‖一,逸‖鬱‖亦;逆

今調	陰平˧˦	陽平˨˦	上˨˩	去˦	入˥
今韵	u				
廣韵	模;魚;虞‖尤‖緝‖没;術‖屋;沃;燭				
p				部、步	不
pʻ			譜幫,普		勃並‖卜幫,撲,樸僕曝瀑並
m					木;目
f		狐乎胡	虎;府,腐奉	户;父‖富,婦負	忽‖服
t			賭肚	杜	讀;篤
tʻ			土		突
n		奴	努		鹿;陸;緑
ts	猪,諸		主	著;柱	卒‖竹;足,燭囑,觸穿
tsʻ		除儲	楚	處	出‖族從;促
s	書舒;殊禪		暑鼠	素;數,樹	肅,縮,熟;續,蜀
k	孤			故	骨‖穀
kʻ			苦		哭;酷
x					
○	烏	吾;如;無;儒	五;武	務‖戊侯明	入‖物‖屋;沃;辱

今調	陰平˧˥	陽平˨˦	上˨˩˧	去˦	入˥
今韵	y				
廣韵	魚;虞‖術‖職‖昔‖屋三;燭(均合口)				
t					
tʻ					
n			女,吕‖履脂開		律
tɕ			舉	據,巨;娶清,聚,句	拘平‖橘‖菊;局
tɕʻ	樞穿,區				屈‖曲
ɕ	虛;須	徐	許	序‖遂脂合邪	戌‖畜
○		魚,於影,餘余;愚,于	與;愈,羽宇	遇‖玉入	域‖疫役‖育;欲

今韵	a				
廣韵	麻二‖合;盍;洽;狎;乏‖曷;鎋;黠;月(均開口)				
p	巴		把		八
pʻ				怕	拔並
m	[媽]		馬		
f					法‖髮
t			打庚	大泰	答搭‖達
tʻ	他歌				踏;塔
n	拉入	拿		[那]	納;臘
ts					雜
tsʻ	差				插‖剎;察
s	沙				殺
k					甲
kʻ					
x				下(等一|子)	

今調	陰平˧˥	陽平˩˧	上˨˩	去˦	入˥
今韵	ia				
廣韵	麻‖佳‖洽;狎‖鎋(均開口)				
tɕ	家加‖佳		假賈		甲
tɕʻ					恰
ɕ		霞		下夏	狹;匣;挾帖‖瞎
○	鴉	牙			鴨

今韵	ua				
廣韵	麻二‖佳;夬‖鎋;黠(均合口)				
ts					
tsʻ					
s					刷
k	瓜				刮
kʻ					
x		華		化‖畫;話	滑
○	蛙		瓦		挖

今調	陰平 ˦˥	陽平 ˧˥	上 ˨˩˦	去 ˥˧	入 ˥
今韵	o				
廣韵	歌;戈‖魚‖末;薛‖鐸;覺;藥‖德;麥				
p	波,玻滂				剥;縛奉
p‘	坡	婆	剖侯		
m					末‖莫‖木2屋
f					
t	多			舵	
t‘			妥		脱‖託
n		羅;騾			洛落
ts			左	坐‖助	綴,拙‖作;桌,捉;酌
ts‘	初	鋤			
s			所		説
k	歌;鍋		果	個;過	鴿‖割‖各;郭‖國
k‘			可		殼
x		何禾		禍	合;盍‖喝;活‖鶴;霍‖或‖獲
○	窩	鵝	我		惡;握;若

今調	陰平˦˨	陽平˨˩˧	上˧˩	去˥˧	入˥
今韵	io				
廣韵	覺;藥(均開口)				
t					
t'					
n					略,虐
tɕ					角覺;爵,嚼,脚
tɕ'					確;雀精
ɕ					學;削
○					約

今韵	ɤ				
廣韵	麻三‖葉‖薛‖德;職‖陌;麥				
p					北‖百,白
p'					泊並鐸‖迫幫,拍
m					没没‖麥
f					
t					得德
t'					忒,特入
n				［那］	劣‖勒
ts				這	則‖責
ts'					徹澈‖側照,測‖擇澤宅
s		蛇			涉‖舌,設‖澀‖瑟‖色
k			給緝		格;革隔
k'					刻
x					黑‖赫
○		而	惹‖爾	二貳	熱‖厄

今調	陰平˧˥	陽平˧˥	上˨˩	去˥˧	入˥˧
今韵	ie				
廣韵	戈三;麻三‖葉;業;帖‖薛;月;屑(均開口)				
p					别
p‘					
m					滅
f					
t					
t‘					帖‖鐵
n					孽;列;臬
tɕ	嗟				接;劫‖傑;竭;節,結
tɕ‘		茄			切
ɕ	些	邪	寫	謝	脅;協‖穴合
○			也野		葉;業

今韵	ye				
廣韵	戈三‖薛;月;屑(均合口)				
tɕ					絶;決
tɕ‘					缺
ɕ	靴				薛開
○					閲;月,越曰

今調	陰平˦˧	陽平˧˥	上˨˩	去˥
今韵	ai			
廣韵	咍;泰;皆;佳;夬(均開口)			
p				拜;敗
p‘				派
m		埋	買	
f				
t				待、代;帶
t‘				泰
n		來	乃;奶	賴
ts	災;齋			再,在;寨
ts‘		纔財;柴		菜;蔡
s				
k	該;皆		改;解	蓋;介界戒,械匣
k‘	開			概見,愾
x		孩;偕見,諧;鞋‖還刪合		亥;害
○	哀		矮	愛;艾

今韵	uai			
廣韵	泰;皆;佳‖脂;支(均合口)			
ts				
ts‘			揣	
s				帥
k				怪
k‘			塊去	會(|計)見;快
x		懷		
○	歪曉			外

今調	陰平˦˥	陽平˧˥	上˨˩	去˥˧
今韵	ei			
廣韵	祭;灰;泰;廢‖脂;支;微			
p	卑;悲;碑			敝;倍;貝‖被
p‘	披;丕			配,佩並
m		梅		
f	飛	肥	匪	廢,肺
t				對;兑
t‘			禿屋	
n			屢虞去‖累;彙喻去	内‖類淚;彙喻

今韵	uei			
廣韵	灰;泰;祭;齊‖脂;支;微(均合口)			
ts	追,錐			罪;最
ts‘	摧	垂		脆‖悴從,粹心
s		隨	水	歲,税‖睡瑞
k	龜;歸			桂‖貴
k‘				
x	灰	回	毀	會;彗喻;惠‖諱
○	威	鋭去‖維惟;危,爲;微	委	衛‖位;未,畏

今調	陰平˧˥	陽平˨˥	上˨˩	去˥˦
今韵	au			
廣韵	豪;肴;宵			
p	包		保	
p‘			跑	砲,跑並平
m		茅貓		貌
f				
t				到
t‘		桃		
n		牢		鬧
ts	昭		早	趙,照
ts‘			草;炒	造糙
s			掃	紹
k	高		稿;攪	告
k‘			考	
x		毫	好$_1$	好$_2$
○		饒		奥

今調	陰平˧˥	陽平˩˧	上˨˩	去˥
今韵	iau			
廣韵	宵;蕭			
p			表	
pʻ	飄			
m		苗貓		謬幽
f				
t				釣
tʻ		條跳		
n		燎;聊	了	
tɕ	椒			教;叫
tɕʻ		喬	巧	
ɕ	消,囂;蕭		曉	孝
○	妖	堯	舀	要

今調	陰平˧˥	陽平˩˧	上˨˩	去˥
今韵	ou			
廣韵	侯;尤			
p p' m f		 謀 	 某畝 否	
t t' n	都模	 頭 	斗	鬥 漏
ts ts' s	周週 收	 愁 	走 丑 	做模‖奏 獸,受
k k' x		 侯		 後候
○	歐	柔	偶	沃2 沃;肉屋

今韵	iou			
廣韵	尤;幽			
t t' n	[丟]	 流	 紐	
tɕ tɕ' ɕ	糾上 秋 休	 求 囚	久	就,舅
○		牛,由猶,尤	有	幼

今調	陰平˧˥	陽平˨˦	上˧˩	去˥
今韻	an			
廣韻	覃;談;咸;銜;鹽‖寒;山;删;仙;桓			
p			板	辦;半
p‘		盤		盼;判,叛$_{並}$
m				慢
f		凡	反	范
t				旦,但
t‘	貪	談		歎
n		南;藍‖難$_1$		難$_2$
ts	沾‖專		斬‖展	暫‖棧
ts‘	餐	殘	慘‖剷,産$_{審}$	
s	三;衫‖山;删	蟬	陝	散;扇
k	干;間		感;敢;減‖[趕]	
k‘	堪			
x		含;鹹;銜‖閑		陷‖漢;限
○	安	然		暗

今調	陰平˧	陽平˩˧	上˨˩	去˥
今韵	uan			
廣韵	鹽‖桓;山;删;仙			
t			短	
tʻ				
n			暖	亂$_{1}$
ts				
tsʻ		船		
s	删$_{開}$;閂			算
k	官觀;鰥			貫;慣
kʻ		皖$_{匣}$		
x			緩$_{匣}$	唤,换
○	彎	丸完$_{匣}$;頑	染‖碗;軟	萬

今韵	ien			
廣韵	咸;銜;鹽;嚴;添‖山;删;仙;元;先			
p	邊		貶	辨;辮
pʻ				偏$_{幫}$,片
m				
f				
t			典	店
tʻ	天	田		
n		廉‖連聯;年,研		驗;念‖戀
tɕ	監‖間		減‖剪;繭	漸‖諫;件;建;見
tɕʻ	謙‖千	鉗;錢		
ɕ	仙;先	嫌‖賢	險	憲;現;縣$_{合}$
○	煙	嚴‖延;言	眼;演	厭‖晏;硯

今調	陰平˧˥	陽平˩˧	上˨˩	去˥
今韵	yen			
廣韵	仙;元(均合口)			
tɕ				
tɕ‘		痊清,全		
ɕ	鮮開;軒掀開;宣;暄	弦開;玄懸	癬開;選	
○		沿鉛緣;元、阮上,園	遠	院

今韵	ən			
廣韵	侵‖痕;臻;魂;諄;文‖登;蒸‖庚;耕;清			
p	奔‖崩		本	
p‘		彭		
m		門		
f	分$_1$			奮,分$_2$
t			等	頓
t‘	吞			
n		倫‖能	冷	論
ts	臻‖增‖徵‖争;貞,偵徹		診‖[怎]	鄭,政
ts‘		沉‖陳,臣;存‖成誠		
s	森,深‖身申‖生	晨;唇合	審‖省	剩‖盛
k	跟‖耕			更
k‘			懇‖肯	
x		恒	很	恨‖杏
○	恩	人‖仍	忍	任$_1$ ‖認;閏

今調	陰平˧˦	陽平˩˧	上˨˩	去˥
今韻	uən			
廣韻	魂‖諄;文‖横(均合口)			
ts				
ts‘	村;椿,春			
s		純‖繩蒸開		
k				
k‘	坤			困
x	昏	横		
○	温	聞	穩	問

今韻	in			
廣韻	侵;真;欣‖蒸‖庚;耕;清;青(均開口)			
p	兵		稟	病;並
p‘		貧‖瓶;平	品	
m		民‖名	敏	命
f				
t	丁			
t‘				聽
n		林‖鄰‖陵‖靈		令
tɕ	侵清,今‖津,巾;斤‖睛;京荆			進晉;近‖静,勁;竟
tɕ‘	欽‖親	秦‖情	請	
ɕ	心‖新‖星腥	行;形		信‖幸;姓性
○	音‖因‖鶯;英	銀‖盈	隱	印‖應

今調	陰平˦	陽平˧˥	上˨˩˧	去˥˩
今韵	yin			
廣韵	諄;文‖清;庚三;青(均合口)			
tɕ	均			
tɕʻ	傾	羣‖瓊	頃;迥匣	
ɕ		尋侵‖旬		
○	勳	雲‖營;榮;螢匣	允尹‖永	運‖孕蒸開

今韵	aŋ			
廣韵	唐;江;陽			
p	邦;幫			
pʻ		旁		
m		忙		
f	方	防房		放
t				蕩
tʻ				
n		郎	朗	讓
ts	張		長2	
tsʻ	倉	長1		
s	桑;商	常		上尚
k	剛綱			
kʻ				抗
x				項、巷
○				讓

今調	陰平 ˨˦	陽平 ˨˦	上 ˧˩	去 ˥˧
今韵	iaŋ			
廣韵	江;陽(均開口)			
t				
t‘				
n		娘	兩	
tɕ	江		講	
tɕ‘	槍,像上邪		搶	
ɕ	香鄉	詳	想	
○		祥邪	仰	樣

今韵	uaŋ			
廣韵	陽;唐			
ts	莊裝			
ts‘		牀		撞澄;創
s				
k	光			
k‘		狂		曠;況曉
x		黃		
○	汪	王	往	旺

今調	陰平˧˦	陽平˨˦	上˧˩	去˥˦
今韵	oŋ			
廣韵	登‖庚二;耕‖東;冬;鍾(均合口)			
p				
pʻ		朋		
m		萌		孟‖夢
f	風;封			奉
t	東			動、洞
tʻ	通	同	桶;統去	
n		農;隆;龍	攏	
ts	中;鍾		總;種	衆
tsʻ	充	崇	寵	
s	鬆;嵩;松			送;宋;誦
k	公功;弓;恭			共
kʻ	空		恐	
x		弘‖宏‖紅洪		
○	翁	絨		

今韵	ioŋ			
廣韵	庚三‖東;鍾(均合口)			
tɕ				
tɕʻ		窮		
ɕ	兄‖胸	熊雄喻		
○		融		用

F. 音韵特點

1. 聲母

(1)松滋不分ts，tʂ。精組洪音跟知系皆讀ts等，如‘思’＝‘師，施’sï，‘作’＝‘桌，酌’tso，‘卒，足’＝‘竹，燭’tsu，‘草’＝‘炒’ts‘au。

(2)不分n，l。泥來洪細皆讀n，如‘你’＝‘里’ni，‘女’＝‘吕’ny，‘納’＝‘臘’na，‘内’＝‘類’nei，‘南’＝‘藍’nan。

(3)日母一律讀無聲母(〇)，如‘惹，爾’ɤ，‘柔’ou，‘讓’aŋ，‘日’ɯ，‘如，儒’u，‘軟’uan，‘入’u。

(4)曉組合口一等只在今純u韵讀f，與非敷奉混，如‘虎’＝‘府’fu，‘户’＝‘父’fu，‘忽’＝‘服’fu；其餘皆作x，不跟非等讀f混，如‘灰’xuei≠‘飛’fei，‘黄’xuaŋ≠‘防’faŋ。

(5)不分尖團。精組跟見系細音皆作tɕ等，如‘集’＝‘急’tɕi，‘就’＝‘舅’tɕiou，‘剪’＝‘減’tɕien，‘信’＝‘幸’ɕin，‘親’＝‘欽’tɕ‘in。

(6)疑母開口一二等讀無聲母(〇)，如‘偶’ou，‘矮’ai，‘眼’ien，‘我’o；三四等〇或n不定，如‘藝，義’i，‘業’ie，‘硯’ien，‘銀’in，但‘孽’nie，‘虐’nio，‘研’nien，‘驗’nien。

2. 開合

(1)端系合口一等在遇攝及山舒，臻通入，仍爲合口，如‘土’t‘u，‘素’su，‘短’tuan，‘亂’nuan，‘算’suan，‘突’t‘u，‘讀’tu，‘族’ts‘u；在臻通攝舒聲及山攝入聲皆變開口，如‘頓’tən，‘存’ts‘ən，‘東’toŋ，‘總’tsoŋ；在蟹攝，精組仍爲合口，如‘最，罪’tsuei，端泥組則讀開口，如‘對’tei，‘内’nei。

(2)精組三四等合口除通攝舒聲外仍爲合口，如‘序’ɕy，‘歲’suei，‘隨’suei，‘全’tɕ‘yen，‘旬’ɕyin，‘絶’tɕye，‘戌’ɕy，‘促’ts‘u；但通攝舒聲作開口，如‘誦’soŋ。

(3)來母三四等合口，在遇攝及臻通攝入聲仍爲合口，如‘吕’ny，‘律’ny，‘緑，六’nu，其餘全變開口，如‘類’nei，‘戀’nien，‘倫’nən，‘劣’nɤ，‘龍，隆’noŋ。

(4)日母合口在臻通攝舒聲讀開口,如‘閏’ən,‘絨’oŋ,其他仍爲合口,如‘儒’u,‘軟’uan,‘辱’u。

3. 韵母

(1)松滋遇攝模韵端系魚虞韵莊組讀u,不跟流攝相混,如‘賭’tu≠‘斗’tou,‘路’nu≠‘漏’nou,‘楚’ts‘u≠‘丑’ts‘ou,‘數’su≠‘獸’sou。

(2)流攝幫系一等讀ou,如‘某,畝’mou,三等讀ou或u不定,如‘謀’mou,‘否’fou,但‘婦,負’fu。

(3)蟹止攝合口端系,端泥組讀ei,如‘對’tei,‘内,類’nei,精組讀uei,如‘脆’ts‘uei,‘隨’suei。(參看開合。)

(4)通攝入聲見系字一等讀u,如‘哭’k‘u,三等讀y,如‘曲’tɕ‘y,‘欲,育’y;其他聲母一三等全作u,如‘木,目’mu,‘篤’tu,‘肅,縮,熟’su,‘辱’u。

(5)曾梗攝舒聲除少數字今讀混入通攝外,皆收-n尾,跟深臻攝舒聲混,如‘能’=‘倫’nən,‘增,争’=‘臻’tsən,‘生’=‘身,深’sən,‘京’=‘今,津’tɕin,‘永’=‘允’yin,‘榮’=‘雲’yin。

4. 聲調

(1)松滋聲調共有五類:陰平,陽平,上,去,入。

(2)不分陰陽去。古上聲全濁,去聲清濁音,今讀同爲去聲一類,如‘士,序,祭,又,見,共’等字。

(3)古入聲全部今仍讀入聲類,如‘讀,達,節,覺,納’等字。

G. 會話

63 a: ni˩ kuei˧ ɕin˧ a˦·?
你 貴 姓 阿?

63 b: o˩ ɕin˧ ni˩。
我 姓 李。

a: ə˪——tɕ‘in˩ tɕiau˧ a˦·?
呃—— 請 教 阿?

b：ni˩ yen˩ çien˧。
李 遠 嫌 。

a：n̩˩ çien˥ tsai˥——sən˧ t'i˩ iou˩ pin˥ pa˩·?
n̩˩(你) 現 在—— 身 體 有 病 吧?

b：çien˥ tsai˥ sən˧ t'i˩ sï˥ iou˩ pin˥，in˧ uei˧ çien˥ tsai˥ çiou˧
現 在 身 體 是 有 病，因 爲 現 在 休

çio˥ tau˥ sən˩ ni˥ i˧ yen˥。
學 到 省 立 醫 院。

a：tau˥ sən˩ ni˥ i˧ yen˥，ni˩ pu˥ tçiou˩ k'o˩ i˩ ts'u˥ yen˥
到 省 立 醫 院，你 不 久 可 以 出 院

pa˩·?
吧?

b：tçy˥ t'a˧ so˥ ni˩·，iau˥ sï˥ ko˥ ni˩ pai˥ ts'ai˧ tɤ˥ xau˩。
據 他 説 呢，要 四 個 禮 拜 才 得 好。

çien˥ tsai˥ o˩ ti˥ pin˥ i˩ tçin˧ ts'a˧ pu˥ to˧ tç'yen˧ y˧
現 在 我 的 病 已 經 差 不 多 痊 愈

niau˩。
了。

a：tsɤ˥ ko˩· su˩ tçia˩ a˩·，xai˧ sï˥ faŋ˥ tçia˩，o˩ mən˩· i˥
這 個 暑 假 阿，還 是 放 假，我 們 一

k'uai˩ xuei˧ tç'i˥，xai˧ sï˥ xuei˧ tçia˧ pa˩·，xuei˧ fu˩ saŋ˥。
塊 回 去，還 是 回 家 吧，回 府 上。

b：çien˥ tsai˥ ni˩ xuei˧ tçia˧ tsï˧ xou˥，tç'iou˧ ni˩ paŋ˧ o˩ tai˥
現 在 你 回 家 之 後，求 你 幫 我 帶

i˥ ko˩· çin˥ tau˥ o˩ tçia˧ ni˩·——fu˥ tç'in˧˦ kɤ˩ o˩ tçi˥ tçi˩
一 個 信 到 我 家 裏—— 父 親 給 我 寄 幾

k'uai˩ tç'ien˧ ni˩·，o˩ nai˧ tsən˩ pin˥。
塊 錢 呢，我 來 診 病。

a：o˨˩ tai˧ tsɤ˧ ko˧ su˨˩ tɕia˨˩…… tɕiou˧ xuei˨˦ kʻɤ˧。o˨˩ xuei˨˦
我 待 這 個 暑 假…… 就 回 去。我 回

kʻɤ˧ ma˧·，tɕiou˧ pa˨˩ tsɤ˧ ko˧ ɕin˧ tai˧ kɤ˨˩ ni˨˩ fu˧ tɕʻin˨˦。
去 嗎，就 把 這 個 信 帶 給 你 父 親。

ɕien˧ tsai˧ o˨˩ ti˥ tɕia˨˦ ni˧· ni˦，ɕien˧ tsai˧ pei˧ tsɤ˧ ko˧·
現 在 我 的 家 裏 呢，現 在 被 這 個

xoŋ˨˦ fei˨˩ ti˧· nan˧，in˨˦ ue(i)˨˦ o˨˩ mə(n)˧· ɕiaŋ˨˦ ni˧· a˧·，ie˨˩
□ 匪 的 難，因 爲 我 們 鄉 裏 阿，也

to˨˦ fei˨˩ pa˨˩ o˨˩ mə(n)˧· tsɤ˧ ko˧· ɕiaŋ˨˦ ni˧· a˧·，tsɤ˧ ɕie˨˦ ən˨˦
多 匪 把 我 們 這 個 鄉 裏 阿，這 些 人

min˨˦˦ a˧·，i˨˩ tɕi˥ o˨˩ mən˧· tɕia˨˦ ni˧· a˧·，tou˨˦ kan˨˩ tau˧ toŋ˨˦
民 阿，以 及 我 們 家 裏 阿，都 趕 到 東

pən˨˦ ɕi˨˦ san˧。o˨˩ mən˧· fu˧ tɕʻin˨˦ ɕien˧ tsai˧ tou˨˦ xai˨˦ mo˥
奔 西 散。我 們 父 親 現 在 都 還 没

no˥ tɕia˨˦。
落 家。

b：n̩˨˩ na˧ ni˧· nien˨˦ tsʻən˨˦ xau˨˩ pa˧·，nien˨˦ tsʻən˧·?
n̩˨˩ 那 裏 年 成 好 吧，年 成?

a：o˨˩ mən˧· na˧ ni˨˩ nien˨˦ tsʻən˨˦ a˧·，nien˨˦ tsʻən˨˦ pu˥ xau˨˩！tʻa˨˦
我 們 那 裏 年 成 阿，年 成 不 好！他

in˨˦ uei˨˦ tɕʻy˧ nien˨˦ a˧·，sou˧ niau˨˩ i˥ tsoŋ˨˩ fei˨˩ tsai˨˦˥，o˨˩
因 爲 去 年 阿，受 了 一 種 匪 災，我

mən˧· na˧ i˥ pu˧ fən˧ ɕin˨˦ sï˧ tɕʻy˨˦ sou˧ nə˧· i˥ tsoŋ˨˩ fei˨˩
們 那 一 部 份 新 市 區 受 了 一 種 匪

tsai˨˦ ne˧·，tʻien˨˦…… ku˧ tsï˨˩，tɕʻien˨˦ tsʻai˨˦ pei˧ tʻa˨˦ mən˧·
災 吶，田…… 穀 子，錢 財 被 他 們

tɕʻiaŋ˨˩ tɕʻi˨˩ tsou˨˩ niau˧·，ən˨˦ ne˧·，ie˨˩ pei˧ tʻa˨˦ mən˧· sa˥
搶 起 走 了，人 吶，也 被 他 們 殺

niau˧˩ ɕie˨˦ tsï˧˩。ɕia˧ tʻien˨˦ iou˧ sou˧ niau˧˩，iou˧ tɕia˨˦ i˥
了些子。夏天又受了，又加一

tsoŋ˧˩ tʻien˨˦ tsai˨˦，tsɤ˧ ko˧· tʻien˨˦ ti˧，u˥ y˧˩ na˧·，tɕin˧ an˨˦
種天災，這個田地，屋宇啦，竟然

tsʻən˨˦ mo˥ ɕia˧ tɕʻy˧ no˧·，xan˧ mɤ˥ ɕia˧ tɕʻy˧ nə˧· ni˧·，o˧˩
沉没下去了，陷没下去了呢，我

mən˧· tsɤ˧ ko˧ ɕiaŋ˨˦ tsʻuən˨˦ kɤ˧· noŋ˨˦ min˨˦ xən˧˩ pʻin˨˦ tɕʻioŋ˨˦
們這個鄉村格農民很貧窮

ti˧·。tɕʻiou˨˦ tʻien˨˦ ni˧· ie˧˩ mei˨˦ tɤ˧· xo˨˦，ɕia˧ tʻien˨˦ ni˧· u˨˦
的。秋天呢也没得禾，夏天呢無

mɤ˥ na˧·，iou˧˩ niaŋ˧˩ tɕi˧ tou˨˦ pu˥ nən˨˦˨ sou˨˦ tɕi˥，ɕiaŋ˨˦ ni˧˩
麥啦，有兩季都不能收集，鄉裏

ti˥ noŋ˨˦ min˨˦˨ kʻuən˧ kʻu˧˩ pu˥ kʻan˨˦，mɤ˨˦ ko˧ pi˧˩ mɤ˧ ko˧
的農民困苦不堪，那個比那個

pʻin˨˦ min˨˦ fu˧ ti˥ ni˧·，ie˧˩ tɕiou˧ tsuaŋ˨˦ uei˨˦ pʻin˨˦ ti˥ na˧·。
貧民富的呢，也就裝爲貧的啦。

六四. 鶴峯(五里坪)

A. 發音人履歷

發音人	64a	64b
年齡	29 歲	29 歲
原籍	鶴峯五里坪	鶴峯城内
職業	政	政
教育程度	中學畢業	中學畢業
幼時語言環境	小學在本地,中學在湖南澧縣	小學在本地,中學在湖南慈利
住過的地方	澧縣三年	慈利三年
曾否學國語	未	未
能否説别處話	會説澧縣話	會説慈利話

二十五年五月十九日丁聲樹、吴宗濟記音

按:鶴峯五里坪話與城内異點很多,因爲音檔大部分是由 64a 灌音的,下述只取五里坪爲主。

B. 聲韵調表

1. 聲母

p	比敗	pʻ	派旁	m	買	f	婦狐	v	吾屋
t	丁大	tʻ	妥談	n	拿年攏林				
ts	争雜	tsʻ	村愁			s	三生		
tʂ	追柱齋	tʂʻ	充船産			ʂ	樹沙	ʐ	若軟
tɕ	均就	tɕʻ	且羣			ɕ	靴些		
k	改跪	kʻ	肯狂	ŋ	哀偶	x	寒回飛		
○	日融外閱								

2. 韵母

ï	子直;ɚ而	a	把納撒茶甲	o	某妥左酌若闊	e	白得色蛇刻
i	敝李的緝一	ia	爹佳鴨	io	略學	ie	滅帖謝
u	補服除骨	ua	刷掛法			ue	綴國
y	女律句					ye	靴

ai	拜泰才柴矮	ei	卑對隨	au	包桃掃燒告	ou	都走熟够
				iau	廟釣交	iou	紐休
uai	揣懷	uei	税歸				

ẽ	本等存審耕			an	板南餐陜安		
		ĩ	兵鄰心凝			iɛn	貶年間險
uẽ	分混			uan	門凡官		
		ỹ	軍			yɛn	玄

aŋ	旁當倉商剛	oŋ	朋通崇中宏
iaŋ	娘講	ioŋ	兄胸

uaŋ 窗黄

3. 聲調

陰平	陽平	上	陰去	陽去	入
˥	˨˩˧	˧˩	˩˧	˧	˦
思	齊鵝	短五	蓋	近謝食	急六局

C. 聲韵調描寫

1. 聲母

上表二十三聲母是按音位定的。以下分p,t,ts,tʂ,tɕ,k,〇七組述之。

p組p,p‘,m,f,v。f與v只在u韵中出現。(64b 没有v。)

t組t,t‘,n。n只有鼻音一值。

ts組ts,ts‘,s。讀法同北平音。

tʂ組tʂ,tʂ‘,ʂ,ʐ。tʂ,tʂ‘,ʂ在開口韵前讀純粹的舌尖後音;在合口韵前又加點舌面作用,音色介乎tʂ與tʃ之間。ʐ摩擦性很小。

tɕ組有tɕ,tɕ‘,ɕ。部位偏後。

k組k,k‘,ŋ,x。x没有跟純u韵拼合的。

〇包括以半關元音o與高元音i,u,y起首的音。

2. 韵母

ï在ts組聲母後讀ɿ,tʂ組(除ʐ)後讀ʅ。ɚ讀與北平音同。

i在tɕ組聲母後或無聲母時讀成開ɪ。

u鬆。在tʂ組聲母後變爲ʮ。

y很開,往往前半圓唇而後半不圓唇。嚴格寫起來當是ʏɪ。

a,ia,ua。a是後[ɑ],在i後略偏前。介音u在tʂ組聲母後變ʮ。

o,io。o在k組聲母後或無聲母時變爲uo。介音i略圓唇,但不到y的程度。

e，ie，ue，ye。e是開ᴇ。在入聲中部位又變得靠後些。介音u在tʂ組聲母後變ɥ。

ai，uai。ai讀與北平音同。介音u在tʂ組聲母後變ɥ。

ei，uei。e偏央，i極鬆。介音u在tʂ組聲母後變ɥ。

au，iau。a同a，ia韵的a。u鬆。

ou，iou。ou實際是ɔo。iou很有變io的傾向，與io的分別主要在i不圓唇。（當然o還不是真正的單元音）。

ẽ，uẽ。e比e韵關。介音u在tʂ組聲母後變ɥ。

ĩ，ỹ。i，y與i，y韵同。

an，uan。a是前a。n尾極短。介音u在tʂ組聲母後變ɥ。

iɛn，yɛn。ɛ近標準元音ɛ，有時開成æ。n尾極短。

aŋ，iaŋ，uaŋ。元音同a，ia，ua韵。

oŋ，ioŋ。元音與o，io韵同。

3. 聲調

陰平由“半高”升至“高”(45)，寬式用高平調號(˥ 55)。

陽平由“半低”降至“低”再升至“中”(213)，寬式用低降升調號(˨˩˧ 313)。

上聲是中降調(˦˨ 42)。

陰去是低升調(˩˧ 13)。

陽去是中平調(˧ 33)。

入聲是高升調(˧˥ 35)。

D. 與古音比較

1. 聲母

古聲組及影響條件		全清塞	次清塞	全濁塞 平	全濁塞 仄	次濁	清擦	濁擦 平	濁擦 仄
幫組		幫：p	滂：p‘	並：p	並：p	明：m			
非組						微：u;v[1]	非、敷：f;x[2]	奉：f;x[2]	
端組泥	一二等	端：t	透：t‘	定：t‘	定：t	泥：n；來：n			
	三四等								
精組	洪	精：ts	清：ts‘	從：ts‘	從：ts		心：s	邪：s	邪：s
	細	精：tɕ	清：tɕ‘	從：tɕ‘	從：tɕ		心：ɕ	邪：tɕ‘,ɕ	邪：ɕ
莊組	内轉	莊（照二）：ts	初（穿二）：ts‘;tʂ‘[3]	崇（牀二）：ts‘	崇（牀二）：ts;s		生（審二）：s;ʂ[3]		
	外轉	莊（照二）：tʂ	初（穿二）：tʂ‘	崇（牀二）：tʂ‘	崇（牀二）：tʂ				
知組	今開 梗二等韵	知：ts	徹：ts‘	澄：ts‘	澄：ts				
	今開 其他	知：tʂ	徹：tʂ‘	澄：tʂ‘	澄：tʂ				
	今合	知：tʂ	徹：tʂ‘	澄：tʂ‘	澄：tʂ				
章組	今開	章（照三）：tʂ	昌（穿三）：tʂ‘	船（牀三）：ʂ	船（牀三）：ʂ		書（審三）：ʂ	禪：tʂ‘,ʂ	禪：ʂ
	今合			船（牀三）：tʂ‘,ʂ					

古聲組及影響條件 \ 古母今讀 \ 發音方法及影響條件			全清塞	次清塞	全濁塞 平	全濁塞 仄	次濁	清擦	濁擦 平	濁擦 仄
日母	今開	止(附質)					日：○			
日母	今開	其他					ʐ			
日母	今合						ʐ			
見組曉	開	一等	見：k	溪：k‘			疑：ŋ	曉：x	匣：x	
見組曉	開	二等	k,tɕ	k‘,tɕ‘			ŋ,i	x,ɕ	x,ɕ	
見組曉	開	三四等	tɕ	tɕ‘	羣：tɕ‘	羣：tɕ	i	ɕ	ɕ	
見組曉	合	一二等	k	k‘	*	*	u;v(1)	x;f(2)	x;f(2)	
見組曉	合 三四等	蟹止宕	k	k‘	k‘	k	u	x	x	
見組曉	合 三四等	通舒	k	k‘	tɕ‘	k	?	ɕ	*	
見組曉	合 三四等	其他	tɕ	tɕ‘	tɕ‘	tɕ	y	ɕ	ɕ	
影組	開	一等	影：ŋ							
影組	開	二等	ŋ,i							
影組	開	三四等	i				喻：i			
影組	合	一二等	u;v(1)				*			
影組	合 三四等	蟹止宕	u				喻：u			
影組	合 三四等	通	i				i			
影組	合 三四等	其他	y				y			

2. 韵母

第 一 表

攝別＼呼/等/聲母	開												
	一			二				三四					
	幫系	端系	見系	幫系	泥組	知莊組	見系	幫系	端系	莊組	知章組	日母	見系
果	*	o	o	a	a	a	a，ia	*	ie	*	e	e	ie
（遇）	*			*				*					
蟹	*	ai	ai	ai	ai	ai	ai，ia	i	i	*	ï	*	i
止	*			*				i，ei	i；ï	ï	ï	ɚ	i
効	au	au	au	au	au	au	au，iau	iau	iau	*	au	au	iau
流	o	ou	ou	*				o，u，iou	iou	ou	ou	ou	iou
咸	*	an	an	*		an	an，iɛn	iɛn	iɛn	*	an	uan	iɛn
山	*	an	an	an	*	an	an，iɛn	iɛn	iɛn	*	an	an	iɛn
宕	aŋ	aŋ	aŋ	aŋ	*	aŋ	aŋ，iaŋ	*					

攝別 \ 呼 等 聲母	開												
	一			二				三四					
	幫系	端系	見系	幫系	泥組	知組莊	見系	幫系	端系	莊組	知組章	日母	見系
深	*			*				ĩ	ĩ	ẽ	ẽ	ẽ	ĩ
臻	*	ẽ	ẽ	*				ĩ	ĩ	ẽ	ẽ	ẽ	ĩ
曾	ẽ,oŋ	ẽ	ẽ	*				ĩ	ĩ	*	ẽ	ẽ	ĩ
梗	*			ẽ,oŋ	ẽ	ẽ	ẽ,ĩ	ĩ	ĩ	*	ẽ	*	ĩ
（通）	*			*				*					
咸入	*	a	o	*		a	a,ia	*	ie	*	e	*	ie
山入	*	a	o	a	*	a	a,ia	ie	ie	*	e	e	ie
宕入	o	o	o	o	*	o	o,io	*		*			
深入	*			*				*	i	e	ï	u	i
臻入	*			*				i	i	e	ï	ɚ	i
曾入	e	e	e	*				i	i	e	ï	*	i
梗入	*			e	*	e	e	i	i	*	ï	*	i
（通入）	*			*				*					

第二表

呼／等／聲母／攝别	合												
	一			二			三四						
	幫系	端系	見系	幫系	莊組	見系	幫系	泥組	精組	莊組	知章組	日母	見系
果	o	o	o	*		ua	*						ye
遇	u	ou	u	*			u	y	y	ou	u	u	y
蟹	ei	ei	uei,uai	*		uai,ua	uei	*	ei	*	uei	*	uei
止	*			*			i,uei	ei,y	ei,y	uai	uei	*	uei
（効）	*			*			*						
（流）	*			*			*						
咸	*			*			uan	*					
山	an	an	uan	*	uan	uan	uan	an	yεn	*	uan	uan	yεn
宕	*		uaŋ	*			uaŋ	*					uaŋ

<table>
<tr><td rowspan="3">呼 等 聲母 攝別</td><td colspan="13">合</td></tr>
<tr><td colspan="3">一</td><td colspan="3">二</td><td colspan="7">三四</td></tr>
<tr><td>幫系</td><td>端系</td><td>見系</td><td>幫系</td><td>莊組</td><td>見系</td><td>幫系</td><td>泥組</td><td>精組</td><td>莊組</td><td>知章組</td><td>日母</td><td>見系</td></tr>
<tr><td>(深)</td><td colspan="3">*</td><td colspan="3">*</td><td colspan="7">*</td></tr>
<tr><td>臻</td><td>ẽ</td><td>ẽ</td><td>uẽ</td><td colspan="3">*</td><td>uẽ</td><td>ẽ</td><td>ỹ</td><td>*</td><td>uẽ</td><td>uẽ</td><td>ỹ</td></tr>
<tr><td>曾</td><td colspan="2">*</td><td>oŋ</td><td colspan="3">*</td><td colspan="7">*</td></tr>
<tr><td>梗</td><td colspan="3">*</td><td colspan="2">*</td><td>uẽ;oŋ</td><td colspan="6">*</td><td>ỹ,ioŋ</td></tr>
<tr><td>通</td><td>oŋ</td><td>oŋ</td><td>oŋ</td><td colspan="3">*</td><td>oŋ</td><td>oŋ</td><td>oŋ</td><td>oŋ</td><td>oŋ</td><td>oŋ</td><td>oŋ,ioŋ</td></tr>
<tr><td>咸入</td><td colspan="3">*</td><td colspan="3">*</td><td>ua</td><td colspan="6">*</td></tr>
<tr><td>山入</td><td>o</td><td>o</td><td>o</td><td>*</td><td>ua</td><td>ua</td><td>ua</td><td>e</td><td>ye</td><td>*</td><td>ue</td><td>*</td><td>ye</td></tr>
<tr><td>宕入</td><td colspan="2">*</td><td>o</td><td colspan="3">*</td><td>o</td><td colspan="6">*</td></tr>
<tr><td>(深入)</td><td colspan="3">*</td><td colspan="3">*</td><td colspan="7">*</td></tr>
<tr><td>臻入</td><td>u</td><td>ou</td><td>u</td><td colspan="3">*</td><td>u</td><td>y</td><td>y</td><td>*</td><td>u</td><td>*</td><td>y</td></tr>
<tr><td>曾入</td><td colspan="2">*</td><td>ue</td><td colspan="3">*</td><td colspan="6">*</td><td>y</td></tr>
<tr><td>梗入</td><td colspan="3">*</td><td colspan="2">*</td><td>ue</td><td colspan="6">*</td><td>y</td></tr>
<tr><td>通入</td><td>u;o[1]</td><td>ou</td><td>u</td><td colspan="3">*</td><td>u;o[1]</td><td>ou</td><td>ou</td><td>ou</td><td>ou</td><td>ou</td><td>y;iou[2]</td></tr>
</table>

3. 聲調

古類 \ 影響條件 \ 今值 今類		陰平	陽平	上	陰去	陽去	入
平	清	˥					
	濁		˨˩˧				
上	清			˦˨			
	次濁			˦˨			
	全濁					˧	
去	清				˩˧		
	濁					˧	
入	清						˦˥
	次濁						˦˥
	全濁					˧	˦˥

附注：

聲母：—

(1)今u韵(遇攝,尤韵臻通兩攝入聲)讀v,其他u-。

(2)今u韵讀f,其他x。

(3)止攝合口讀tʂ部位,其他ts部位。

韵母：—

(1)明母讀o,其他u。

(2)見組讀y,曉影兩組iou。

E. 同音字表

今調	陰平˥	陽平˧˩˧	上˦˧	陰去˩˧	陽去˧	入˦˥
今韵	ï;ɚ(○後)					
廣韵	祭‖脂;之;支‖緝‖質‖職‖昔(均開口)					
p pʻ m f v						
t tʻ n						
ts			子		自;字	
tsʻ			此	次;刺,賜心		
s	師;思司;斯		史	四;伺	似,士、事	
tʂ	之;知,支‖隻入			滯澄‖致,至;痔澄,志;翅審	治‖姪‖直植值,殖禪	執‖質‖擲
tʂʻ		遲	恥			秩澄‖赤
ʂ	施	時	矢;使審二,始	世‖示牀;試,市禪‖式飾入	是‖十‖實‖食蝕‖石	
ʐ						
tɕ tɕʻ ɕ						
k kʻ ŋ x						
○		而	爾		貳	日

今調	陰平˥	陽平˩˨	上˨˦	陰去˧˩	陽去˧	入˥˧
今韵	i					
廣韵	祭;齊‖脂;之;支;微‖緝‖質;迄‖職‖昔;陌三;錫(均開口)					
p			比;彼	臂	敝‖被	必‖逼‖碧;壁
pʻ				鄙幫		譬去‖弼並‖僻,闢並
m		靡上	米		秘泌幫	
f						
v						
t			底	帝	第,隸來‖地	的,笛
tʻ			提堤			
n		梨;離	禮‖你,李里裏理		例‖利	立‖栗‖力‖逆;歷
tɕ			己;幾	祭;計繼‖寄;季合	忌;妓技	緝清,楫,急,及,吸曉‖吉‖極‖積蹟;激
tɕʻ	妻,棲心,溪‖期羣	齊‖其;奇	起	器;氣		七;迄‖戚,喫
ɕ	兮奚匣‖希	攜合	洗‖壐徙支心	戲	系‖席	泣溪‖恤‖息‖錫
k						
kʻ				去溪魚		
x						
○	衣依	夷;疑;宜,移;遺合	矣,以	意‖憶入	藝‖義議	噎屑‖邑‖一,逸‖亦

今調	陰平˥	陽平˨˩˧	上˦˨	陰去˧˥	陽去˧	入˦˥
今韵	u					
廣韵	模;魚;虞‖尤‖緝‖没;術;物‖屋;沃					
p			補		步	不
p'		菩		譜幫,普		勃並‖卜幫, 撲,瀑曝僕並
m						
f		狐乎胡	虎;府,腐奉‖否	附奉‖婦負奉	户	忽‖服復
v	烏	吾;無	五;武		務‖戊侯明	物‖屋
tʂ	猪,諸		主	著	柱	
tʂ'		除				出
ʂ	書;殊禪		鼠暑		樹	
ʐ		如;儒				入
k	孤		古	故		骨
k'			苦			哭;酷
x						

今韵	y					
廣韵	魚;虞‖術;物‖屋三;燭(均合口)					
t						
t'						
n			女,吕‖履脂開		慮‖類	律
tɕ				巨羣;句	聚‖集緝	拘平‖橘‖菊; 局
tɕ'	樞,區					屈‖曲
ɕ	虚;須	徐	許		序‖遂	戌
○		魚,於影, 餘余;愚	與;羽		玉入	鬱‖域‖疫役

今調	陰平˥	陽平˩˧	上˥˧	陰去˨˦	陽去˧	入˦
今韻	a					
廣韻	麻二‖合;盍;洽;狎‖曷;鎋;黠(均開口)					
p	巴		把			
p‘						
m	[媽]		馬			
f						
v						
t			打庚		大泰	答搭
t‘						踏;塔
n	拉入	拿			[那]	納;臘‖辣
ts					雜	
ts‘						
s			撒入			薩
tʂ				詫徹,乍牀		劄
tʂ‘		茶				插‖剎‖察
ʂ	沙					殺
k						甲
k‘						
ŋ						
x					下	

今調	陰平˥	陽平˧˩˧	上˥˧	陰去˩˧	陽去˧	入˦
今韵	ia					
廣韵	麻二‖佳‖洽;狎‖鎋;黠(均開口)					
t	[爹]₂					
tʻ						
n						
tɕ	家‖佳		假			甲
tɕʻ						恰
ɕ		霞			下‖匣	狹;挾帖‖瞎
○	鴉					壓鴨‖軋

今韵	ua					
廣韵	麻二‖佳;夬‖乏‖黠;鎋;月(均合口)					
tʂ						
tʂʻ						
ʂ						刷
k	瓜			掛		刮
kʻ						
ŋ						
x				化	畫;話	法‖髮發
○	蛙		瓦			

今調	陰平˥	陽平˧˩	上˧˨˧	陰去˩˧	陽去˧	入˦
今韵	o					
廣韵	歌;戈‖侯‖合;盍‖曷;末;薛‖鐸;覺;藥‖屋					
p	波,玻滂					剥;縛奉
p‘	坡	婆	剖			
m		模‖謀	麽(丨事)‖某畝			末‖莫‖木;目
f						
v						
t	多				舵	
t‘			妥			脱‖託
n		羅;騾				洛
ts			左		坐	作
ts‘						
s			所魚			
tʂ						桌,捉;酌
tʂ‘						
ʂ						説
ʐ						若
k	歌;鍋		果	個;過		鴿‖割‖各;角;郭
k‘			可			闊
ŋ						
x		何			禍‖合‖活	盍‖喝‖鶴;霍
○	窩	鵝				惡;握‖沃沃

今調	陰平˥	陽平˩˧	上˨˩	陰去˧˥	陽去˧	入˦
今韵	io					
廣韵	覺;藥					
t t' n						略,虐
tɕ tɕ' ɕ					學	覺;脚 確;雀精 削
○						約

今調	陰平˥	陽平˨˩˦	上˦˨˦	陰去˨˦	陽去˧	入˦˥
今韻	e					
廣韻	麻三‖葉‖薛‖緝‖櫛‖德;職‖陌二;麥					
p					白	泊鐸‖北‖百,伯
pʻ						迫幫,拍
m						麥
f						
v						
t						得德
tʻ						忒,特定
n						劣
ts						則‖責
tsʻ						側照,測‖宅擇澄
s						澀‖瑟‖色
tʂ				[這]		
tʂʻ						徹,澈澄
ʂ		蛇			舌	涉‖設
ʐ			惹			熱
k						格;革
kʻ						刻
ŋ						厄
x						黑‖赫

今調	陰平˥	陽平˩˧	上˦˨	陰去˧˥	陽去˧	入˥˦
今韻	ie					
廣韻	麻三‖葉;業;帖‖薛;月;屑(均開口)					
p			癟			
p‘						撇
m						滅
f						
v						
t	[爹]1					
t‘						帖‖鐵
n						聶;業‖列,孽;臬
tɕ	嗟					接;刦‖傑竭;節,結
tɕ‘			且			切
ɕ	些	邪	寫		謝	脅,協‖薛;穴合
○			野也			葉‖謁

今韻	ue					
廣韻	薛‖德‖陌二(均合口)					
tʂ						綴,拙
tʂ‘						
ʂ						説
k						國
k‘						
ŋ						
x					或	獲

今調	陰平˥	陽平˨˩˧	上˦˨	陰去˧˥	陽去˧	入˦˥
今韵	ye					
廣韵	戈三‖薛;月;屑(均合口)					
tɕ tɕʻ ɕ	 靴	 茄開;瘸 			絶 	掘;決 缺
○						閲;月,越曰

今調	陰平˥	陽平˨˩˧	上˦˨	陰去˧˥	陽去˧
今韵	ai				
廣韵	咍;泰;皆;佳;夬(均開口)				
p pʻ m f v		 埋 	 買 	拜 派 	敗
t tʻ n		 來	 乃;奶	帶 泰 	待、代 賴
ts tsʻ s		 才 		再 菜;蔡 	在
tʂ tʂʻ ʂ	齋 	 柴 			寨
k kʻ ŋ x	該;皆偕 開 哀 	 鞋‖還(丨有)刪合	改;解 矮 	蓋;介界戒,械匣 概見,愾 愛 	 艾 亥;害

今調	陰平˥	陽平˨˩˦	上˧˩	陰去˨˦	陽去˧
今韵	uai				
廣韵	泰;皆;佳;夬‖脂,支(均合口)				
tʂ					
tʂʻ			揣		
ʂ				帥	
k				怪	
kʻ			塊去	會(丨計)見;快	
ŋ					
x		懷			
○	歪曉				外

今韵	ei				
廣韵	灰;泰;祭‖脂;支(均合口)				
p	卑;悲;碑			倍並;貝	
pʻ	披	培	丕平	配,佩並	
m		梅			
f					
v					
t				對	兑
tʻ					
n			屢虞去		內‖累
ts				最	罪
tsʻ				脆‖悴從,粹心	
s		隋		歲	

今調	陰平˥	陽平˩˥	上˥˩	陰去˩˦	陽去˧
今韵	uei				
廣韵	灰;泰;祭;廢;齊‖脂;支;微(均合口)				
tʂ	追,錐				
tʂ‘		垂			
ʂ				税	睡瑞
ʐ					鋭喻
k	龜;歸			桂	
k‘					
ŋ					
x	灰‖飛	肥	毁;匪	彗喻;廢,肺‖諱	會
○	威	維惟;危,爲;微,圍	委	畏	衛‖位;未,彙

今調	陰平˥	陽平˩˦	上˦˨	陰去˩˧	陽去˧
今韵	au				
廣韵	豪;肴;宵				
p	包		保		
pʻ			跑並平		
m	貓明平				貌
f					
v					
t				到	
tʻ		桃			
n		牢	老		鬧
ts					造₁皂
tsʻ			草	糙造₂	
s			掃		
tʂ	昭			趙澄,照	
tʂʻ		朝	炒		
ʂ	稍			紹禪	
ʐ		饒	擾		
k	高		稿;攪	告	
kʻ			考		
ŋ				奥	
x		毫	好		

今調	陰平˥	陽平˧˩˧	上˦˨˦	陰去˨˦	陽去˧
今韵	iau				
廣韵	肴;宵;蕭				
p			表		
p‘					
m		貓			廟
f					
v					
t	雕			釣	
t‘				跳	
n		燎;聊	了		
tɕ	交	嚼藥		叫	
tɕ‘		喬	巧		
ɕ	消;蕭	肴淆	曉	孝	校効
○	妖	堯	舀	要	

今調	陰平˥	陽平˩˧	上˧˩	陰去˧˥	陽去˧	入˥
今韵	ou					
廣韵	模;魚;虞‖侯;尤‖没‖屋;沃;燭					
t	都		肚賭‖斗	鬥	杜、度肚‖讀	篤
t'		頭	土			突‖禿
n		奴	努		漏	鹿;陸;緑
ts			走	做‖奏	助	卒‖足
ts'	初	鋤‖愁	楚			族從;促
s				素‖數	肅心入	縮;續
tʂ	周					竹;燭囑
tʂ'			丑			觸
ʂ	收			獸	熟	
ʐ		柔				肉;辱
k				够		
k'			口			
ŋ	歐		偶			
x		侯			後	

今調	陰平˥	陽平˨˩˧	上˦˨˦	陰去˩˧	陽去˧	入˥
今韻	iou					
廣韻	尤;幽‖屋三;燭					
p pʻ m f v					 謬	
t tʻ n	［丢］		 紐			
tɕ tɕʻ ɕ	糾上 秋 休	 囚,求	久		就,舅	 畜
○		牛,由猶	有	幼	又	育;欲

今調	陰平˥	陽平˨˩˧	上˥˧	陰去˩˧	陽去˧
今韻	ẽ				
廣韻	侵‖痕;臻;真;魂‖登;蒸‖庚;耕;清				
p	崩		本		
p'		彭			
m		門			
f					
v					
t	□(北平' ꜀待')		等	頓	
t'	吞				
n		倫‖能	冷		論
ts	臻‖争			增	
ts'	村‖撑	存			
s	森‖生				
tʂ	徵‖貞,偵徹			鄭,政	
tʂ'		沉‖陳;臣‖成誠			
ʂ	深‖身申‖聲	晨;唇合‖繩1	審		甚‖盛
ʐ		壬‖人‖仍	忍		認
k	跟‖耕		亘去	更	
k'			肯		
ŋ	恩				硬
x		恒	很匣		恨‖杏

今調	陰平˥	陽平˩˧	上˦˧	陰去˨˦	陽去˧
今韻	uẽ				
廣韻	魂;諄;文‖庚二(均合口)				
tʂ					
tʂʻ	椿,春				
ʂ		純‖繩$_2$蒸			
k					
kʻ	坤				
ŋ					
x	昏;分	横		奮	
○	温	聞	穩		問

今韻	ĩ				
廣韻	侵‖真;欣‖蒸‖庚;耕;清;青(均開口)				
p	兵		稟		並
pʻ		貧‖瓶;平坪	品		
m		民‖名;明	敏		命
f					
v					
t	丁		頂		
tʻ	聽				
n		林‖鄰‖陵‖靈			令
tɕ	侵清,今金‖津,巾,斤‖京荆;經			晉進‖勁	近‖静
tɕʻ	輕	秦‖情			
ɕ	欽溪‖心‖新‖星腥	行;形		信‖性	幸
○	音‖因‖鶯;英	銀‖凝‖盈	隱	印‖應	

今調	陰平˥	陽平˩˨	上˧˨	陰去˨˩	陽去˧
今韵	ỹ				
廣韵	諄;文‖清;庚三;青(均合口)				
tɕ tɕ‘ ɕ	均;軍 傾 勳	 羣;瓊 旬	 頃 		
○		雲‖營;螢匣	允尹‖永		

今調	陰平˥	陽平˨˩	上˥˧	陰去˨˧	陽去˧
今韵	an				
廣韵	覃;談;咸;銜;鹽‖寒;山;删;仙;桓				
p			板	半;扮	辦
pʻ				盼;判,叛並	
m					慢
f					
v					
t			短		旦端,但
tʻ	貪	談		歎	
n		南;藍‖難	暖		亂;戀先
ts					
tsʻ	餐		慘		
s	三			算	
tʂ	沾		斬‖展	佔	暫從‖棧
tʂʻ			剷,産審		
ʂ	衫‖山		陝	扇	
ʐ		然			
k	干;間		感;敢		
kʻ					
ŋ	安		眼	暗‖晏	
x		含;鹹;銜‖寒;閑		漢	陷‖限

今調	陰平˥	陽平˨˩˦	上˧˩	陰去˩˧	陽去˧
今韵	uan				
廣韵	凡‖桓;山;刪;仙;元(均合口)				
tʂ	專				
tʂ'		船			
ʂ	刪開;閂				
ʐ			染開‖軟阮疑		
k	官觀1;鰥			觀2貫;慣	
k'			款,皖匣		
x		凡	緩匣;反	喚	範‖換
○	彎	完匣	碗	院喻元	萬

今韵	iɛn				
廣韵	咸;銜;鹽;嚴;添‖山;刪;仙;元;先(均開口)				
p	邊		貶		辨、便;辮
p'				偏幫,片	
m					
f					
v					
t			點‖典	店	
t'	天				
n	研疑平	廉‖連;年			念
tɕ	間		減‖剪;繭	監‖諫;建;見	漸;件
tɕ'	謙‖千	鉗‖錢			
ɕ	仙;先	嫌‖賢	險	憲獻	現;縣合
○	煙	嚴‖言	眼;演	厭‖晏	驗‖硯

今調	陰平˥	陽平˨˩˧	上˥˧	陰去˧˥	陽去˧
今韻	yɛn				
廣韻	仙;元;先(均合口)				
tɕ				倦羣	
tɕʻ		全			
ɕ	仙開;軒掀開;宣	弦開;玄懸	癬開選		
○		鉛沿,緣;元,園援	遠		

今韻	aŋ				
廣韻	唐;江;陽				
p	邦				
pʻ		旁			
m		忙			
f		防房			
v					
t	當				蕩
tʻ					
n		郎	朗		
ts					
tsʻ	倉				
s	桑				
tʂ	張		長		
tʂʻ					
ʂ	商	常			上尚
ʐ					讓
k	剛綱				
kʻ					
ŋ					
x					項、巷

今調	陰平˥	陽平˨˩˦	上˦˨	陰去˨˦	陽去˧
今韵	iaŋ				
廣韵	江;陽(均開口)				
t	丁青				
tʻ					
n		娘	兩		
tɕ	江;將		講		像邪
tɕʻ		詳祥			
ɕ	香鄉			向	
○		陽	仰		樣

今韵	uaŋ				
廣韵	江;陽;唐				
tʂ	樁;莊裝				
tʂʻ	撞$_1$澄,窗	牀	撞$_2$澄去		
ʂ					
k	光				
kʻ		狂		曠;況曉	
ŋ					
x	荒;方	黄			
○	汪	王	往		旺

今調	陰平˥	陽平˩˦	上˨˦	陰去˦˨	陽去˧
今韵	oŋ				
廣韵	登;庚二‖東;冬;鍾				
p					
pʻ		朋			
m					孟‖夢
f					
v					
t	東				洞
tʻ	通	同銅	桶;統去		
n		農;隆;龍	攏		弄
ts			總		
tsʻ		崇			
s	鬆;嵩;松			送;宋	誦
tʂ	中;鍾鐘		種	衆	
tʂʻ	充		寵		
ʂ					
ʐ		絨;茸			
k	公功;弓;恭			貢	共
kʻ	空		恐		
ŋ					
x	風;封,峯	弘‖宏‖紅洪			奉
○	翁				

今調	陰平˥	陽平˨˩	上˥˧	陰去˧˥	陽去˧
今韵	ioŋ				
廣韵	庚三‖東;鍾(均合口)				
tɕ tɕʻ ɕ	 兄‖胸	 窮 雄熊喻			
○		榮‖融	永		用

F. 音韵特點

1. 聲母

(1)f與x(u-)不分,非敷奉與曉匣合口洪音在今u韵中全讀f,如'忽'fu,'附'fu;在其他各韵中全讀x,如'飛'xuei,'回'xuei,'方'xuaŋ,'黄'xuaŋ,'風'xoŋ,'紅'xoŋ。

(2)分ts與tʂ,古精組洪音全讀ts等,如'三'san,'餐'tsʻan,章組全讀tʂ等,如'陝'ʂan,'專'tʂuan。

(3)莊組内轉字除止攝合口讀tʂ等外(如'帥'ʂuai)全歸ts等,如'争'tsẽ,'崇'tsʻoŋ,外轉全歸tʂ等,如'衫'ʂan,'柴'tʂʻai。

(4)知組梗攝二等韵字歸ts等,如'撑'tsʻẽ,'澤'tsʻe;其他歸tʂ等,如'追'tʂuei,'展'tʂan。

(5)不分尖團,精組細音與見系細音混,全讀tɕ等,如'節'='結'tɕie,'須'='虚'ɕy。

(6)見系二等開口在蟹攝與梗攝入聲中不顎化,如'鞋'xai,'格'ke;其他不定,如'減'tɕiɛn,'銜'xan,'硬'ŋẽ,'幸'ɕĩ。

(7)泥來兩母洪細音全混,如'鬧'nau,'老'nau,'聶'='列'nie。

(8)疑母三四等開口讀n或失聲母不定,如'虐'nio,'硯'iɛn。

(9)疑影兩母開口洪音全讀ŋ,如'艾'ŋai,'愛'ŋai。

2. 開合

(1)端系一等合口字全讀開,如‘罪’tsei,‘亂’nan,‘頓’tẽ。

(2)精三四等合口字在蟹攝讀開,如‘歲’sei,止攝讀開合不定,如‘遂’ɕy,‘隨’sei,遇山臻三攝讀合,如‘徐’ɕy,‘聚’tɕy,‘全’tɕ‘yɛn;‘絶’tɕye,‘旬’ɕỹ;‘戌’ɕy。

(3)來母三四等合口字在山攝與臻攝舒聲中讀開,如‘戀’nan,‘劣’ne,‘倫’nẽ;止攝讀開合不定,如‘類’ny,‘累’nei;遇攝及臻攝入聲中讀合,如‘吕’ny,‘律’ny。

3. 韵母

(1)模韵端系與魚虞兩韵的莊組字讀ou,與流攝字混,如‘杜’tou,‘鋤’ts‘ou。(入聲没屋沃燭同。)

(2)魚虞兩韵的知見系字不混,如‘鼠’ʂu≠‘許’ɕy,‘儒’ʐu≠‘魚’y。(入聲術韵同。)

(3)蟹攝一三等合口的幫組端系字都讀ei,如‘貝’pei,‘兑’tei,‘歲’sei。

(4)止攝合口端系字讀y或ei不定,如‘類’ny,‘累’nei,‘遂’ɕy,‘隨’sei。

(5)流攝幫組字讀o,如‘某’mo;非組字讀u,如‘否’fu,‘婦’fu。

(6)咸山兩攝舒聲元音在i與y後變ɛ,如‘店’tiɛn,‘倦’tɕyɛn。

(7)深曾臻梗舒聲鼻韵尾全失,元音鼻化,如‘沉’tʂ‘ẽ,‘均’tɕỹ,‘陵’nĩ,‘横’xuẽ。

(8)通入明母字讀o,如‘木’mo。

(9)通三入見系字,見組讀y,如‘菊’tɕy,‘局’tɕy,‘玉’y;曉影兩組讀iou,如‘畜’ɕiou,‘欲’iou。

4. 聲調

(1)分陰陽去,如‘四’sïᵓ ≠‘士’sïᵌ =‘事’sïᵌ 。(64b 不分。)

(2)入聲獨立,但全濁一部分歸陽去,如‘雜’tsaᵌ 。(64b 入聲全歸陽平。)

G. 講話

ŋo˧˩ xai˨˩˨ ʂï˧· ʂo˦ tʂe˧· ŋo˧˩ mẽ˧· pẽ˧˩ ti˧ ti˧· tʂe˧· ko˧· tɕʻĩ˨˩˨
我 還 是 説 這 我 們 本 地 的 這 個 情

kʻuaŋ˩˧。ŋo˧˩ mẽ˧· ʂï˧ tʂe˧· ko˧· xo˦ xoŋ˥ (v)u˧˩ ni˧˩ pʻĩ˨˩˨ nan˨˩˨ tsʻẽ˥ ti˧·
況。 我 們 是 這 個 鶴 峯 五 里 坪 南 村 的

ʐẽ˨˩˨。na˧ mo˧· tsai˧ tʂe˧· ko˧· nan˨˩˨ tsʻẽ˥ ti˧ xuaŋ˥˧· ne˧·，iou˧˩ i˦ ko˧·
人。那 麼 在 這 個 南 村 地 方 嘞，有 一 個

ma˨˩˨ uaŋ˨˩˨ tʂai˧，na˧ ko˧· ti˧ xuaŋ˥ ʂï˧ taŋ˥ ə˦ tʻou˧˩ sï˥ tsai˧ na˧
麻 王 寨，那 個 地 方 是 當 日 土 司 在 那

ni˧· ɕi˧˩ tẽ˥ ko˩˧ ti˧·，tʻa˥ tsai˧ na˧ ni˧· ɕi˧˩ tẽ˥ te˧· xẽ˧˩ tɕiou˧˩ ti˧·。
裏 嘻[①] 蹾[②] 過 的，他 在 那 裏 嘻 蹾 得 很 久 的。

na˧ mo˧˩ tsai˧ tʂe˧· ko˧· ti˧ xuaŋ˥˧· ni˧·，iou˧ xẽ˧ uei˨˩˨ ɕiɛn˧˩，kau˥
那 麼 在 這 個 地 方 呢，又 很 危 險， 高

ti˧· pu˦ te˦ niau˧˩。na˧ mo˧˩ tʻa˥ tsai˧ tʂe˧· ko˧· ɕia˧ tʻou˧· ni˧·，iou˧
的 不 得 了。 那 麼 他 在 這 個 下 頭 呢，又

xai˨˩˨ iou˧˩ ko˧· toŋ˧。na˧ ko˩˧ toŋ˧ ni˧˩ ni˧·，tʻa˥ iou˧˩ ʂï˨˩˨ ə˨˩·tsai˧
還 有 個 洞。 那 個 洞 裏 呢，他 有 時 兒 在

na˧ ni˧· tʂʻu˦ ʐu˦ ti˧·。na˧ mo˧˩ tsai˧ tʂe˧· ko˧· toŋ˧ ni˧· a˧·，pĩ˧
那 裏 出 入 的。那 麼 在 這 個 洞 裏 阿，並

tɕʻie˧˩ xai˨˩˨ tʂan˩˧ te˧· iou˧˩ ʂẽ˧˩ mo˧· tẽ˥ tʂan˧˩ o˧·，tʂe˧· ɕie˧· ʂẽ˧˩ mo˧·
且 還 站 得 有 什 麼 燈 盞 哦，這 些 什 麼

tsou˩˧ ti˧· ɕie˧· tʂʻuaŋ˨˩˨ a˧·，na˧ ɕie˥ ku˩˧ sï˧ xẽ˧˩ to˥ ti˧·。
做 的 些 牀 阿，那 些 故 事 很 多 的。

---

① 那裏嘻＝國語“那裏”。

② ‘蹾’在這裏當“住”講。

na˧ mo˦˨ xai˨˩ iou˦˨ ni·, tʂe· ko· toŋ˥ p'i˨˩ t'ou˨˩ xai˨˩ iou˦˨
那麼還有呢，這個東皮頭(?)還有

ko· miau˧, tɕiou˧ tɕiau˨˦ tʂ'au˨˩ iaŋ˨˩ kuan˨˦。na˧ ko· miau˧ ni· a·,
個廟，就叫朝陽觀。那個廟裏阿，

ko˦ tʂoŋ˦˨ p'u˨˩ sa˦ tou˥ ʂï˧ iou˦˨ ti·, pĩ˧ tɕ'ie˦˨ xai˨˩ iou˦˨ ʂï˧ pa˦
各種菩薩都是有的，並且還有十八

no˨˩ xan˨˦。tan˧ ʂï˧ no˨˩ xan˨˦ xai˨˩ mei˨˩ iou˦˨ uan˨˩ tʂ'ẽ˨˩。tɕiaŋ˥ nai˨˩
羅漢。但是羅漢還没有完成。將來

xai˨˩ iau˨˦ kẽ˥ t'a˥ tʂuaŋ˥ tɕĩ˥ ni·, pĩ˧ tɕ'ie˦˨ xai˨˩ iau˨˦ pu˦˨ tiau˥,
還要跟他裝金呢，並且還要補雕，

ts'ai˨˩ nẽ˨˩ kou· tɕie˦ tau˨˦ yɛn˨˩。ts'oŋ˨˩ tʂ'au˨˩ iaŋ˨˩ kuan˨˦ na˧ mo·
才能够接到緣。從朝陽觀那麼

ɕia˧ p'o˥ ni·, xai˨˩ iou˦˨ ko· tʂoŋ˥ uan˥。tsai˧ na˧ tʂoŋ˥ uan˥ ti·
下坡呢，還有個中灣。在那中灣的

ti˧ tiɛn˦˨ ni·, tʂe· ko· i˦˨ tɕ'iɛn˨˩ ʂï˧ tsau˧ nə· tʂoŋ˥ ti·。ʂï˧ tʂ'au˨˩
地點呢，這個以前是造了鐘的。是朝

iaŋ˨˩ kuan˨˦ ti· i˦ k'ou˦˨ ta˧ tʂoŋ˥, ʂï˧ mĩ˨˩ tʂ'au˨˩ xoŋ˨˩ tʂï˧ niɛn˨˩
陽觀的一口大鐘，是明朝弘治年

tɕiɛn˥ ti·, tsau˧ ti· i˦ k'ou˦˨ tʂoŋ˥, tʂe· ko· ni˦ sï˦˨ ʂï˧ xẽ˦˨ nau˦˨
間的，造的一口鐘，這個歷史是很老

ti·。tʂe· ko· tou˥ ʂï˧ tʂe· ɕie˥ ko· t'ou˦˨ tɕia˥ taŋ˥ ɚ˦ tʂ'u˦ ti·
的。這個都是這些個土家當日出的

tɕ'iɛn˨˩ nai˨˩ tsau˧ ti· tʂe˨˦ k'ou˦˨ tʂoŋ˥。ɕiɛn˧ tsai˧ tʂe˨˦ k'ou˦˨ tʂoŋ˥
錢來造的這口鐘。現在這口鐘

a·, xai˨˩ ʂï˧ tsai˧ na˧ ni· kua˨˦ tɕ'i˦˨ tsai˧。pĩ˧ tɕ'ie˦˨ tʂe˨˦ ko· ʂẽ˥
阿，還是在那裏掛起在。並且這個聲

in˥ ni· ʂï˧ xẽ˦˨ xoŋ˥ ta˧ ti·。tʂe˨˦ i˦ k'ou˦˨ tʂoŋ˥ ne·, ʂï˧ i˦ k'ou˦˨
音呢是很洪大的。這一口鐘吶，是一口

tsei˧˥ ta˧ ti˩· k'ou˥˧ tʂoŋ˥。ʂï˧ i˥ ko˩· ku˥˧ tɕi˥。
最 大 的 口 鐘。是 一 個 古 蹟。